马勒
和1910年的
世界

他的第八交响曲

Stephen Johnson

［英］斯蒂芬·约翰逊◎著

张纯◎译

Mahler
and the World in 1910
The Eighth

中国友谊出版公司

图书在版编目（CIP）数据

马勒和 1910 年的世界 /（英）斯蒂芬·约翰逊著；张纯译 . -- 北京：中国友谊出版公司，2022.3

书名原文：The Eighth : Mahler and the world in 1910

ISBN 978-7-5057-5413-3

Ⅰ . ①马… Ⅱ . ①斯… ②张… Ⅲ . ①马勒 (Mahler, Gustav 1860-1911) － 人物研究②马勒 (Mahler, Gustav 1860-1911) － 音乐 － 艺术评论 Ⅳ . ① K835.215.76 ② J605.521

中国版本图书馆 CIP 数据核字 (2022) 第 025284 号

著作权合同登记号　图字：01-2022-0481

THE EIGHTH:MAHLER AND THE WORLD IN 1910
by STEPHEN JOHNSON
Copyright : © STEPHEN JOHNSON, 2020
This edition arranged with FABER AND FABER LTD.
Through Big Apple Agency, Inc., Labuan, Malaysia.
Simplified Chinese edition copyright: Beijing Standway Books Co., Ltd
2022

书名	马勒和 1910 年的世界
作者	[英] 斯蒂芬·约翰逊
译者	张　纯
出版	中国友谊出版公司
发行	中国友谊出版公司
经销	新华书店
印刷	河北鹏润印刷有限公司
规格	880×1230 毫米　32 开
	10 印张　206 千字
版次	2022 年 3 月第 1 版
印次	2022 年 3 月第 1 次印刷
书号	ISBN 978-7-5057-5413-3
定价	98.00 元
地址	北京市朝阳区西坝河南里 17 号楼
邮编	100028
电话	(010) 64678009

目　录

前　言

　　马勒的《第八交响曲》与他此前所有的作品都不同。他对他的一位朋友兼文学代言人说，他已经摆脱了悲剧的主题。他的那些带有强烈个人悲剧色彩的交响曲已经成为过去，或者更确切地说，那些作品已经被他视为这部新的、达到顶峰的交响宣言的序曲。马勒十分确信，这是他最伟大的作品。前面七部交响曲，都以完全不同的手法，表现了作曲家内心的忏悔，吐露了作曲家超敏感的灵魂，展示了作曲家为理解作为存在的自我和自身所处的那个惊险、恐怖的世界所做的努力。而《第八交响曲》，则要用不同的音乐语言，表达一种不同的体验。它要带给人们的是欢乐。贝多芬在他的《第九"合唱"交响曲》终乐章里表达了欢乐的希望，当民主降临、"所有人成为兄弟"时，这个希望便会实现。但对马勒而言，这个希望在当下就可以实现：他的音乐能给人们带来欢乐的希望。也许这种"实现"只能维持到音乐演出的结束，但音乐能留给人们持久的印象，并成为"终将实现"的象征。这部作品成了他的宗教仪式，他的大弥撒，但是是以神秘主义和人文主义的方式来构思、表达的。就像宗教仪式一样，这部作品涉及集体体验，一种高于个体自我的归属感；一种让个体既沉迷其中

I

又超越其上的东西。这些东西远不只是抽象的——上帝，或是《第八交响曲》终曲部分以排山倒海般的合唱来赞美的神秘的——"永恒的女性"。这部交响曲所表达的更高层次的东西是什么？马勒说《第八交响曲》更是一份礼物，是献给祖国——这里显然是指德国——的礼物。这句话可以视为马勒的一个暗示。但马勒没有明说，这个德国指的是自1871年起被普鲁士强行统治的地理意义上的德国，还是指更大意义上的"大德国"：一种在精神上统一的、使所有讲德语的民族（包括像马勒本人在内的犹太人）凝聚在一起，并真正体现在最伟大的艺术和哲学作品中的德国。

事实上，《第八交响曲》的首演本身，与马勒所经历过的，甚至与慕尼黑这座城市所经历过的任何事件都截然不同。作为指挥家，马勒获得了很大的成功，尤其是在歌剧院。但是作为作曲家，马勒获得的成功并不大，而且也都是在远离家乡的那些地方。在很多音乐阅历丰富的人的眼里，尤其是在马勒的第二故乡维也纳，马勒在很大程度上只是被视为一位伟大的指挥家。他的音乐则普遍地被嘲讽，甚至遭冷遇，只被少数狂热的马勒爱好者视为珍宝。《第八交响曲》的首演，准确说是两场演出，彻底改变了这一切：三千多个座位的音乐大厅，票被卖光了两次。部分原因是经纪人埃米尔·古特曼出色的组织和宣传活动，使预料中的轰动迅速达到了极度兴奋的程度，以至于音乐会刚开始，马勒一出现在舞台上，观众们就报以疯狂的欢呼。演出本身——马勒本人的指挥，具有魔术大师般炫亮和戏剧性的才华，以及极富魅力的摇滚明星式的指挥动作——引发了近乎狂热的反应。媒体，甚至是出于音乐上的理由持不同意见的媒体，都承认这是在慕尼黑从未见过的情景。而论及艺术体验，不少音乐界和知识界著名人士都宣称说，这对人生带来了改变。小说家托马斯·曼（出席首演）受到震撼和挑战，以马勒的形象作为其小说《死于威尼斯》中主人公的相貌。至于主人公的精神品格如何，那完全是另外一个问题，但有一点对托马斯·曼来说是确定的：他开始构思那部小说的时间节点，肯定是在1910年9月那个暴风雨般的首演的夜晚。

对那些坚定的马勒的拥护者们来说，首演成功是马勒得到肯定的一个明证，但是对马勒本人而言，从1906年这部交响曲以惊人的速度写成，到在世界音乐舞台上成功首演的四年里，这个世界发生了太多的变化。1907年，就是马勒从维也纳宫廷剧院仓促离职的那一年，他的心脏出现了问题，这可能会严重威胁到他的公共和个人生活，而他自己对此的反应是矛盾与困惑。然而也就在同一年，他挚爱的女儿玛丽亚·安娜去世。多年后阿尔玛写道，对马勒来说，那是最终击倒他的"命运的三次锤击"之一。但是阿尔玛这么写有多少真实性？如此表述是否有她自己的理由？马勒之后的两部作品，《大地之歌》和《第九交响曲》，充满了死亡与陨灭的意象，被一种纤巧脆弱的生命气息所萦绕。但那是谁的生命？不少人认为，正是那两部作品，诡异地预示了马勒痛苦而过早的离世，而这距离《第八交响曲》首演后一年都不到。然而，后见之明能有多大作用？我们是否仍在为误解并低估马勒在最后四年中精神世界的演进而内疚？如果马勒能在1910年完成他的《第十交响曲》，那么，马勒传奇，甚至可以说古典音乐在

20 世纪的发展脉络，对于今天的我们，看上去会有很大不同吗？

1910 年夏天，马勒在创作《第十交响曲》的时候，发现妻子阿尔玛，也就是他的"永恒的女性"，对他不忠，这引发了可能是他一生中最痛苦的危机。为了挽回阿尔玛的心，马勒给阿尔玛写了大量的情书，给了她很多贵重礼物，苦苦哀求她。马勒甚至打破了一生的惯例，把他的《第八交响曲》的总谱题献给阿尔玛，而此前他从未把任何作品的总谱题献给任何人。就在计划已久的《第八交响曲》的首演到来时，重新征服阿尔玛的心，成了马勒一切工作的重中之重：雷鸣般的掌声，热情洋溢的评论，渴望已久的承认马勒是一位伟大的作曲家，一位伟大的德国作曲家。可如今这位母亲—女神可能会离他而去，哪怕可能性微乎其微，那所有这一切的成功意义何在？所有这一切奏效了吗？他重新赢回阿尔玛的心了吗？答案是否定的，但却吸引人。

此后，马勒在 1910 年的艺术与个人命运的故事，从多个角度来看都令人着迷。从两方面来看，这或许是马勒一生中最极端的一年：他反复在狂喜与成功，和最无助的恐惧与沮丧之间摇摆。这或许就是一个悲剧性逆转的故事，马勒在其《第十交响曲》的终曲部分展现出的深渊，难道正是对《第八交响曲》终曲那雷鸣般的肯定的否定？1907 年和 1910 年发生的令他痛苦万分的事件，是复仇女神对驱使马勒创作《第八交响曲》的那份狂妄自大的惩罚？还是在实际上，马勒在《第八交响曲》中表达的东西，远比那些音乐评论家想到的要复杂、深刻得多？在马勒所有的交响曲中，这首被他认为是自己最高成就的交响曲，却也是最让听众产生分歧的一首。这怎么可能呢？马勒只是被误解了？还是说大多数对这部交响曲的解读都过于简单化了？更深入地理解马勒为这部交响曲设置的文本（即歌词）和马勒选择这些文本的原因，以及马勒如何用音乐赋予其色彩，甚至转变其原有的含义，对当代听众更好地理解这部作品会有帮助吗？对我来说肯定有帮助。我写这本书的目的，就是希望我对这部作品的新的理解，能对其他人，无论是演奏者还是听众，理解这首非凡的交响曲有所帮助。至今仍让我感到惊讶的是，无论是喜欢还是讨厌马勒《第八交响曲》的人，他们中有多少人真正思考过这部交响曲的文本以及这些文本的含义，尤其对马勒本人意味着什么？

一段时间以来，评论家们习惯于从马勒个人心理的层面来寻找答案，这当然没有错，起码从理论上讲没错。大家都知道西格蒙德·弗洛伊德与马勒的见面，以及弗洛伊德试图通过描述马勒童年所受心理创伤的细节来解释马勒的强迫性神经症，并对他做了一些检验。世界领先水平的躁郁症权威专家凯·雷德菲尔德·贾米森教授也认为，马勒患有这种疾病。需要说明的是，我对马勒传记中这方面的内容有着特殊的体验和个人兴趣。作为"音乐大脑慈善信托基金"的成员，我曾与精神病学家、临床精神病专家、心理学家、心理治疗师以及对此有兴趣的音乐家们合作，研究精神障碍与创造力，尤其是音乐创造力之间的关系。我本人也曾是强迫性躁郁症患者，时而感受到强烈的爱，时而又陷入极度的困境，在我和马勒的关系中所体验到的，可能都与此有关。对某一研究对象的过度认同是十分危险的，所以我希望读者注意到我的谨慎，我不会草率地下结论。

然而真正重要的是，马勒并不是游离于他所处的那个时代的文化与政治潮流，自由自在漂浮着的"孤魂"。事实上，马勒完全属于最具创造力的那一类人，也是他的哲学家英雄弗里德里希·尼采所形容的，带有明显时代烙印的伤口的那类人。这也是我希望本书能给人启发的地方。或许不是为专家，而是为那些热爱马勒，但又被他辉煌的、有些方面却看似矛盾的成就所困惑的听众。将马勒置于1910年他所处的那个世界，尤其是德语世界，在当时的主流思想的背景下，重新评估他的思想，对我很有吸引力，使我有一种现代德国人称之为"顿悟的时刻"的体验。这些变化不仅与艺术界、知识界的活动有关，而且结合当时的政治氛围与历史背景，进而与科学、医学、技术、大众娱乐，甚至是现代公关的发展相关。从更为广泛的趋势来考察，比如导致两次世界大战、哈布斯堡王朝的终结等这些在马勒的精神世界中无法理解的变化趋势——这些趋势其实在1910年就已经初露端倪——如果马勒能活得更久一些，或许他能够欣然接受未来世界的一些元素。但也有一些"顿悟的时刻"来自对马勒琐碎的日常生活细节的研究。在当今这个信息时代，像简单包装一下信封这样的事情早已算不上有多正式，社会阶层也不那么分明，马勒是否还会对阿尔玛的事一无所知？

对我而言，最终认识到马勒《第八交响曲》和《第十交响曲》是一个整体的两个部分，是对他的一种敬畏：不仅是对马勒的原创思维和创作，更是对孕育了马勒和马勒作品的那个时代。如此认识非但没有缩小，反而是扩展了对其作品的解读范围，同时表明，试图对这两部作品进行明确的解读是一件意义不大，且十分有限的事情。文学与哲学评论家长期以来都承认马勒崇拜的偶像们，诸如陀思妥耶夫斯基、尼采的杰作，那为何对马勒就不能如此呢？ 前不久有位叫伯特兰·罗素的哲学家说，尽管哲学无法给我们提供任何答案，但它至少可以帮助我们提出更好的问题。研究和写作这本书，对我来说无疑就是如此，而且我真诚地希望对读者也是如此。但即使不是这样，古斯塔夫·马勒在 1910 年的故事也是非常吸引人的。如果我能把这个故事讲述得有它所具有的一半那样好，那么读者的时间就不会完全被浪费。

引子：天后驾临

1910 年 9 月 6 日晚，阿尔玛·马勒和她的母亲安娜·莫尔抵达慕尼黑洲际大酒店，被引进她丈夫古斯塔夫·马勒为她们预定的套间。从几天前马勒与阿尔玛交谈的语气来看，阿尔玛无疑得为即将受到的某种奢华的象征性的欢迎做准备，甚至可能要强打起精神。就在一天前，马勒在紧张繁忙的排练日程中给阿尔玛去了两封电报和三封长信，其中至少有一封信里是马勒新写的情诗。但即便如此，当阿尔玛走进她的套房时，眼前的情景还是使她停下了脚步：每个房间都摆满了玫瑰。阿尔玛在梳妆台上看到一份刚印刷出来的《第八交响曲》总谱，封面上写着"献给我挚爱的妻子阿尔玛·玛丽亚"。更有甚者，安娜·莫尔随后在床头柜上看到一份《第八交响曲》的钢琴总谱，封面上的题词更长："献给我们亲爱的母亲。您是我们的一切，是您把阿尔玛带给了我——来自古斯塔夫的永恒的感激之情"。[1]

如果阿尔玛和马勒是一对处在兴奋之中的年轻新婚夫妇，那这一切足够吸人眼球。可是他们已经结婚了八年。这是考验人生的八年，对阿尔玛来说尤其如此。阿尔玛是一位富有智慧和创造力的女性。尽管马勒深深爱着她，这点毫无疑问，但她发现自己在很大程度上被置于一种典型的"工作寡妇"的位置。马勒先是在维也纳、后是在纽约的繁重的指挥工作量，使阿尔玛备受冷落。即便是在夏天一起度假，马勒也是全身心地投入于他的新作品的草稿创作。工作空余时间里，马勒也总是在推敲、修改总谱，置阿尔玛于一旁而不顾。母亲的身份带给阿尔玛的安慰很有限。而当1907年7月，他们的大女儿玛丽亚因患猩红热和白喉离世，阿尔玛的悲痛之情远比马勒的更为复杂。可即便到那个时候，马勒似乎仍然或多或少地没有意识到这一切对阿尔玛造成的影响，他沉浸在以弗里德里希·吕克特的诗为文本的歌曲创作中，而那首精美的《这个世界把我遗忘》似乎最能体现马勒那时的状态："我独自活在我的天堂、我的爱、我的歌中"。如果不是1910年夏天，马勒夫妇在阿尔卑斯山中的托布拉赫村度假期间一次离奇的意外发现，使马勒意识到了危险的事实，他可能还一直沉醉于斯。这一发现令马勒震惊，引发了他一生中最大的感情危机。他真有可能要失去他崇拜的"Almschi"——他对阿尔玛常用的昵称——无可替代的"Saitenspiel"，他的"七弦琴"吗？马勒9月5日连着给阿尔玛写了几封长信，在其中的一封信里他写道："如果你在那个时候离我而去，那我真会像一根没有了空气的蜡烛那样被熄灭"。毫无疑问，他说的一点不假。

9月的那个夜晚，当阿尔玛抵达慕尼黑中央火车站时，马勒到火车站去接她。正如她后来在自己的回忆录《古斯塔夫·马勒——回忆与书信》中描述的那样，"古斯塔夫看上去像病了一样，疲惫不堪"。也可能是因为《第八交响曲》六天后要举行世界首演，排练日程安排得满满当当。有人注意到，当马勒以他惯有的火山爆发般的活力投入到指挥排练时，他身体上所受到的巨大压力也开始显现出来。但是让他身心疲惫的，不仅仅是协调和调动演奏《第八交响曲》所需的庞大的合唱队与乐队。在所有这一切的背后，是马勒近乎绝望的渴望：希望阿尔玛能够明白并热爱这部确切无疑是献给她的作品——就如他在 9 月 5 日一封措辞热切的信中所称"乐谱上每一个音符"都是献给她的。马勒此前的交响曲从未题献给某个人，他在 1906 年完成《第八交响曲》总谱的草稿时，也没有对任何人说过要把这部作品献给谁。但是在托布拉赫危机爆发后不久，阿尔玛突然遭遇了一次戏剧性的"拜访"。阿尔玛和马勒像那个年代大多数富有的夫妇一样，各有自己的卧室。一天半夜，阿尔玛突然醒来，发现黑暗中马勒像鬼魅一样站在她的床边。马勒问她，如果他把《第八交响曲》总谱题献给她，是否能使她快乐。说不清楚是什么原因，阿尔玛恳求他不要那么做，因为他从来没有把哪部作品题献给谁。阿尔玛还告诫马勒，这么做有可能会让他后悔。马勒回答说，晚了。他已经给出版商埃米尔·赫茨卡写了信——在"黎明时分"。[2]

马勒委托赫茨卡赶在《第八交响曲》的首演前出版总谱，所以在写给赫茨卡的信中主要谈论的是商业方面的内容，但是也显现出马勒内心的急迫感：

亲爱的总监先生：

请另外加印一页，上面印上"献给我挚爱的妻子阿尔玛·玛丽亚"，并尽快寄一份加印有这页的总谱给我。对我来说最重要的是，在慕尼黑上市销售的总谱，必须含有这一页。[3]

这就是说，必须让世人看到他的题献，而且必须让阿尔玛知道，世人都看到了他的题献。可以想象一下，马勒在"黎明时分"的乱涂乱画，在为挽救他的婚姻和他的理智做着近乎疯狂的努力。有些地方的字迹难以辨认，显然能看出马勒在写这封信时努力让自己的手保持稳定。对马勒深夜突发的表白，阿尔玛的直觉反应是"别做让自己后悔的事"。这是告诫？还是出于同情？抑或是一种自我保护的方式？或许这三种可能都有。也可能是阿尔玛回想起马勒在完成这部宏大的交响曲之后写给她的那些信中，大谈柏拉图和耶稣基督，大谈苏格拉底和这位哲学家虚构的女祭司狄欧蒂玛，大谈歌德笔下"永恒的女性"、"升华的"性冲动的创造力以及爱与情欲之神厄洛斯在创造世界中的作用——所有这一切抽象且超凡脱俗。可是现在他却告诉她，《第八交响曲》是献给她这个有血有肉的女人的，而且是只献给她一个人的。在与阿尔玛的私下交流中，马勒从不避讳表达自己对她的爱，但是在《第八交响曲》即将首演前，这种表达有所升温。1910 年 9 月 5 日是《第八交响曲》首演前排练的第一天，而就在这天，马勒给阿尔玛接连写了几封长信。他在其中一封信里告诉阿尔玛，在每次上午排练的休息时间，他都会扫视空旷的大厅，想象着如果他的女神此时正坐在大厅里享受着眼前的一切，该是多么美妙！他坚称，只要能看到她那可爱的脸庞，哪怕只一眼，他所做的一切，不管多辛苦多繁杂，都完全值得。

就在一天前，阿尔玛收到马勒的一封信，信中明显流露出他在信仰和绝望之间摇摆不定。马勒对她说，她一直是自己生命和工作的光明与中心之所在。而现在她不再对他的爱有所回应，这让他感到非常受折磨、非常痛苦：

> 但是，就如爱必定会唤醒爱，信念能再次找到信仰一样，只要爱神厄洛斯还统治着人与诸神，我就一定能重新征服曾经属于我的、并只有与我一起才能找到通往上帝和被祝福之路的心。[4]

在《第八交响曲》第二部分最后的独唱段落中，男高音恳求道："童贞女，圣母，女王，女神，愿永远护佑我们！"阿尔玛从小生活在天主教家庭，她是否会认为——就像那些第一次听到这部交响曲的人认为的那样——这里被热烈恳求的是圣母玛利亚，是耶稣基督的母亲，是天后。她是否意识到，歌德在他那部伟大的诗体戏剧《浮士德》第二部最后一幕中描写的天堂的样貌，与任何一种正统的基督教文本都不相符吗？在 1910 年那场危机使他们的婚姻根基出现问题之前，马勒在给阿尔玛的信中不厌其烦地向她讲解他的《第八交响曲》。但是，即便马勒向阿尔玛狂热倾诉《第八交响曲》的那些段落是刻意摘出来的，读者仍然能感受到马勒沉醉于此。如果阿尔玛在那天深夜听了马勒对她说的话后产生了畏惧之意，那么又有谁可以责怪她呢？"你会后悔的"——任何一个男人，把自己爱恋的女人奉为"女神"，可能都会后悔。伍迪·艾伦曾打趣说，他总是倾向于把妻子们供起来。阿尔玛是被马勒的题献所打动？还是被压垮？阅读她的《回忆与书信》，读者可以感觉到她的感情是复杂的。

在某种程度上，阿尔玛显然很享受她所处的地位。她是著名的作曲家兼指挥家的妻子，还成为他那部代表作题献的对象。她似乎也感觉到马勒痛苦的需求给了她力量。她带着明显的骄傲告诉我们说，"只要有任何迹象表明我没有得到足够的尊重或者足够的热情，他都会像自己被冒犯了似的。"在关于那段时日的回忆和通信里，阿尔玛明显露出厌烦地提示到当时她正在努力疏远她的丈夫和她丈夫的家人，以及她丈夫的一些亲密朋友。她告诉我们，马勒很想听听他的朋友对《第八交响曲》的看法。马勒深信《第八交响曲》是他最伟大的作品。可是他发现，自己孑然一身。那些以前他信任的好朋友都疏离了他。而且那些密友被说成是无情的自私自利者，只是对与一位伟大的艺术家交往所带给自己的荣耀感兴趣。阿尔玛特别瞧不上马勒的妹妹朱斯蒂，她带着几乎毫不掩饰的满意告诉我们，朱斯蒂被马勒一句"阿尔玛可没时间陪你"[5]给轰走了。朱斯蒂·马勒是一个敏感而富有同情心的女人，马勒显然是觉得妹妹跟他走得太近，那些依恋他的暗示不过是想要寄生于他、但又绝对空洞的说辞。值得注意的是，阿尔玛在回忆录中写的是，马勒说"阿尔玛没有时间陪你"，而不是"我没有时间陪你"。记忆和书信之所以如此引人入胜，原因之一是，在写回忆时，阿尔玛时常比她明显意识到的更坦率。而至于其他那些朋友们则保持沉默，让马勒陷于孤独。其实，他们不可能完全对马勒的感情危机无动于衷。相反，很有可能是，他们对正在发生的事深感痛心，所以抱持了极其谨慎的态度。他们中至少有一些人肯定知道1910年夏天发生的事情，但如果他们不确定怎么做才算是对朋友的最好帮助的话，我们又怎么能责怪他们呢？

无论如何，即使是最了解他们的人也可能并不知道这样一个事实：就在不远的女王宫酒店的一个房间里，阿尔玛年轻英俊的情人，建筑师沃尔特·格罗皮乌斯正热切地期待着与她的下一次见面。

第一章 奠基

演奏《第八交响曲》所需人员的规模是前所未有的，比马勒的其他任何作品都要大：8 位独唱家、2 个大型混声合唱团、1 个童声合唱团。按总谱要求，需要 22 支木管乐器、17 支铜管乐器，再加舞台之外的 4 支小号、3 支长号（铜管乐器总数为 24 支）、9 件打击乐器、钢片琴、钢琴、簧风琴、管风琴、曼陀林，以及完整的弦乐声部。从实际需要来看，《第八交响曲》的弦乐声部比通常的交响曲，如勃拉姆斯的交响曲、柴科夫斯基的交响曲等所需要的弦乐声部都大得多。而勃拉姆斯或柴科夫斯基的交响曲所使用的木管乐器不会多过 9 支，铜管乐器不会多过 10 支。然而马勒又强调，竖琴和曼陀林的数量应该各有增加。他还补充了一项规定："当演奏巨大的人声合唱及弦乐齐奏段落（可以想象，演奏中有不少这样的段落）时，木管乐器声部的首席要加倍"。马勒是一位实践经验非常丰富的音乐家，是一位有着 30 年指挥生涯，指挥过各种规模不同、能力不等的交响乐团的职业指挥家。那些在乐谱上看起来像是音乐上的狂妄自大，在实现他心中想要的那种声音和质感时，往往显得意义非凡。

马勒选择慕尼黑而不是他先前的家乡维也纳作为《第八交响

曲》的首演地，原因之一是慕尼黑那时刚新建了一座宏伟的、有3200个座位和巨大舞台的音乐厅（音乐节大厅）。空间是一个很重要的考虑因素，不仅为了容纳众多的演奏家和大量听众，也是出于声学方面的考虑。我至今还清楚地记得，1991年在伦敦皇家节日大厅聆听克劳斯·滕斯泰特指挥马勒《第八交响曲》的情景，当每个部分（《第八交响曲》分为两个部分）结束时，舞台之外的铜管加入进来，其效果不啻就像是坐在两个扭曲的巨大的音箱之间——那是大厅的正座，感觉非常震撼、刺激。

全部的后台工作让人想想就后怕。额外的歌手和演奏员必须从其他讲德语的国家和地区招募，需要组建一个由八位一流歌唱家组成的团队，在整个排练过程中随时待命。与贝多芬《第九"合唱"交响曲》不同，与他先前两部有合唱的交响曲，《第二交响曲》和《第三交响曲》（这两部交响曲都有独唱与合唱）也不同，《第八交响曲》要求所有的演唱者，包括独唱歌手和全部合唱队员，在超过80分钟的演出时间跨度里在场，而且在前后两部分里都有较长时间的活跃的演唱。因此，马勒和他的经纪人埃米尔·古特曼制定了一个令人惊叹的排练时间表，跨度整整一周，从1910年9月5日星期一到9月11日星期日。可以想象，这些歌唱家大多数的工作日程都十分紧张（只有演唱荣光圣母的第三女高音例外），而两场演出预定在排练结束后的第二天和第三天，即9月12日的下午和9月13日。古特曼把"赌注"压在他期望创造的轰动效应上，而且这种轰动效应必须足以在音乐节大厅爆发两次——事后证明，这场"赌博"得到了应有的回报。因此，在整整八天（乐队为九天）的时间内，整个演出团队全力以赴。必须说明的是，在那个年代，历史悠久的"经纪人"制度，一直是全欧洲指挥家们的噩梦。例如，在伦敦，指挥家亨利·伍德（他在 1930 年指挥了马勒《第八交响曲》在伦敦的首演）在与经纪人制度艰苦卓绝的斗争中，稍稍取得了一点成果，而在此之前，只要别的地方提供的报酬更高，乐队的演奏员可以找一个替补去参加他原定签约的排练，甚至是音乐会的正式演出。据当时伦敦皇家爱乐协会的财务主管的说法，演奏员的替换是如此频繁和复杂，以至于一个指挥家在排练过程中能看到多达三位演奏员先后出现在同一个位置，可到了正式的音乐会上，在那个位置上演奏的却是另一位演奏员。

马勒对此不会允许。无论是指挥乐团还是执掌布达佩斯、汉堡及维也纳歌剧院，他意志坚定，使用一切必要的统治手腕，确保他的音乐团队能全力投入。30 年后，小说家斯蒂芬·茨威格回忆道："那些当年目睹了有着钢铁般严明纪律的一群人在古斯塔夫·马勒统领的维也纳歌剧院里，从最小细节入手进行铁腕训练，并把激情与维也纳爱乐乐团所惯有的准确性完美融合的人，对今天的歌剧或音乐会演出，肯定无法完全满意。"[1] 英国作曲家埃塞尔·史密斯回忆说，"他是我见过的最好的指挥家"，但是与他合作，就像是"提着一个装有炸弹的剃刀盒"（而史密斯在与有权势的人打交道时也很强硬）。[2] 然而，发生了一件尴尬的事，差点毁了"团队精神"。一段时间以来，马勒对慕尼黑音乐协会交响乐团首席的能力颇有微词，他在 1910 年 6 月写信给古特曼，提出了一个解决方案：邀请当时备受推崇的维也纳爱乐乐团的首席阿诺德·罗斯（很巧的是，此人是马勒的妹夫）加入到乐队中，以此来做补救。不幸的是，古特曼似乎没有把这个信息传达给慕尼黑的乐团，于是在第一次完整排练时出现了尴尬的一幕。据阿尔玛回忆，马勒要求古特曼将他的决定告诉乐团，而古特曼不知是什么原因，对此显得特别紧张。可是考虑到此人留给大家的印象是大胆而机智，这听起来又不大可能。可是，马勒给罗斯发了电报，罗斯立即动身从维也纳来到慕尼黑。在第一次完整排练的那个上午，马勒和罗斯一同来到音乐厅。罗斯走到乐队前面首席的位置坐了下来。就如阿尔玛告诉我们的那样，整个乐队成员都站了起来，走下舞台。这令马勒极为惊讶和沮丧。罗斯缓缓站了起来，在努力安慰了马勒之后，他把小提琴夹在胳膊下，满脸严肃地离开舞台，向音乐大厅的后台走去。

这一切听起来的确令人尴尬，但是一份匿名报告对此事件的说法却另有不同。按《慕尼黑第八交响曲首演彩排的故事》一文的作者所说，当罗斯走上舞台时，乐团的音乐家们并没有从舞台上走下来，而是嘴里发出嘘声。那位自以为要担任乐团首席的绅士起身即席发表演讲，对所受到的这种傲慢对待明确表示了自己的愤怒。马勒一言不发，神色凝重。过了一会儿他对那位发言者说，你的行为举止一点也不像一位艺术家，倒像是一个枢密院顾问。从这点来看，马勒似乎被迫向慕尼黑的乐队首席屈服并接受了他。哪种说法可信？不管怎样，这都使马勒在那些排练以及随后的公开演出中获得的成就更加令人印象深刻。好几位目击者证明，就如阿尔玛 9 月 6 日在火车站所见到的那样，她的丈夫马勒看上去非常憔悴、苍白。可是一旦投入工作，他就像被激发出了隐藏的能量供应。《新维也纳日报》报道说，马勒在乐谱架前摆放了一把椅子，有时甚至在起拍之后他仍然坐着。但时间不会长，很快他就会站起来，以他惯有的精准指挥着每一小节。马勒传记的作者保罗·斯蒂芬指出，这位显然生着病的作曲家，常常因为排练和对音乐的投入疲惫不堪。然而，几乎奇迹般的，他仍然能设法带着大家一起向前，所以每个人都能一步步看到这座宏伟的艺术大厦的筑成。这些关于马勒的个人奋斗的叙述，在多大程度上受了后见之明——对《第八交响曲》首演后几个月里发生的事情的了解程度——的影响，这还很难说，但是马勒在那段时日的所作所为的确很出色。

随着排练的进行，越来越多的圈内人聚集到排练场来听、来看《第八交响曲》的排练。一些曾经对这部作品产生过很大怀疑的人，如荷兰作曲家阿尔方斯·迪彭布罗克，在不知不觉中改变了自己的看法。迪彭布罗克此前就拿到了声乐部分的分谱的副本，仔细阅读后得出的结论是，这部作品简直就是个灾难。他在给一个朋友的信中表示，交响曲第二部分中对歌德诗文的处理简直令人绝望，而在旋律方面则显示出马勒创作能力上的衰退。对一个狂热的马勒崇拜者而言，这一切都令他失望。但是，迪彭布罗克在现场听了一次排练之后，欣喜若狂地向妻子报告说，他先前的看法完全错了。事实上，听排练现场演奏的音乐就使他热泪盈眶。就在同一天，迪彭布罗克给另一个朋友发了一张明信片，上面写道：这真是一个令人难以置信的奇迹，简直就是神迹！与此同时，马勒在排练中风姿多彩的动作和语言开始迅速流传开来。尽管马勒本人并没有打算要为古特曼的宣传提供什么材料，但当这些传闻激起了人们巨大的好奇心时，所有这些报道——真实的、夸大的，甚至是捏造的——都成了无价之宝。马勒曾这样对一位不大顺从的小号手说："亲爱的先生，您是一个很棒的小号手。你可以决定最后一个音符怎么吹，但我可以决定最后一句话怎么说。"竖琴首席演奏员试图用另一种方式来应付马勒，马勒每次点评他的演奏，他都油滑地表示敬佩。"奉承！"马勒冲他喊道，"你从维也纳来，根本不懂该如何奉承！"有几位评论员指出，马勒似乎很乐于和孩子们一起工作（尽管乐谱上有说明，但似乎"男童合唱团"里有女孩子）。他直白地对孩子们说："如果你付出的比你拥有的更多，那你就会更富有。"这话听上去很像是他说的。第二部分有一段特别复杂的合唱，排练中马勒无法清晰地听到孩子们的声音，他就对孩子们说，大声唱，让"天堂里的天使"都能听到你们的歌声。结果是，马勒彻底被孩子们的歌唱感动了。仅过了一两分钟，马勒不得不掏出手绢，擦去流在脸颊上幸福和感激的泪水。另有一位现场排练的目击者，昵称马勒为"永恒的欢乐火焰"，此语出自第二部分开头男中音唱出的第一句歌词。

但那并不是永恒的欢乐和幽默。马勒在维也纳歌剧院工作的那段日子里，已经把刻薄、贬损的艺术练就得炉火纯青——他会对乐队这么说："先生们，你们这是在演奏吗？你们最擅长的是休息吧？"他对那位显然一时找不到正确的音色组合的管风琴手这么说："这比集市上的风琴好不了多少。我这辈子还没听到过这么恐怖的声音，在啤酒节上还差不多。"合唱队的女士们常会在他讲解作品时私底下说话，他就对她们说："这首交响曲是要被唱出来的。或许我的下一部作品里会有说话的部分。但如果你们现在坚持要说话，那最好去澳大利亚。"——那是世界上最蛮荒之地。但也有那些画面让人难以忘怀的时候："这个地方，我希望我的乐队只是一把巨大的吉他！"；"童声合唱加入时，要像一把刀插入黄油那样"；"我的孩子们，想象一下，那个 G 音必须唱得像一声清脆的耳光的声音那样"；第二部分开始那段很安详的合唱，他要求男低音声部："音乐得有灵魂……诸位，有点个性。想象一下，你们正在拉大提琴。"[3]

年轻指挥家奥托·克伦佩勒的转变给人的印象截然不同，未必有多么丰富多彩，但却意义深远。克伦佩勒此前多次担任马勒的指挥助理，而且很得力。起初他对《第八交响曲》的某些方面持怀疑态度，或至少是不以为然，但听了《第八交响曲》的排练后改变了观点（克伦佩勒因故没能出席首演）。他后来坦陈，直到那时，他才开始真正理解马勒的音乐，并认识到马勒是一位真正伟大的作曲家。马勒的一句名言让他终生难忘。克伦佩勒指出，马勒总是在强调更清晰、更有深度、更有力度、和动态对比更强烈的音乐。马勒曾在排练中对克伦佩勒和指挥助理、另一位同行布鲁诺·瓦尔特说，"我死后，如果这部作品有什么地方听起来不对劲，那就修改它。你们不仅有权利这么做，而且有义务这么做。"[4]我曾经看过印有马勒签名的《第四交响曲》总谱，马勒早年在演出中用过它。这本总谱显示出作曲家是如何将自己的原则付诸实践的：上面这里划一条加粗的线，那里划一道细线，甚至还加了乐器色彩表达的记号。今天的指挥家，在指挥马勒作品时也可以这么做吗？1916年，《第八交响曲》在美国首演时，指挥家列奥波德·斯托科夫斯基就是这么做的。让人深思的是，尽管马勒的教诲给了克伦佩勒深刻影响，但克伦佩勒指挥的马勒作品，在很大程度上仍然忠实于马勒的乐谱。显然对他而言，马勒的乐谱，就如贝多芬和巴赫的乐谱一样，近乎《圣经》，不能轻易改动。

从各方面来看，最后的彩排非常成功，而且整个慕尼黑都希望首演成功，市政府还为此下令，公交车经过音乐厅时得减速，并不许敲铃。评论家尤利乌斯·科恩戈尔德代表维也纳颇具影响力的《新自由报》出席了首演的开幕式，他是令人瞩目的年轻作曲天才埃里希·沃尔夫冈·科恩戈尔德的父亲。科恩戈尔德是少数几个始终支持作曲家马勒的维也纳评论家之一，经常与主流观点背道而驰。在马勒职业生涯的大部分时间里，他在维也纳大多数爱乐者眼里是一位伟大的指挥家。当然他们也会补上一句：他也作曲。阿尔玛的继父，画家卡尔·莫尔也持这种观点。他直言不讳地重复着别人普遍认为的那种观点，即马勒的音乐不值得认真对待。在科恩戈尔德向维也纳报道了《第八交响曲》的排练后，维也纳仍然基本上持怀疑态度，还对他的报道提出挑衅。但如果那些诋毁马勒的人在慕尼黑看到马勒站在舞台上的情景就好了——他们会被迫吞下自己的恶言。甚至从马勒开始为乐队调音的那一刻起，就可以看到他的个性力量和吸引力，如何作用于在场的每个人身上。而从他开始指挥的那一刻起，你仿佛可以看见一股火焰从那具瘦小的骨架上蹿起，向着任何他想要前往的方向，策动着上千人的强大力量，一会儿发出巨浪般的轰响，一会儿陷入不可思议的静寂，接着又专注于最细微的细节。所有这一切真是美妙无比！就连在场听众的反应，也完全不同于往常。当这部交响曲巨大的高潮在结束时到达顶峰，掌声从大厅观众席的各个角落爆发出来，就像一波又一波的咆哮，一次又一次地涌来，把马勒一次又一次地拉回到舞台上，接受这种强烈的、近乎宗教般的膜拜。读着科恩戈尔德激情四溢的报导，我们很容易忘记他描述的只是最后的彩排，而第一场正式演出有可能达到更高的高度吗？

*

有一个为确保《第八交响曲》首演成功而坚持不懈努力的人，此人就是马勒的经纪人埃米尔·古特曼。古特曼是德语国家重要的音乐会组织者和艺术家经纪人之一，在慕尼黑和柏林设有办事处。有一份当时的清单列出了他最著名的客户，读起来令人印象深刻：仅钢琴家的名单中就包括有威廉·巴克豪斯、费鲁奇奥·布索尼、哈罗德·鲍尔、阿尔弗雷德·科托、玛丽·杜布瓦、因加茨·弗里德曼、婉达·兰多夫斯卡、莫里茨·罗森塔尔和阿图尔·施纳贝尔——这里仅列举那些最耀眼的名字。1908 年，古特曼为马勒组织了一次乐团的旅行演出，马勒指挥了几场不久前刚刚首演的《第七交响曲》。在马勒创作这部如今被自己视为代表作的《第八交响曲》的过程中，古特曼一直极力鼓励，这给马勒留下很深的印象。

古特曼全身心地投入到了为《第八交响曲》在慕尼黑的两场演出吸引更多观众的任务中。当然，这不仅仅是为了表现他对一件伟大的艺术品的坚定信念，也是出于经济利益的驱动——安排、协调演出，以及排练的费用，超出了古特曼的实际预算。古特曼所做的事情，看起来更像是一场现代的公关活动，甚至马勒自己此前在这个方面都没有经历过。仅在慕尼黑，古特曼的所作所为就近乎密集轰炸。马勒在维也纳时期的同事，画家、图形及布景设计师阿尔弗雷德·罗勒创作了两幅引人注目的海报。其中较大的一幅，冠以马勒姓名的首字母 G.M，数字"八"（VIII）则变化为马勒典型的指挥姿势：低着头，双臂伸开；较小的一幅只有文字，字体为夸张的新艺术哥特体，镶嵌在交叉的平行线之中。古特曼把大海报张贴在了他能找到的每一个报摊和每一块广告牌上，把小海报贴满了城市的有轨电车和火车车身上。商店的橱窗里陈列着马勒的肖像、照片，或是由奥古斯丁·罗丹创作的马勒半身像的复制品，还有版画、剪影——任何印有马勒头像或侧面像的东西。书店里摆满了刚上市的保罗·斯特凡的马勒传记和其他已经出版的纪念品，还有新出版的《口袋乐谱》——虽然大量内容被浓缩在一张张印得满满当当的纸上，但要装下这些纸得有大口袋才行（仅《第八交响曲》第一部分最后一页的五线谱行数就接近 40 行,几乎是贝多芬《第九"合唱"交响曲》结尾部分五线谱行数的两倍)。乐谱还被小心翼翼地"放在"有选择的公共场所,比如音乐鉴赏家和乐评人常去聚会的咖啡馆的桌子上。

与此同时,古特曼运用自己的魅力,逼迫甚至贿赂德国各地的多家报纸和音乐杂志为《第八交响曲》的首演做预告,发表对其进行音乐分析的文章,当然还包括大量关于这部庞大的新作品耸人听闻的小道消息,以及介绍各种与之(指《浮士德》)相关的戏剧。这些故事在细节上有多真实真不好说,但至少存在这类征兆,同时也让人洞悉那些视角更为广泛的观点和感受。例如,距慕尼黑将近 500 英里的不来梅,有家报纸绘声绘色地报道了在一辆开往巴伐利亚首府慕尼黑的火车上发生的一件事:两个法国人,因为他们无礼地质疑马勒的艺术价值,而与一个柏林人和一个维也纳人发生了斗殴。即便事实并非如此,发表这篇报导本身就让我们了解到一些关于 1910 年法德艺术和政治的关系,以及马勒的新作品对人们敏感神经的触动。

和以往相似的是,每当一个强大而复杂的炒作引擎超速运转时,就会出现反对这一切的负面声音。在维也纳困扰马勒的那种反犹(往往并不直白,而是比较隐晦的)偏见时不时地再次抬头,就像瑞士评论家威廉·里特在一篇对马勒大加赞赏的文章中所显现出的那样。起初,里特是公认的反马勒派,但后来他改变了自己的观点——聆听《第八交响曲》的体验显然起了至关重要的作用。后来,他成为一个坚定而有影响力的马勒的拥护者。可是最让人感到震惊的似乎是马勒自己。当马勒为《第八交响曲》的排练抵达慕尼黑时，立即被眼前铺天盖地的宣传惊到了——他似乎感到无处可躲，自己那张脸无所不在地在凝视自己。一位维也纳的记者尤里乌斯·斯特恩在20年后写的一篇文章中，记述了马勒在走出音乐大厅时发生的尴尬一幕。斯特恩和马勒一起驱车前往展览大厦音乐厅，同行的还有阿尔玛和马勒的年轻朋友兼门徒、指挥家布鲁诺·瓦尔特。突然，马勒注意到该市的有轨电车车身上贴着的宣传海报，海报上用巨大的字母自豪地印着他自己的名字。爱慕虚荣的人看到这一切，自然会觉得这是对自己的绝对肯定。然而马勒的反应是缩在座位上，用手抱着头，羞愧地叹息。

更糟糕的事情还在后头。今天，看马勒《第八交响曲》CD的封面，或是演出马勒《第八交响曲》的音乐会节目单，你会经常发现有个附加的标题：《千人交响曲》。确实有一些演出，歌唱家和演奏家的总人数接近一千。考虑到作曲家自己写在乐谱上的建议，我们可以设想他对这个说法会点头赞同。但马勒通常不喜欢给他的交响曲取名字。《第一交响曲》首演时加了"泰坦"（"巨人"）这个名字，但很快就被删掉了。后续的《第二交响曲》又叫《"复活"交响曲》，但"复活交响曲"从来都不是正式的名字，"复活"是马勒在终乐章最后的合唱所采用的那段弗里德里希·克洛普施托克的颂歌的名字。将《第三交响曲》命名为"潘"或"快乐的科学"（取自弗里德里希·尼采的一部哲学著作）的想法，在作品创作还处于草稿阶段就被放弃了。但那些标题至少对音乐的本质和所传达的信息有一些关系。而"千人交响曲"这个名字，是古特曼在没有征得马勒同意的情况下弄出来的别名。当马勒第一次看到这个名字出现在报纸上时，他吓坏了。这是为了感官，不是为了艺术。他抱怨道，《第八交响曲》的首演，正在变成"巴努姆和贝利"式的一场灾难性表演。[5]

马勒比那个时候的任何欧洲人都更清楚"巴努姆和贝利"这两个名字的含义。此前不久，马勒赴纽约指挥大都会歌剧院和纽约爱乐乐团期间，这家因巡回演出取得巨大成功的马戏团也正活跃在美国东海岸地区。马勒看到过他们大肆鼓吹"地球上最伟大的表演"的演出海报，古特曼所做的这一切，不是跟他们很相似吗？马勒内心肯定对巴努姆和贝利的一些形象很抵触，那些形象通常看起来与指挥家的形象有相似之处（古典音乐在当时的大众文化中远比现在流行）：戴着小丑的帽子，手拿警棍，驱使着鹅和公鸡进行美妙的表演、驴子演奏音乐。或更有甚者：穿着晚礼服，指挥着"一群训练有素的猪"，每头猪都配有木琴，表演着难度大又精彩的把戏，表现出几乎跟人差不多的聪明才智。对马勒来说，讽刺很在行，自我讽刺也很尖刻——他的《第一交响曲》中就有一段晦暗的、带讽刺意味的森林小动物的葬礼进行曲——故此，他对古特曼做的这一切很敏感。

但让马勒感到痛心的不仅是他的尊严可能受到伤害，这只是一个枝节问题。布鲁诺·瓦尔特告诉我们，最让马勒困扰的是，人们来到这里是为了他、为了那种感觉，而不是为了音乐本身。对马勒来说，要把作曲家，一个活生生的人，从他所创作的音乐中分离出来，比其他大多数作曲家都要困难。尽管这样，马勒仍努力去理解这点，虽然他很清楚其中的区别。1896 年 3 月，马勒在写给他的朋友马克斯·马沙尔克的信中谈到《第一交响曲》，告诉他一段恋情的痛苦结局在《第一交响曲》的音乐中留下了深刻的烙印。但即便如此，他继续写道，《第一交响曲》作为一件艺术品，其重要意义远远超出了自传的范畴。失恋也许激发了马勒创作交响曲的灵感，也很可能影响到作品的性格，但它不是对音乐的诠释。他写道，音乐的真正意义在另一个世界，更神秘的音乐世界。在这个世界里，时间和空间都是无关紧要的。他坚持认为，为一部已完成的作品设计一段文字解说是一桩徒劳无益的事情。

正如我们将要看到的，这些都与《第八交响曲》高度相关。无论怎样，马勒很清楚的一点是，假定文学在揭示音乐的真正意义方面毫无用处，那么被公认为科学的音乐分析方法就提供不出有意义的东西了。当马勒的出版商赫茨卡提议为《第八交响曲》的首演印制一份音乐分析说明时，马勒的第一反应是恐惧。他（在一封划满了下划线的信中）坚称，出于长期从事作曲和指挥的经验，他坚信这些音乐分析对任何人都没有艺术价值或实用价值。用文字来描述音乐主题及其发展，就像试图通过描述一个活生生的人的内部器官或细胞结构来描述这个人。这简直就是活体解剖！马勒用最严厉的措辞，要求赫茨卡在《第八交响曲》的世界首演上保证不发生任何这样的事情。马勒认为，最重要的是，听者在没有任何理性或情感引导的情况下直接欣赏音乐，应该能够以某种方式直觉到音乐创作背后真正的"灵感或基础"。那么，马勒认为他从《第八交响曲》的原始灵感中获得的"真正意义"究竟是什么呢？当我们看到《第八交响曲》这部作品本身，以及轰动世界的首演所产生的影响，我们必须思考，这个世界从这部作品在1910年的慕尼黑首演以及其后的演出中，听到了什么信息。

第二章　升起吧，理性之光

通常，马勒创作的速度很快，有时快得惊人。但就《第八交响曲》而言，他自己所称的写作速度并不可信。据人们所传（有好几种说法），总谱草稿仅用了八周就完成了。马勒的暑假通常持续十周左右，这是他一年中唯一可以不受干扰地进行创作的时间。阿尔玛说，他们在美丽的沃瑟湖岸边的阿尔卑斯山度假胜地迈尔尼格待的头两周，几乎没有看到他的创作有任何进展。阿尔玛告诉我们，这并没有什么不寻常的：马勒一如既往地为灵感不足而烦恼，直到突然间灵感之光闪现。然而，在这部交响曲的创作过程中，灵感突现就像山洪暴发，阿尔玛将其描述为"超人的能量"。从阿尔玛的描述来看，马勒甚至事先都不知道他要为交响曲第一部分选什么文本做歌词，也没有随身带任何的文本。但这对创作并没太多妨碍。事情发生在一天清晨，马勒刚跨出他在树林里搭建的小木屋的门槛时，心中渴望已久的灵感突然冒了出来。他找到了歌词："降临吧，造物主之圣灵"，于是音乐便随之而来。很快，开头那段合唱就写成了。但问题来了："……音乐和文字不太合适——音乐明显多于文字。一阵狂热的兴奋之后，他发电报回维也纳，让人把整首古拉丁赞美诗用电报发给他。完整的诗文与音乐吻合。直觉上，他已经为全部的诗节写好了音乐。"[1]

听上去这好得令人难以置信。但是在邮局按单词收费的年代，把整首拉丁赞美诗的全部经文用电报传送给马勒要花多少钱？不过，这个故事并不仅仅只是阿尔玛的创造或是她灵机一动的叙述。评论家恩斯特·德西在马勒 1911 年去世后不久撰文提到作曲家曾告诉他的或多或少同样的故事——德西给出的地点是阿特施鲁德巴赫，但这是后来创作《第九交响曲》《第十交响曲》还有《大地之歌》的地点。德西告诉我们，马勒手头确实有中世纪拉丁赞美诗《降临吧，造物主之圣灵》的文本，但这个版本删去了一些原始文本中的文字。德西说得有些含糊，他说马勒设想的音乐在某种程度上对文本来说分量太大。究竟是如阿尔玛所说，他的意思是"文字和音乐不太合适"，还是在更广泛意义上暗示某种结构性的问题，我们无从知晓（事实上，马勒的歌词的确删去了那首中世纪赞美诗的一些诗文）。不过，德西也告诉我们，马勒很快意识到他必须看一下原始文本。他联系了维也纳宫廷剧院乐团的指挥卡尔·鲁兹，请他寄一份完整的赞美诗的文本副本。德西说，当这部文本送达马勒手里时，马勒惊讶并激动地发现，他写出的音乐很精确地符合赞美诗的诗句结构（抑或是单个词和短语？）。

人们可以对其中的细节争论不休，但大家都强烈怀疑，在这两种描述之间的某个地方，是否存在着一种真实且非比寻常的创造性事件——如此不寻常，以至于旁观者认为它几乎是超自然的。这也证明了马勒在创作《第八交响曲》时没有任何特定的"意义"。

对马勒的年轻朋友，作曲家阿诺德·勋伯格来说，这并没有什么可值得关注的。勋伯格说，造物主只不过是上天的奴隶。对他来说，作曲不是一种幸福的、完全意识到的对某种神圣灵感的反应，而更像是处在恍惚之中。根据勋伯格的回忆，《第八交响曲》在纸上迅速而"半无意识"地流淌出来——"就像马勒曾经告诉他的那样，它是被口授给我的"。[2] 尽管音乐是一种奢侈的语言，但马勒的说法确实说得通：他肯定是在"半无意识"的状态中创作《第八交响曲》。考虑到这些乐思涌上纸张的速度，他几乎没有时间"有意识地"评估它们，更不用说停下来思考它们可能意味着什么。

但是到了1910年6月，当马勒急切地期待《第八交响曲》三个月后的首演时，音乐的"真正含义"在他脑海中浮现了出来。将歌德的诗剧《浮士德》的结尾部分，用在《第八交响曲》第二部分的想法似乎已经酝酿了一段时间。马勒是一个热衷于读书的人，他对德国文学经典的知识是广泛的。《浮士德》在德语文学中的标志性地位，与莎士比亚的《哈姆雷特》在英语文学中有着至关重要的地位一样，在任何情况下都是必不可少的阅读对象。但就如恩斯特·德西的回忆所说的，马勒对歌德的热情源自认同，不仅是认同他的作品，甚至是认同他这个人。德西清楚地记得他第一次进入马勒客厅时的印象：到处都是书，不仅是书架上，桌子上也堆得老高，还有家具上，甚至地板上。除了小说以及种类繁多的文学作品外，还有动物学百科全书和大量的哲学著作。德西觉得，这些书都不是用来装门面的。马勒是一个很有品味的读者，每当夜晚，他最喜欢的就是舒舒服服地伸着懒腰，请朋友为他朗读他喜爱的书。德西记得，马勒最常要求朗读的作家是歌德，尤其是《浮士德》的第二部分。尽管马勒显然熟记了这部作品的大部分内容，但他还是喜欢反复品味其中特殊的段落，通过听别人的朗读来重新发现它们。德西描述了一个特别难忘的情景：有一天晚上，在为马勒朗读了一个多小时后，德西恍惚觉得，至少有那么一会儿，他对面坐着的不是马勒而是歌德本人："他陷入沉思的神态是那么高贵，鼻子直挺。我凝视他很久，这种印象好真实：就跟歌德一样。"[3]

这正是现代评论家乐于揭穿的那种半醉半醒、梦幻似的描述。然而，看看罗丹著名的马勒半身像——1910 年 9 月占据了整个慕尼黑商店橱窗的那尊——似乎这位法国雕塑家也看到了类似的东西。德西的叙述中有一点基本上是不容置疑的：马勒对歌德，尤其是《浮士德》的第二部分烂熟于心。早在 1906 年那个极富创造力的夏天之前，《第八交响曲》的歌词就已经在他的想象中开始酝酿了。当他提笔作曲的时候，音乐或多或少早已进入了他的潜意识。难怪它会像洪水一样涌上稿纸。

马勒绝不是第一位运用歌德《浮士德》第二部分最后一幕作为创作素材的作曲家。罗伯特·舒曼于 1844 年至 1853 年创作的《歌德的浮士德场景》中，这些素材构成了合唱与乐队奇妙混合的高潮与焦点，而弗朗茨·李斯特在 1854 年至 1857 年创作的《浮士德交响曲》，其相对简短的合唱终曲也用了这个素材，虽然可能有人认为运用得并不成功。很明显，马勒热爱诗歌，喜欢朗读单词的声音，喜欢诗的节奏、韵律，而这些，往往就是作曲家发挥想象力所需要的一切。但是到 1910 年，马勒清楚地意识到，歌德以某种重要的方式向世人传达的信息，与自己在古拉丁赞美诗《降临吧，造物主之圣灵》中所发现的意义完全契合，这首赞美诗的音乐潜能借着雷鸣电闪般的灵感向他显现。对圣灵的赞美，对被救赎的灵魂升入天堂的描述，以及对基督的母亲的描绘——毫不奇怪，不少第一次听马勒《第八交响曲》的人，都推测这是一部纯粹的罗马天主教或至少是某种基督教——东正教或其他教派的音乐作品。就连最有见地的马勒传记作家之一的迈克尔·肯尼迪，也把马勒《第八交响曲》的哲学构想概括为：至少在某种程度上把对基督教信仰的肯定，与歌德希望"爱"使人类得到救赎的愿景"符号"融合在一起，就如歌德的"永恒的女性"所代表的。他这样做有什么问题吗？

在思考歌德想要表达什么之前，我们先跟随马勒，从古拉丁赞美诗《降临吧，造物主之圣灵》入手可能会更有帮助。这首赞美诗被认为是本笃会修道士，后来的美因茨大主教拉巴努斯（或赫拉巴努斯）·毛鲁斯（780?—856）写的。拉巴努斯·毛鲁斯后来被誉为"德国的导师"。围绕着罗马天主教关于天主教起源的最著名的文本，产生了大量丰富多彩的传奇。比如，有一则可爱但不太可能的故事，说赞美诗《我们赞美你，噢，上帝！》是圣安布罗斯和奥古斯丁在公元 387 年受洗后即兴创作的。但就《降临吧，造物主之圣灵》而言，作者是毛鲁斯的说法是被普遍接受的。今天，赞美诗仍定期在宗教庆典仪式上咏唱——比如在复活节七周后的五旬节，纪念耶稣基督实现自己升天前的承诺，圣灵降临到基督十二使徒、圣母玛利亚和众男女信徒中。根据《使徒行传》第二章的叙述，圣灵"像一阵猛烈的风"，伴随着"火舌"的幻影，降临在门徒的身上。领受到圣灵的人狂喜地用着各种方言说话，在旁的人以为门徒只是喝醉了，但有人立刻意识到发生了奇迹：

> 那时，有虔诚的犹太人从天下各国来，住在耶路撒冷。这声音一响，众人就都来聚集，各人听见门徒用众人的乡谈说话，就甚纳闷，都惊讶稀奇说："看那，这说话的不都是加利利人吗？我们各人怎么听见他们说我们生来所用的乡谈呢？我们帕提亚人、玛代人、以拦人，和住在美索不达米亚、犹太、加帕多家、本都、亚西亚、弗吕家、旁非利亚、埃及的人，并靠近古利奈的利比亚一带地方的人，从罗马来的客旅中，或是犹太人，或是进犹太教的人，克里特和阿拉伯人，都听见他们用我们的乡谈，讲说神的大作为。"[4]

像狂风骤降、舌吐火焰、欣喜狂言之类的体验，与马勒自己为《降临吧，造物主之圣灵》构思音乐所经历的一样近乎奇迹，而赞美诗原始文本的诗文比马勒记忆中的不完整版本更适合他的创作。随之，《圣经》中对基督教信息的普遍性讲述得到了极大认可。这是对所有人而言的，包括马勒本人在内的犹太人。不论其背景和母语为何，有什么能比音乐更适合的语言来宣告"神的大作为"？马勒极有可能知道歌德认为《降临吧，造物主之圣灵》很有价值，并且把它翻译成德语，如此他与《浮士德》的作者就有了某种直接的关联。这首赞美诗吸引歌德和马勒的，一方面是因为其诗文，除了最后一节是传统的对三位一体的赞美，几乎很少能成为完全的基督教文本：其他宗教文本祈求神灵，承认天父。也许在这一切之上的还关乎个人记忆：《降临吧，造物主之圣灵》通常在坚信礼仪式上演唱，而马勒肯定在 1897 年 2 月 23 日维也纳的罗马天主教堂听过演唱这首赞美诗。也许，这首美丽的中世纪颂歌至今仍能在天主教堂中听到。

这是否意味着，马勒皈依天主教，并不仅仅出于政治上的务实？马勒自 1897 年起任职维也纳宫廷剧院，而要担任这个职位，他必须是天主教徒，就像任何奥地利的宫廷官员那样。尽管他很尊重他的朋友兼导师安东·布鲁克纳虔诚的天主教信仰；尽管他热爱乡村教堂、喜欢教堂里朴素的歌声和淡淡的香气，并为此深受感动，这都是可能的。但没有证据表明马勒认真考虑过要成为一个正统的天主教信徒。关于马勒自己承认的信仰说法不一。伟大的女高音歌唱家安娜·冯·米尔登伯格在 1895 年，也就是马勒正式"皈依天主教"的两年前，与马勒有一段婚外情。她曾回忆起"他对大自然的热爱，他在自己的艺术中表达的谦卑和虔诚，他的信仰以及对上帝的爱"。[5] 然而马勒的朋友兼传记作家里夏德·施佩希特认为，对马勒来说，"上帝"和"自然"或多或少是同义词。施佩希特坚称，马勒是"一个彻底的泛神论者，并且是一个彻底的永恒轮回说的信徒"。不过，施佩希特也记得马勒说过，"只有作为一名音乐家时，我才能充分表达对这件事的观点"。[6]奥托·克伦佩勒甚至更进一步，他在《回忆古斯塔夫·马勒》一书中，称马勒本质上是一个真正的"19世纪的孩子"。在克伦佩勒看来，马勒首先是弗里德里希·尼采哲学的信徒，而尼采是狂热宣称"上帝死了"的那个人。和尼采一样，马勒完全不信奉宗教。如果他有任何"虔诚"的方面，那也不是《祈祷书》中写的那种虔诚。从文化层面上讲，克伦佩勒把马勒置于他那个时代，几乎可以肯定是指历史学家埃里克·霍布斯鲍姆所说的"漫长的19世纪"，也就是从1789年法国大革命开始，到1914年第一次世界大战爆发的那段时间。那是一个关于上帝和宗教的观念发生剧变的时期。随着天主教和新教国家将信仰强加给表面上愿意接受的公民的强力开始削弱，新的观念开始争相填补由此产生的空白，于是就出现了马克西米连·罗伯斯庇尔的革命性的"至高无上的崇拜"。伊曼努尔·康德的绝对道德对个人来说却遥不可及，而黑格尔历史演进、自我实现的"世界精神"更为抽象。再后来，门上出现了裂缝，严重的怀疑钻了进来。大卫·施特劳斯的《耶稣的一生》（*Das Leben Jesu*，1836年），轰动一时地将新的历史批判方法运用于《福音书》，并得出结论，对耶稣基督复活奇迹的描述是后来加上去的，耶稣本人不可能是神。五年后，哲学家路德维希·费尔巴哈发表了《基督教的本质》（*Das Wesen des Chris tenthums*）一书，以公开的无神论者的立场出发，论证了天堂只不过是一块巨大的屏幕，人类在这块屏幕上投射出的是自己最深刻，有时也是最黑暗的欲望、冲动和期待。上帝并未创造人类，而恰恰是人按照自己的想象创造了上帝。费尔巴哈和施特劳斯的著作改变了其年轻的英译者玛丽·安·伊万斯的一生，后来她以小说家乔治·艾略特闻名于世。大约就在同一时期，费尔巴哈和黑格尔对卡尔·马克思的历史哲学产生了影响，在进化论方面马克思与黑格尔是一致的，但马克思的进化论是唯物主义的，用纯粹的社会经济力量取代精神力量。

对歌德是否理解并预见了所有这一切持有争议，在某种情形下是合理的，但若把《浮士德》两个部分放在一起阅读，就能确信这是其思想演进的记录，不仅在歌德漫长的一生中，而且在他生前和死后都是如此。学者 R.H. 斯蒂文森认为，《浮士德》是一部不折不扣的西方人所理解的精神生活史，但要说马勒实际上是作为哲学家的歌德的信徒——如奥托·克伦佩勒曾告诉我们的——那歌德会如何看待马勒？弗里德里希·尼采在他"准圣经"的"哲学小说"《查拉图斯特拉如是说》（*Also sprach Zarathustra*，1883—1885 年）中有一句名言："上帝死了"。不过，尽管尼采偶尔会用狂躁的口吻自吹自擂，但他的这句宣言并没有沾沾自喜之处。上帝死于"对人类的怜悯"——换句话说，面对人类所承受的苦难，一个富有同情心的上帝的理念是完全无法给予支撑的。尼采痛苦、烦恼地意识到上帝的离去所造成的无尽空虚。他的先知查拉图斯特拉在某处喊道，"回来吧／带着你所有的痛苦／哦，回来吧／直到最后一个隐士……噢，回来吧／我未知的上帝！我的痛苦！我最后的——幸福！"完全可以把这些话设想为马勒在自己的至暗时刻写下的。实际上这些话读起来很像马勒在 1910 年夏天的危机中艰难完成的《第十交响曲》草稿上草草写下的一些绝望的注释。

尽管尼采出色而有力地论述了无神论者所陷入的生存噩梦，但他也提出了解决问题的方案——尤其是他狂喜地宣告"超人"即将诞生，以及随之而来的"对一切价值进行重估"——事实证明，这更具有争议性：作家埃里希·黑勒对此总结为"令人绝望的浮夸"。马勒该去哪儿寻求答案？他在给阿尔玛的一系列信件中解释，是从歌德《浮士德》的第二部分，然后通过歌德，从一个更古老的来源：柏拉图《会饮篇》中的对话所传达的古希腊哲学家苏格拉底的思想。阿尔玛一直在阅读《浮士德》，她对最后几行，即"神秘的合唱"的评论让他很兴奋。《第八交响曲》歌词的全文会在适当的时候给出，但将这一节诗文完整刊录于此，对读者会很有帮助：

　　世事本无常，

　　皆一譬喻；

　　无法实现者，

　　于此成真；

　　不可言传者，

　　已尽完成；

　　永恒的女性，

　　引导我们飞升。

马勒强调说,对一件艺术作品的解读"非比寻常",仅仅运用理性分析作为工具是远远不够的。马勒指出,《浮士德》是"相当混乱的,因为它是在漫长的生命历程中写成的"。确实如此:从1831年歌德为《浮士德》写完第一部的草稿到《浮士德》第二部完成,中间相隔了近50年。自然,第二部的一些内容反映了歌德在半个世纪中世界观的变化(他不是刻板的教条主义者),其思想及主题的范围和多样性困扰着许多评论家。歌德本人在私下里也承认这一点。马勒向阿尔玛解释说,"其实质在于它的艺术本体,无法用干巴巴的语言来表达"。但尽管如此,阿尔玛的信还是激发了他的灵感,让他试图理清自己的结论。关于这一点,歌德文本中的一切都是"寓言",是一个符号,因此无法用理性的语言来表达、形容:"神秘的力量引领我们向前——所有生灵,甚至每一块石头,都完全肯定知道它是存在的中心……歌德在此将其称之为永恒的女性,与之对应的是永恒的渴望、奋斗、向着那个目标前行——一句话,即永恒的男性……"。马勒说,推动我们前进的不是男性的奋斗,"永恒的女性"最终把我们引领到一个高度,那是躁动不安的男性冲动永远不知道的。我们最终得到了安宁,完全拥有了我们在这个多变的地球上只能渴望并为之努力的东西——"基督徒所说的'永恒的福佑'——为了我的寓言,我使用了这个美丽的、足够神话化的概念"。[7]

所以,和歌德一样,马勒也接受了基督教的意象,部分原因是"美丽"且"足够神话化",但也是因为马勒希望通过这个易被世人接受的意象传达他的"存在的中心"的愿景。在这一点上,他的想法与歌德本人几乎完全相同。当我们想到，即使是一些最优秀的德国文学学者也误读了歌德在这里想要表达的意思时，就更加感到令人震惊了。例如，艾丽莎·巴特勒写了一部备受赞誉的研究浮士德传奇的著作《浮士德的命运》（*The Fortune of Faust*）。但在她的研究中，对歌德的失望之情几乎无法掩饰：浮士德的灵魂被净化，那些与众不同的所作所为被宽恕，最终被妥帖地送到罗马天主教的天堂中。实际上，在歌德漫长的一生中，他对基督教的态度一直都在变化，但可以肯定的是，他在成年后并不是正统的基督教信徒。他在给朋友的一封信中解释了为何在《浮士德》的结尾处，将基督教象征主义作为自己的选择："在结束的场景里，被救赎的灵魂在空中游荡很难实现。如果我不用那些基督教会形象鲜明的人物和意象，赋予我诗歌的理念以形式和坚定性，那么就很可能在那些形而上的、不可知的事物中迷失方向。"[8] 可以想象的是，马勒会对这一切说"阿门"。不过应当强调的是，从基督教的角度来看，歌德关于天堂的概念有好几处非常不正统：圣父几乎没有被提及；耶稣基督被公认为是圣母玛利亚的"神化了的儿子"，如此是否可以理解为，在神化之前，他在本质上并不是神；而玛利亚，这个"荣光圣母"，虽然可能只有两句歌词要唱（指在马勒《第八交响曲》中），但她显然是中心人物，是所有崇拜的目光的焦点。在最后一个场景一开始，天使的合唱便传达出了这个意思，与传统的基督徒相比更人文主义："努力不懈，便得救赎"，这可能是马勒自己提出的一个想法。

一年后，即 1910 年的 6 月，马勒再次就这个问题写信给阿尔玛，此时他的思想根源已经超出了歌德，上溯到古希腊哲学家柏拉图的《会饮篇》——记录柏拉图的老师苏格拉底和一群朋友之间的对话，其主题通常被后人称为"柏拉图式的爱"——其实这个说法并不正确。事实上，苏格拉底说的不是一种无性之爱。他所说的在本质上与歌德的论断相同，即所有的爱都源自生育的需求，以及更高层次的创造性冲动。对于苏格拉底和歌德来说，生育既是肉体也是灵魂的活动，而"世界的创造者"厄洛斯，就是这两种活动的最本质的代表，所以厄洛斯不是基督教三位一体中的第三个人物，而是"造物主之圣灵"——马勒在《第八交响曲》一开始就如此热烈地呼喊着他！

马勒说，当读者把目光转向《会饮篇》时，他（或她）立刻会被它的活力和叙事的动因所吸引。这些人物如此鲜活，他们的交流绘声绘色，而对话中哲学论点的元素显得几乎微不足道："只是到后来，人们才会注意到其中提出的各种观点，再后，意识到这个精心设计的增加强度实际上引出的是：柏拉图用苏格拉底和狄欧蒂玛的精彩对话，概述并总结了他的整个世界。"[9] 当我们考虑《第八交响曲》第二部分如何发展到结尾那段"神秘的合唱"时，"精心设计的增加强度"这个说法将是至关重要的。这个说法也跟苏格拉底对他与狄欧蒂玛精彩对话的描述密切相关，狄欧蒂玛的宣讲构成了《会饮篇》的高潮。在珀西·比希·雪莱那个庄严的英译本中，柏拉图笔下的女祭司说，爱，是"普世所有对拥有幸福和美好的热切渴望"。它是"人们心中对美好永存的渴望"：

"'……照这样看来，苏格拉底啊，爱并不是以美的东西为目的的，像你设想的那样。'

　　"'那是为了什么目的呢？'

　　"'其目的在于在美的东西里面生育繁衍。'

　　"我说：'就依你那么说吧。'

　　"她说：'确实是这样。为什么以生育为目的呢？因为在会死的凡人身上正是生育可以达到永恒的、不朽的东西。根据我们已经得出的看法，必然会得出结论说：我们追求的不仅是好的东西，而且是不朽的东西，爱所企盼的就是永远拥有好的东西。所以按照这个说法，爱也必然是奔赴不朽的。'"

欲望本身如果升华为伟大的追求，就能把我们引向无限。它是我们从物质到精神的阶梯：

　　"……一个人如果一直接受爱的教育，按照这一次序——观察各种美的东西，知道这门爱的学问的结尾，就会突然发现一种无比奇妙的美者，即美本身。苏格拉底啊，他为了这个目的付出了他的全部辛劳；它首先是无始无终，不生不灭……

　　"……其他一切美的东西都是以某种方式分沾着它，它却无得亦无失，始终如一。所以说，人们凭着那种纯真的对少年人的爱，一步一步向上攀登，开始看到那个美时，可以说接近登峰造极了。"[10]*

*此处两段引自王太庆译柏拉图《会饮篇》，商务印书馆2013年版。

同一种被基督教谴责为罪恶的性欲的渴望，如果其目的被真正理解，就能把我们引向无限，引向完美。在柏拉图看来（歌德也这么认为），性欲是一种简单的、没有真正认识到其超凡脱俗的目的的欲望。正如歌德在《浮士德》第二部分倒数第二个场景中强调的那样，浮士德的灵魂之所以能够在最后一刻逃脱梅菲斯特的魔掌而升入天堂，原因之一是梅菲斯特被天使的诱惑分散了注意力。与之相反的，是真正意义上的"柏拉图式的爱"，就是《第八交响曲》第一部分超大规模的合唱所召唤的"造物主之圣灵"：

　　　　升起吧，理性之光。
　　　　把爱注入我们的心田。

　　作曲家安东·韦伯恩回忆马勒在《第八交响曲》首演前不久，曾兴奋地跟他谈论起这段。马勒说，这是第一部分的关键段落，是对"升起吧"这个号召的响应，音乐在此响起，并预告了《浮士德》第二部分结尾的场景。这就是马勒在《降临吧，造物主之圣灵》和《浮士德》第二部分结尾场景之间引导出的内在联系。在这首赞美诗问世的那个年代，大量基督教作品都是宣扬强烈的禁欲主义的，谴责因原罪而堕落得无可救药的肉体。拉巴努斯·毛鲁斯的赞美诗确认"理性之光"，这也为肉体存在提供了希望。在这首古拉丁赞美诗的诗文中，马勒读到的信息显然也触动过歌德：被爱，真正的情爱燃烧，而不是被某种脱离肉体的理念所驱使。我们也可以追随苏格拉底，升入天堂。

第三章　为什么是交响曲？

　　如果这就是马勒要向世人传达的信息，那么他为什么要用交响曲来传达？为什么不选择歌剧来传达？马勒把指挥生涯的大部分时间都花在了歌剧上，瓦格纳也在歌剧中阐述了他复杂的精神宣言。或者，如果他喜欢比歌剧院更崇高的氛围，那为什么不选择某种形式的清唱剧或半戏剧性的康塔塔呢？在表达思想，尤其是宗教或准宗教性质的思想方面，它们的渊源明显高贵得多。要理解马勒的选择，我们需要理解交响曲的形式——或者说交响曲的思维和表达——对他意味着什么。

　　一位作曲家同行对马勒的选择做了最精辟、最贴切、最生动的注释。1907 年 11 月，马勒在维也纳宫廷剧院指挥了最后一场音乐会后，去赫尔辛基指挥贝多芬和瓦格纳作品音乐会。在此期间，他结识了被很多人认为是马勒同时代另一位杰出的交响曲作曲家让·西贝柳斯。显然，西贝柳斯的音乐没有给马勒留下多深刻的印象，但马勒对西贝柳斯这个人产生了很大的好感。据西贝柳斯说，"两人在一起相处的时间不少"。西贝柳斯被马勒对自己不久前被诊断出的心脏病极为慎重的态度感到震惊：1907 年夏天，医生发现马勒的心脏有一处病变，这使马勒对自己的健康产生了焦虑，并导致了对他日常生活的重大（尽管可能是暂时的）改变。当然，散步还是被允许的。西贝柳斯常和马勒一起散步。西贝柳斯告诉我们，散步时，两位作曲家彻底研究了"音乐中所有重大的问题"——很遗憾，没有人在场记录。而且很不幸，对于他们可能得出什么样的结论，西贝柳斯几乎没有告诉我们。不过，有一段简短却很珍贵的叙述，是关于他俩对交响曲，这种对他们都意义重大的音乐形式所产生的激烈分歧的："过了一会儿，谈话又转到了交响曲的话题上。西贝柳斯说，对他而言，重要的是它的'严肃性与风格'，以及'在主题之间构建起内在联系的深刻逻辑'。马勒强烈反对道：'不！交响曲必须像整个世界。它必须包罗万象。'"[1]

西贝柳斯和马勒的这些话常被引用，通常是为了证明这两位作曲家对交响乐思维极端对立的两种观点。然而很重要的是要考量那次对话的时间。就在去年（1906 年），马勒完成了他的《第八交响曲》，这部作品的内涵超过了他以前所写的任何作品，不仅在于它的篇幅庞大，更在于它的主题：爱，人的创造力，世界万物，灵魂的救赎，"男性"与"女性"能量之间的基本和谐，并最终使得在现实中"无法实现""无法描绘"的愿景，在音乐中得以实现。而西贝柳斯经过将近三年的努力，在那一年终于完成了他的《第三交响曲》。这部作品时长半个小时，乐队规模符合古典交响乐的编制：只用 8 支木管乐器和 9 支铜管乐器，避免了成为马勒那种注重音乐色彩与音响效果的音乐，并在其"严肃性和风格"上与他的朋友，钢琴大师兼作曲家费鲁奇奥·布索尼的朴素的"青年古典主义"理念相呼应。

然而就在之前不久，西贝柳斯关于交响音乐的"深刻逻辑"开始呈现出一种不那么令人生畏的抽象和更多的、马勒可能会非常关注的精神品格。1909 年，西贝柳斯告诉他的亲密朋友、珍贵的艺术知己阿克塞尔·卡普兰，他首先把自己视为传达某种音乐思想的管道或沟渠，而这些思想的来源是神秘的。马勒对这样的说法肯定完全赞同，就像前面第二章里引用的他对勋伯格所证实的那样（指"《第八交响曲》在纸上迅速而'半无意识'地流淌出来"——译注）。西贝柳斯接着说："至关重要的是支配一件艺术品的神奇的逻辑（让我们称之为上帝吧）。"[2] 在某种情况下，马勒也会称它为"上帝"，而且会对西贝柳斯音乐中越来越像泛神论的自然意象感兴趣。正如西贝柳斯在 1912 年的日记中记录的那样。在其中一篇日记里，西贝柳斯将交响曲比作一条由众多溪流汇集而成，形成巨大能量和动力流向大海的河流。马勒自己一次又一次深情地在乐谱上模仿着鸟儿的鸣叫。如果他读过西贝柳斯关于《第五交响曲》终场那段著名的圆号主题，简直就如大自然馈赠的礼物向他飘然而至的叙述，肯定会有拥抱这位精神同道的冲动：他站在耶文帕的屋子旁，看着 16 只天鹅从湖上一跃而起，继而在头顶上方盘旋，最后像一条银丝带，消失在遥远北方阳光下的薄雾中，心中异常激动。[3]

这两种情形听起来都是真的。想象一下，如果这两位作曲家在 1910 年夏末或初秋再次见面，那时马勒心脏明显衰弱，还在竭力承受阿尔玛的不忠对他的毁灭性打击，以及由此引发的精神危机。西贝柳斯在 1908 年被查出咽喉肿瘤，这使他震惊不已。随后他经历了手术，以及等待手术是否成功的漫长折磨，在此期间他不得不戒掉视为命根子的烟和酒。想象一下这两个人互相展示他们当时正在创作的交响曲：马勒的《第十交响曲》和西贝柳斯的《第四交响曲》。设想一下这样的画面：他们在托布拉赫山村中马勒的隐居处，或者在耶文帕森林中西贝柳斯的隐居处相见。马勒最后的"柔板"乐章和西贝柳斯那个广板 - 慢板乐章（第二乐章）的乐谱草稿摆放在一起。音乐织体稀疏、凄凉、沉重、疲倦，徘徊的低音线条、一段孤独的独奏长笛宛如心碎的哭泣，而笼罩在这一切之上的是可怕的、深不见底的沉寂……两个人都不会说更多的话，只是冷冷地相互点头致意。

*

那么，一种音乐形式是如何从一种抽象的、纯器乐、通常没有歌词、没有程式或任何其他形式旁白的音乐会音乐开始，演变成一种"信仰告白"的载体的呢？"交响曲"或"小交响曲"的名称在巴洛克时代的音乐中就已广为人知，但它通常是指序曲或声乐作品中的管弦乐插曲，比如亨德尔的清唱剧《弥赛亚》第一部分里的"田园交响曲"就是一个范例。但是，正如今天的音乐会听众所知道的，交响曲是在 18 世纪中后期开始自我定义的，那是被历史学家称为"启蒙运动"的激进知识分子骚动的中期。不少评论家认为，交响曲的出现与 18 世纪近代现实主义小说的兴起在某些方面很相似，都与西欧富裕的、受过良好教育的中产阶级日益增长的渴望和影响力有关。[4]交响曲和现实主义小说这两种形式所体现的一个重要因素，就是发展、演进和变化的动态过程的思想。当时，艺术形式与社会及政治状况的关系——如果你更倾向唯心主义，可以说是与时代精神的关系——普遍很复杂，甚至可以说最有条理的分析也很难解释。但很明显的是，发展的理念——小说中的某个人物，甚至是交响曲的某个主题——可能会受到有抱负的中产阶级受众的特别欢迎。在贵族价值观盛行的社会里，品格不是通过教育、阅历或个人努力获得的，而是与生俱来的——它与一个人的社会地位相一致，从根本上来说是不容置疑的。但到了18世纪，受欧洲启蒙运动的倡导者们，如伏尔泰、德尼·狄德罗和让-雅克·卢梭等人的呼吁，这些古老的价值观正受到前所未有的挑战。皮埃尔·博马舍的戏剧《费加罗的婚礼》(The Marriage of Figaro，1778年) 描绘了社会最不道德的一面。它讲述的是一个伯爵因贵族特权而荒淫堕落，最后毁在了智力比他更胜一筹的仆人手里，其中传达出的信息十分明确：雄心勃勃的"下层社会"成员不必再按自己出生时的地位来限制自己的视野。一扇展示"白手起家"前景的大门，正在向男性（甚至包括女性）中产阶级打开，就像出生卑微的科西嘉人拿破仑·波拿巴一样，18世纪末，他率领法国革命军在欧洲乃至其他地区取得了胜利。在音乐方面，他们的代言人是交响曲式的统帅人物路德维希·范·贝多芬（1770—1827年）——正是这位著名的贝多芬，在1806年斥责他的贵族资助人李希诺夫斯基公爵，说他的头衔只是意外地出生在公爵之家，而他贝多芬是独一无二的，是真正自我创造的人。老于世故的歌德被贝多芬拒绝尊重他的"贵人"吓坏了，但对于有抱负的中产阶级男女来说，贝多芬被视为社会和艺术方面的开拓者。

当然，交响曲并不是贝多芬发明的。他从莫扎特以及莫扎特的老师约瑟夫·海顿那里继承了交响曲的戏剧性原则和宽泛的基本格式。与莫扎特的《第41"朱庇特"交响曲》（1788年）或者海顿的《第104"伦敦"交响曲》（1795年）相比，贝多芬《第一交响曲》（1800年）似乎比较谨慎，只有热烈的第三乐章"小步舞曲"给了更多的暗示：伟大的事情即将来临。但贝多芬后来取得的诸多成就之一，是使交响曲这种音乐形式变得更加小说化：加强和扩展了它的音乐叙事功能，使它不仅能描述情感经历和戏剧性事件，甚至还能表达哲学理念。对非专业人士来说，讨论音乐的主题及其发展以及调性等等，可能是枯燥无味的，甚至对一些音乐家来说也是如此。但我强烈建议读者坚持读下去，因为这里讨论的不仅仅是音乐的技术规则，更是音乐的生命力原则。展示贝多芬的伟大成就，我们只需要将他的《第一交响曲》与他后面两部最具标志性的交响曲，《第三"英雄"交响曲》和《第五"命运"交响曲》做一番比较。在《第一交响曲》里，主题在四个独立的乐章中各自发展——变化、分裂、重构，但到每个乐章结束时，秩序和平衡都得到了恢复，所有的张力都趋向缓解。然而，在《第三"英雄"交响曲》里，一些更不稳定、不那么有序的东西——也可以说是一些心理上"写实"的东西——正在产生。在乐队全体奏出两个锤击般的和弦后，大提琴引入了一个上下起伏不定的主题，随之下降到一个带有疑问意味的不和谐音。在整个漫长而富有戏剧性的第一乐章中，最初的主题持续发出疑问，引发了多种不同的回应。最令人吃惊的是在通常被称为"再现部"的开头：先是独奏圆号似乎过早出现在主部主题中，但随即被整个管弦乐队的强奏所淹没。接着，大提琴又把音乐带回到开始的那个主题，只是完全转向了一个出乎意料的新方向。乐章结尾部分，主部主题似乎终于达到了拖延已久的狂欢结局，小号似乎"错过了"最高音，但主部主题并没有完结：相反的是，乐队全体以一个巨大的不和谐音、一个嘹亮的强调作为结束，尽管显得有点唐突。对某些听众来说，在这样一个堪称胜利的结局之后，紧随着一个独有的、暗色调的葬礼进行曲就不足为奇了。

《第三"英雄"交响曲》的前三个乐章无法自我完满——每个乐章都包含了只有到最后一个乐章才能解决的"问题"——这种感觉在贝多芬的《第五"命运"交响曲》中得到了进一步的体现。一个清晰可辨的音乐动机贯穿了整部交响曲的四个乐章，这在交响乐作品中还是第一次。一上来那个著名的、勾勒出一种节奏模式、主导着第一乐章的"哒哒哒 - 哒"的音乐动机，在第二乐章中以铜管乐器和定音鼓的强奏再次出现（随后是大提琴紧张的回应），而在下一个乐章，第三乐章谐谑曲中，由圆号以不祥的熄灯号吹奏出来。这个动机从第四乐章一开始演变成重复的定音鼓音符，并以渐强音的形式上升，不间断地席卷整个乐章直至曲终，"哒哒哒 - 哒"转换成一个激励性的象征，随后由长号穿破汹涌澎湃的管弦乐织体发出令人震颤的声音。在指挥家约翰·埃利奥特·加德纳爵士看来，这个动机与法国革命颂歌《酒神颂》（作曲儒热·德·利尔，1760—1836年，也是《马赛曲》的词曲作者）——尤其是与这首颂歌的主导动机"La liberté"（自由）[5]——有明显的异曲同工之处。在《第五交响曲》中，代表命运的动机"哒哒哒-哒"（在《酒神颂》里是那句li-ber-te）以及围绕着这个动机展开的许多冒进，与整体音乐色调的发展过程密切相关：从黑暗、忧郁的C小调到辉煌、乐观的C大调。这里表达的是希望：通过坚定、勇敢的努力来克服黑暗势力——从某个层面上说，音乐无法像言语表达得那么明确，但在另一个层面上却更加发自内心。记住马勒对里夏德·施佩希特说过的话："只有作为一名音乐家时，我才能充分表达对这件事的观点。"这是贝多芬早就已经实践了的。

贝多芬之后的许多作曲家都模仿他的交响曲的叙事技巧，但很少有人能有所创新，至少在19世纪上半叶是如此。然而有一个突出的例外：法国人赫克托·柏辽兹（1803—1869年）。年轻时的柏辽兹被贝多芬的交响曲迷住了，或者说至少被其中的前八部迷住了。在那个时期，《第九"合唱"交响曲》被普遍认为是无法演出的，或者说，演奏这部交响曲很可能会被认为是疯狂之举。指挥家弗朗索瓦·哈贝内克1839年在巴黎指挥贝多芬《第九"合唱"交响曲》前三个纯器乐乐章的演出，对许多人来说都是一个明示：在这个时期，复杂的合唱终乐章显然仍被认为是禁区。但无论如何，柏辽兹在那个时候已经写出了他最有影响力的交响曲——《幻想交响曲》（1830年）。马勒对这首交响曲非常赞赏，还经常指挥这部作品。柏辽兹用他的《幻想交响曲》讲述了一个故事，一个非常个人化的故事。他提供了几段文字说明，以便听众了解音乐所要表达的内容，但唤起听众的情绪、描绘风景、可怕的人物场景和女巫安息日的是音乐本身，所以这首交响曲时至今日仍广受喜爱。不仅如此，这首交响曲还生动描述了心理的转变过程：精神分裂的痛苦、受爱情折磨的艺术家、所爱的人在心目中逐渐被贬低等等，而所有这些都贯穿着一个被柏辽兹称之为"固定乐思"的音乐动机。起初，这个"固定乐思"象征恋人，由小提琴和长笛演奏出来，美丽、优雅、迷人，但遥不可及。而到第四乐章结尾处，这个乐思转变成了嘲讽；到最后的第五乐章出现了令人震惊的转变：高音单簧管、双簧管相继发出尖叫，大管吹奏出令人厌恶的咯咯声，表现怪诞的舞蹈。理想中的恋人露出了女巫的可怕面目，冲着男主角明显还有知觉的尸体得意地咯咯大笑。这段音乐显然给马勒留下深刻印象：想想马勒《第一交响曲》中葬礼进行曲那段带嘲讽意味的高音单簧管旋律，或是马勒《第九交响曲》第三乐章诙谐的回旋曲的结尾处，高音单簧管对先前充满激情的小号主题的嘲笑。在每一件事上，从器乐色彩到近乎漫画式的叙事，柏辽兹都毫无疑问是一位领袖级人物。

但是，如果没有贝多芬《第九交响曲》这个划时代的榜样，没有一个意志坚强的人——理查德·瓦格纳——为此付出努力，马勒的《第八交响曲》将是不可想象的。1829年，16岁的瓦格纳读到了贝多芬《第九交响曲》总谱（在那个年代，这本身已经算是了不起的成就了），这给了他强烈、深刻的印象，以至于他立即着手将其改编为钢琴总谱——音乐超过一个小时。就在那个时刻，瓦格纳似乎已经有了这样的想法：终有一天他会为这个世界发掘出隐藏在这部作品中的宝藏。尽管瓦格纳在那个年龄已经在不同场合指挥过多部交响曲，但他很清醒地知道，指挥贝多芬的《第九交响曲》还需要假以时日。1839 年，哈贝内克在巴黎指挥演奏了这部交响曲的前三个乐章，对瓦格纳的雄心壮志起到了很大的推动作用，但直到 1846 年的圣枝主日，瓦格纳终于在德累斯顿指挥了完整的、包括第四乐章"合唱"在内的贝多芬《第九交响曲》。这是一次巨大的成功：瓦格纳坚持额外的排练时间，这引起音乐家、歌手和宫廷官员的恐慌，放在今天这完全合情合理。贝多芬的《第九交响曲》并非精神失常之作，亦非妄自尊大的野心所为，或是因耳聋加剧的智力衰退的结果。这是德国音乐天才的最高成就之一，可与巴赫的《马太受难曲》相媲美，而《马太受难曲》在被遗忘、埋没了很多年后，仅在 17 年前（1829 年）刚被费利克斯·门德尔松成功复活演出。

瓦格纳为 1846 年德累斯顿那场具有历史意义的演出写了一份曲目说明，其中论述了贝多芬的《第九交响曲》不仅是一篇主题连贯并最终达到成功的艺术宣言，它更代表了欧洲艺术的一场革命。瓦格纳用热情洋溢的文字，描述了在"幽灵笼罩下的""伟大的重要主题"——他说的主题不仅是指第一乐章里渐强并形成高潮的那个强有力的齐奏主题，也是他将音乐视为哲学的那个主题："一种灵魂的巨大抗争，一种对欢乐的渴望，一种与生俱来的对我们与尘世的幸福之间的敌对力量的抵抗"。他跟随着交响乐"从绝望中逃脱"……在谐谑曲（第二乐章）中，他屏住呼吸，急切地要去抓住一种全新的未知的幸福。随着慢乐章（第三乐章）的音调"将湍流变为温柔的忧伤"，他松了一口气！一段记忆被唤醒了，那是早年的最纯粹的幸福记忆。但就在第三乐章向第四乐章过渡时，开头那段疯狂的、不和谐的、"像恐怖的尖叫"的号角声——瓦格纳的解读在这里也达到了高潮——在瓦格纳看来是一种自相矛盾，这似乎是在力图寻找音乐的表达。

随着最后一个乐章的开始，贝多芬的音乐呈现出一种更鲜明的特征：它舍弃了在前三个乐章中使用的、既无限又不确定的表达模式——纯器乐模式。诗一般的音乐被推向决定性时刻——必须有人类语言加入才能表达的决定性时刻。奇妙的是，大师让低音提琴发出令人敬畏的吟诵，几乎要打破纯音乐的界限，使人类的声音和舌头与之汇合成为一种必然的到来。它以雄辩的气势，压制着其他乐器的骚动，决定着一切，最终形成为一个简单、庄严的歌唱性主题，其他乐器陆续加入，直到它膨胀成一股巨大的洪流。

瓦格纳指出，在这一非凡的、革命性的段落中，我们听到了迄今为止纯器乐为表达丰盈的欢乐所做的最勇敢的尝试，但它最终得让位：先由大提琴和低音提琴奏出、随后整个交响乐队汇入奏响的《欢乐颂》主题，突然被乐章开头那令人恐惧的鼓声打断，而且是最强音。如果乐器不能提供从此处通往欢乐的途径，那还有什么可以呢？对于瓦格纳来说，答案只有一个：

> 人类的声音，面对着乐器的喧嚣，清晰而肯定地说出明确的话语；我们不知道什么是最令人惊奇的，是大师突现的灵感，还是他的天真。他让这个声音对乐器如是说：

> 不，朋友，不要再发出这种声音 *。
> 让我们更愉快地歌唱。[6]

* 瓦格纳此处写错了，贝多芬的原词是"噢，朋友"。

可以想象，马勒对此完全赞同，尤其是青年时的马勒，他创作了被称为"复活交响曲"的《第二交响曲》。在最后的合唱终曲中，充满激情的、纯器乐的准宣叙调，最终被一个女低音独唱取代，以清晰的语言，表达出交响曲所传达的希望与慰藉：

> 相信吧，我的心，相信吧，
> 你什么也不会失去！
> 你就是你所渴望的、
> 你之所爱的、
> 你为之奋斗的！

但对瓦格纳而言，贝多芬《第九交响曲》中音乐与歌词的融合本身并不是终点，而是开始。和许多在他之前的德国浪漫主义作曲家一样，瓦格纳从古希腊寻求灵感，并以此来证明自己的直觉。他的理想是剧作家埃斯库罗斯的伟大三部曲《奥瑞斯忒亚》。瓦格纳认为，埃斯库罗斯所处的时代是人类历史上唯一一个艺术的潜力得到充分发挥的时代。不仅像《奥瑞斯忒亚》这样的戏剧通过对神话的巧妙运用来表达关于人类的普遍真理，而且将这些广为流传的神话以巧妙的公共表演的形式使之戏剧化，也有助于个人聚集在一起，形成社会和形成国家。这种聚集也反映在艺术作品的本质上，歌唱、舞蹈、器乐、诗歌和哑剧融合为一个宏大的、充满活力的综合体。在德累斯顿成功指挥演奏了贝多芬《第九交响曲》三年后，瓦格纳发表了题为《未来的艺术作品》的重要艺术论著。[7] 他在文中写道："除了面对希腊的艺术，我们还能够在面对哪一种现象时为我们的文化轻浮无能感到更深的耻辱呢？"自希腊黄金时代以来，艺术的分离——它们分裂成看似自给自足的独立实体——使其一直处在严重的衰退中。在允许自己被分离的过程中，艺术形式也被阉割了，其真正的精神内涵被掏空了。最后，令人遗憾的是，它们沦为商业主义的牺牲品。贝多芬吹响了反对这种可怕的堕落的第一声号角。现在轮到瓦格纳来完成这一任务了：当喜剧、歌剧、哑剧和所有其他古老的戏剧形式，连同支撑它们的社会条件，以及反过来它们所反映的社会条件，都耗尽了自己的力量时，未来的戏剧就会自发地崛起。不，仅仅用"戏剧"这个词是不够的：社会条件和价值观的革命性变革本身就会孕育出一个更大胆的概念，一种未来的艺术作品。但为了实现这一点，必须进行更深刻的变革——一种精神上的变革。未来的艺术作品不可能出自其自身的意志，而是必须与整体生存条件相协调："只有把支配一切的、利己主义的宗教，亦即把全部的艺术分割成残缺不全的、追逐自我的各种艺术流派和种类的宗教，从人类生活的每一个动因中无情地剔除出去，并连根拔掉的时候，新的宗教，同时也包含了未来的艺术作品的条件，才可能，而且完全出自本意地产生。"[8] 政治动荡是不够的。革命必须给整个人类生活带来改变，而表达这种改变需要以宗教作为工具——但不是自身已被古老的权力和财富至上的世界这些巨大的"利己主义"所腐蚀的旧宗教。

　　将此视作马勒与瓦格纳分道扬镳的节点，这种说法颇具诱惑力。但也许更准确的说法是，如果我们按时间顺序来看马勒的交响曲，我们会发现他越来越远离瓦格纳的立场。瓦格纳认为，贝多芬的《第九交响曲》给了作为"纯音乐"的交响曲致命一击。瓦格纳同时代的作曲家，如约翰内斯·勃拉姆斯，他的四部交响曲是对这种音乐形式本身的继续探索，拒绝程式化、标题、或与任何形式的念白或歌词的调和，是"残缺不全的，追逐自我的"艺术的化身。在管弦乐方面，瓦格纳的支持者，后来的岳父弗朗茨·李斯特，用他的"交响诗"指明了另一条道路。在交响诗中，音乐描绘了古代神话、浪漫主义文学、历史，甚至视觉艺术的主题。这是可以接受的"进步"，而继续用分段、主音调、作品编号等写出的交响曲显然不是。

当马勒的《第一交响曲》首次发表于 1888 年时，这部交响曲配有一个标题"泰坦"，标题取自当时广受欢迎的德国作家约翰 - 保罗·里赫特（1763—1825 年）的同名小说。事实上，在最初的两场演出中，这部交响曲被宣传为"交响诗"。除了为演出配备的详细的曲目说明外，还为听众提供了其他尽可多能的背景资料，其中包括马勒在 1884 年——那年他开始创作《第一交响曲》——创作的声乐套曲《旅行者之歌》（*Lieder eines fahrenden Gesellen*）、与之相关的小说中的英雄主人公以及他最终的精神胜利，以及亨德尔的《弥赛亚》——交响曲嘹亮、肯定的尾声被视为"哈利路亚"大合唱中那句"他必称王"的强烈回声。

马勒《第二交响曲》早期的一些演出，曲目说明书更为冗长，编排得也更精心。还附有唱词：民歌集《青年的魔角》（*Des Knaben Wunderhorn*）中的诗《原始之光》（*Urlicht*），在简短的第四乐章中由女低音独唱；以及弗里德里希·克洛普施托克的《复活颂》（《第二交响曲》由此得名）的前两节诗文，经马勒本人之手大幅扩展，用在终乐章的合唱段落。可是有谁会听不出第一乐章结尾部分黑色的葬礼进行曲，那凄凉的"熄灭吧，短暂的烛光！"所传递出的清晰的信息呢？ 问题是，即便有如此清晰的解读来帮助理解，人们还是会按着自己的想象去理解，或者更糟糕的是，太过于照搬字面意思。阿尔玛清楚地记得马勒曾向她讲述过，在一次去圣彼得堡的旅行中，他的一位听众正是这样做的，这让他大吃一惊。一位美丽而又口若悬河的俄罗斯老太太向马勒提出了一个紧迫的问题。她意识到自己的死期将至，于是逼问马勒来世会发生什么——毕竟，他不是在《第二交响曲》中生动地描述了这一切吗？当马勒试图纠正她时，她冷冷地把马勒打发走了。很显然，这与马勒的曲目说明中让她期待的信息不符。

很容易理解马勒的挫败感。即使在今天，就像他的《第八交响曲》一样，乐评家和听众（根据笔者的经验）仍然认为他的《第二交响曲》所传达的关于"复活"的信息，本质上是基督教对来世的信仰的一种表达。马勒就是如此感觉到的，或者说马勒想让自己相信感觉到。但马勒是一个非常复杂的人，他一会儿用基督教的术语来谈论转世，一会儿又声称自己是激进的无神论者尼采的"追随者"。有时候，要解释他的作品，最好是记住贝多芬在他的歌曲《挽歌》（Klage）原始版本手稿上写下的那句富有挑战性的话："有时候反过来也是正确的"（Manchmal is das Gegenteil auch wahr）。马勒于 1901 年在德累斯顿为《第二交响曲》的演出提供的作品说明中写道："瞧，这不是审判……没有惩罚也没有奖励。压倒一切的爱照亮了我们的存在。我们知道，我们就是。"[9] 最后两句话尤其能说明问题。马勒可能对仁慈、全能的"上帝"个人有所怀疑，但似乎他从未真正怀疑过爱的自身的超然力量。至于"我们知道，我们就是"——这可能是马勒的真正意思：从死亡中复活，进入丰盈的人生，不是在一个即将到来的世界，而是就在此时此地。正如几乎同时代的亨里克·易卜生的剧作《当我们死而复醒时》，或托尔斯泰的小说《复活》（两者均出版于 1899 年，马勒《第二交响曲》首演四年后）一样，表达的都是挑战超越世俗的恐惧、体验人生中精神上的重生——

或者用马勒添加到克洛普施托克《复活颂》里的诗句，就是"不再颤抖！继续活下去！"。

不管怎样，马勒的内心总有某种东西在拉扯着他，告诉他音乐就是音乐，用他自己的话说，就是"只有作为一名音乐家时，我才能充分表达对这件事的观点"。早在1896年，马勒应一位年轻记者，也是他的崇拜者马克斯·马沙尔克的要求，首次草拟了一份关于自己作品（第二交响曲）的说明。他觉得，有必要以一个警告作为这份说明的开始。他说，如果他发现这份说明对任何人透露了哪怕是对其情绪序列的暗示，他都会觉得自己的工作就完全失败了。对他来说，首要的不是详细罗列"事件"，而更多的是表达"感觉"。在第四乐章，特别是最后的合唱部分，从纯粹的管弦乐音乐过渡到有歌唱文本的音乐，为前面的乐章提供了"照明"，但它不应被视为是对先前乐章的解释，或是任何形式的定义。[10]

这就是为什么对马勒而言，传达这种信息最理想的工具只可能是交响曲，而不是瓦格纳式的"综合艺术作品"（Gesamtkunstwerk）的原因的核心。因为音乐具有一种传达"情绪序列"的独特能力，所以它必定是最重要的。它不是关于"事件"的陈述，更不是关于理性概念的表达，而是关于"感觉"。因此，无论马勒多么崇拜瓦格纳，多么地为瓦格纳所感动；也无论他指挥的瓦格纳歌剧是多么精彩——尤其是《特里斯坦与伊索尔德》和《纽伦堡的名歌手》——但他似乎是为音乐家瓦格纳所折服，而不是被布道者瓦格纳所说服。如果马勒是一个彻底的瓦格纳粉，那么瓦格纳最后的伟大成就，被作曲家本人称之为"节日舞台祭祀剧"

（Buhnenweihfestspiel）的《帕西法尔》，就能给马勒用戏剧形式传达他关于爱神厄洛斯、创造以及"永恒的女性"的理念提供一种样本。但对马勒来说，《帕西法尔》似乎对理念关注得过多，而对音乐关注得不够。恩斯特·德西记得马勒曾这样描述：《帕西法尔》给人的印象，像是一个知识渊博，却亦步亦趋的瓦格纳门徒创作的，而不是瓦格纳本人创作的。至于瓦格纳以外的歌剧，到1906年，即《第八交响曲》完成的那一年，马勒在歌剧方面有了太多苦涩的经历和体验，已经无法对此抱有任何特别美好的希望。就在同一年，马勒应邀参加了萨尔茨堡音乐节，当时正值莫扎特诞辰150周年。莫扎特的传记作家伯恩哈德·鲍姆加特纳记得马勒在彩排结束后，向他坦陈对歌剧院的失望，并深感歌剧从业人员及其追随者的愚蠢。他坚持认为，需要一场革命，从根本上改变做法，特别是他所厌恶的保留剧目制度。人们可以尝试获得某种成功，有时可能会获得某种成功，而一旦某一部歌剧成为保留剧目，人们便无暇再去顾及别的——舞台中心迅速被一大堆具体问题占据。但在一场交响音乐会的演奏中，起码有可能在宝贵的一个小时左右的时间里，每个人的思想都集中专注于更高的东西。

起初，马勒为他的下一部交响曲《第三交响曲》考虑了各种各样的名字，并撰写了作品说明，但到1902年，《第三交响曲》在克雷费尔德首演时，所有这些都被弃之不用。两年前，也就是1900年，马勒遇到了一位名叫路德维希·席德迈尔的年轻音乐学者，他正在写一本关于马勒的书。就在那年的10月，马勒的《第二交响曲》在慕尼黑演出结束后，席德迈尔与马勒和一群马勒的崇拜者一起喝酒庆祝。席间，几个倒霉蛋提出了演出节目说明中关于主题的问题。马勒从桌旁一跃而起，长篇大论说，节目单完全是给人误导。应当让听众根据他们在听音乐的过程中引起的情感反应，得出他们自己的观点。如果作曲家能让听众感受到他在创作时的情感那就更好，否则，再多的言语也无济于事。音乐可以接近文字，但其本身所表达的却要比文字所能表达的多得多。说到这里，马勒举起酒杯一饮而尽，大声喊道："让所有的节目单都见鬼去吧！"[11]

*

即便如此，虽然作曲家不应该告诉他的听众他们听到的是什么，迫使他们在听音乐时读懂自己或其他人内心的"预判"，但他至少可以给予某种暗示，特别是以暗示性音符的形式。《第一交响曲》第一乐章里的鸟鸣声和《第二交响曲》终曲时的鸟鸣声就是很好的例子：如果没有别的意思，这似乎是在以某种形式描述"自然"。他与路德维希·席德迈尔相遇一年后创作的《第五交响曲》，以两个突如其来的音符开始和结束。第一乐章实际上被称作"葬礼进行曲"，但我们并不需要说出这点。随着冰冷的小号开场，弦乐以缓慢而沉重的军乐节拍奏出颤音，圆号深沉、刺耳，仿佛死亡被唤醒，一场充满着奇形怪状的盛况。而在交响曲的结尾，铜管的齐奏几乎将暴风骤雨般的第二乐章带进了胜利的尾声。通过上下起伏、汹涌澎湃，层层叠叠的弦乐，回归到辉煌灿烂的肯定。这显然是一首赞美诗。而且更重要的是，马勒的德语听众听了肯定会意识到，这首赞美诗听起来很像他的老朋友安东·布鲁克纳好几部交响曲结尾时唱出的那种赞美诗，其高潮部分是对古老的德国赞美诗《晨星多么耀眼》（*Wie schön leuchtet der Morgenstern*）准确无误的回应：肯定，赞美，亦或是对"如死一般坚强"的爱的肯定——按《圣经·所罗门之歌》所说——如果他或她愿意，这一切都能被倾听者所预见。但是任何比这更直截了当的东西都超越了情感的语言。马勒始终坚称，音乐能表达的远比文字多得多。

无论如何，《第五交响曲》显示出马勒用另一种方式来诠释的可能性，而这种方式是由另一位交响乐大师弗朗茨·舒伯特向他揭示的。马勒热爱舒伯特的音乐。当许多人还在对舒伯特是否能驾驭大型作品心存疑虑的时候，马勒就已经在音乐厅指挥演奏他的《C大调"伟大的"交响曲》了。他演奏舒伯特的钢琴独奏作品也吸引了众多的学生朋友。在大结构的创作方面，舒伯特与他的英雄偶像贝多芬相比，缺乏严格的目的性。但尽管如此，舒伯特对他所处的巨大时空的运用很有说服力：罗伯特·舒曼在其主编的杂志《新音乐周刊》（*Neue Zeitschrift für Musik*）上撰文，就《C大调"伟大的"交响曲》在舒伯特去世后的1839年首演发表评论，称其具有"天堂般的长度"。舒伯特能做到这点，部分原因是运用令人着迷的舞蹈和歌曲伴奏节奏的重复，更是通过飘忽其上并穿越其中、壮丽而悠长的旋律来实现的。马勒在很大程度上也归于此类，正如法国小说家、评论家罗曼·罗兰很快意识到的那样。罗曼·罗兰说，没有人能更好地展示出连德勒舞曲及华尔兹舞曲的优雅和魅力，这正是舒伯特令人着迷之处。也许也没有其他作曲家能像马勒那样如此接近舒伯特"灵动、妩媚而忧郁的"[12]本质特征。

值得注意的是，当马勒在纽约爱乐乐团1910—1911乐季的首演之夜，指挥演奏舒伯特《C大调"伟大的"交响曲》时，他对舒伯特大型音乐作品思维的态度似乎发生了进一步的转变。正如《纽约时报》的一位评论家所指出的那样，马勒放弃了他以前对舒伯特的交响曲进行删节的做法，而是让舒伯特的交响曲以其"天堂般的长度"表达自我。并不是每个评论家都信服这点，但有几个评论家承认，在完整地听完这部交响曲后，确实感受到其戏剧和音乐逻辑得到了完善。长期接触舒伯特的音乐显然使马勒确信——连萧伯纳那样有影响力的评论家都宣称——舒伯特确实知道自己在做什么。

马勒和舒伯特还有一个共同点，那就是他们都是写交响曲和艺术歌曲的大师。马勒捕捉德语的音乐性及情感上的细微差别的能力，在他最好的作品中可以和舒伯特媲美，而且如同舒伯特的作品一样，艺术歌曲与交响曲在写作时间上的重叠具有很强的暗示性，尤其对那些喜欢在音乐中寻找自传含义的人而言更是如此。舒伯特《D小调弦乐四重奏"死神与少女"》（*Der Tod und das Mädchen*，D810）的核心是艺术歌曲《死神与少女》（D531）的音乐主题及系列变奏，这不仅在结构特征上引人注目，更是解读这首四重奏其他三个乐章的关键之点，可能还是了解舒伯特在写这首四重奏时的精神状态的线索。类似的例子还有，令人痛苦的怀旧歌曲《美丽的世界，你在哪里？》（*Schöne Welt, wo bist du*？）中突如其来的寒意，也出现在与四重奏创作于同一年（1824年）的那首听似田园诗般的、遍地荒野的《F大调八重奏》（D803）。我们该如何理解《B小调"未完成"交响曲》（D759）第一乐章的主部主题与《侏儒》（*Der Zwerg*，D498），那首表达对变态性行为朦胧探究的艺术歌曲之间诡异的相似之处？创作这两部作品时，舒伯特正深受关系密切的朋友圈里一位躁动不安、阴郁冷酷的画家弗兰兹·冯·朔贝尔的影响。

然而，关键之处在于，这些引文、参考资料或典故在某种程度上还不够明确，它们仍给创作留出了足够的发挥想象力的空间，用马勒的话来说就是"形成自己的思想"。马勒就是这么做的。在其纯器乐的《第五交响曲》中出现了他自己的歌曲的回声：在开始那段气氛压抑迫人的葬礼进行曲之后，转而出现了一个迷人的感情化的"标识"：由弦乐奏出的一个轻柔的进行曲主题，这个主题明显与马勒写于同一时期的歌曲《鼓手》（*Der Tambourg'sell*）相关，那首歌描述的是一个面临被处决的年轻逃兵——没有庄严，有的只是怜悯和悲凉。在这里，我们看到了对比鲜明的两幅描写死亡的图景。这个凭直觉就可以从音乐中感受到，但对那些知道这首歌的人来说，这个令人感伤的回声将音乐理念具象化了。第四乐章即著名的弦乐与竖琴的小柔板乐章，显然是献给他未来的妻子阿尔玛的一首无言的情歌，这里引用了他最伟大的歌曲之一《这个世界把我遗忘》（*Ich bin der Welt abhanden gekommen*），选自他的《吕克特歌曲》（*Rückert Lieder*）。就是前面提到的那首以"我独自活在我的天堂、我的爱、我的歌中"结尾的歌。在《第五交响曲》里，马勒实际上引用的是"我的爱、我的歌中"这两句的小提琴伴奏乐句。阿尔玛本人应该认识到这一点，并读懂它的含义——或者说，至少马勒希望她会读懂。

对人类爱情的祈求与歌唱，被证明是《第五交响曲》真正的转折点。但是，在我们祈祷般地向"晨星"（即金星，以罗马爱神的名字命名）致以最后的赞美之前，得先关注马勒的另一首歌——它表达的是迄今为止最直白、最纯粹的快乐。这首歌选自马勒的经典民歌集《青年的魔角》，标题为《赞美崇高的智慧》（*Lob Des hohen Verstandes*），讲的是田野里的鸟儿和森林中的鸟儿之间的一场歌唱比赛，由一头驴来裁判。驴把奖颁给了布谷鸟，因为布谷鸟唱的"歌"是驴子唯一能听懂的。面对众多马勒的批评家，马勒在表达这种无可挑剔的嘲讽的同时，展现出他迄今为止最令人印象深刻的对位技巧（一些评论家曾指责马勒在对位技巧上很弱），并且在第二乐章以众赞歌凯旋式的回归达到高潮。人们不需要从马勒的《第五交响曲》中"听出"任何这些引用才能够在某种意义上理解它。对大多数能产生共鸣的听众来说，发现这些歌曲与这部交响曲之间的联系，可能不会给人太多的启发，但会增加聆听的乐趣，增强对音乐的"情绪序列"的欣赏能力。同时认识到，这种"情绪序列"并不是完全规范性的。

这就是到马勒开始创作《第八交响曲》时交响乐写作技巧的

演进过程：贝多芬将主题发展与和声变化的过程戏剧化；柏辽兹对此予以强化。贝多芬运用唱词加以阐明，但未能全然解释情感的作用，而这本该属于音乐的领域；舒伯特对歌曲的召唤，无论作为宏大抑或轻快的类似人声的旋律，还是作为通向更复杂的诱人线索，可能都具有多层的意义。拥有了这些，马勒现在可以开始创作一首"拥抱世界"的交响曲了。

插曲　幕后故事：
阿尔玛与沃尔特，1910 年 8 月至 9 月

当一个"工作寡妇"有个好处：它给了一个人很多机会去追求自己的私人爱好，而不用太担心被发现。当马勒安安稳稳地待在他的创作小屋里，或是外出指挥，阿尔玛就在托布拉赫山村的度假胜地给沃尔特·格罗皮乌斯写了一封又一封的信。她不止一次地告诉他，自己会尽量保持冷静，但很快，强烈的渴望就使她背叛了自己。在一封未注明日期的信中（大概是在 8 月初），她告诉了格罗皮乌斯一个肯定让他心寒的消息。她已经决定，"可能"会在今年（1910 年）年底和马勒一起去纽约，那时马勒将离开维也纳去纽约大都会歌剧院接受他的新任命。为什么？因为马勒坚称他一天都离不开她。责任太大了，她必须跟他一起去。她借用情人的口吻问："她过得怎么样？"——非常的好——这些句子的下面都划了线，以示强调而不是暗示怀疑。她希望他每天都给她写信，但要注明"留局待取"——就是说，当地的邮局不要投递，而是等她打电话确认后，自己去邮局取那些信件——至少，每周必须给她写一封信，"马上"（下面划了线），特别是在 8 月 31 日她生日的那天。写完事务性的内容，接下来的就变得更亲密了：她想让他把那件他穿过的、被他"可爱的双手"（更

加强调）握过的夹克送给她。寄出之前他必须亲吻夹克的领子，而她收到后也会这样做。马勒9月3日要去慕尼黑，所以如果他在9月2日星期五寄出，她就可以在三天后离开之前安全地完成她的奉献行动。

接下来谈得更多的是马勒。她说，这很痛苦。几乎每个小时他都要从因斯布鲁克发电报给她："所有的善与恶的力量都伴随着我——胜利女神统治着一切——晚安，我的竖琴——我只感到渴望。"她对格罗皮乌斯说，她很担心他的精神状态是否正常，她的母亲也很担心。他现在对她的这种"偶像崇拜"式的痴迷，这种绝望的忏悔和寻求安慰的呼喊，"显然无法再被认为是正常的"。歇了一会儿，阿尔玛又开始写。她写道，她现在正躺在床上，在她辉煌的三叉帝国大烛台的烛光下写信。"我就是这样和你在一起，你必须感觉到我。你总是给我这么大的快乐！"他的高贵天性和不受各种卑微琐事束缚的自由个性，使他能够理解并尊重马勒和他的艺术天赋——换句话说，他当然明白为什么她要和他一起去美国。然而，阿尔玛坚称，总有一天他们会躺在一起，就在一起躺着，什么都不能把他分开。阿尔玛没有说何时以及用何种方式做到这一切，但她很确定的是："一个爱上了你并得到了你的爱的人，永远无法再和另一个男人一起生活。"落款很简单："你的妻子"。[1]

几天后，阿尔玛又给他写了一封信。她告诉格罗皮乌斯，她必须这么做。她想念他，把他视作一个无所不谈，尤其是可以谈论一些与这个世界无关的事情的朋友。如果他们能保持一直这样，那将是多么辉煌的人生。她是多么地爱他的最高的本质特征：他的智慧、他的艺术——甚至当她看到一幅铅笔画素描时，她就知道那一定是一幅伟大的作品——他的生活才能、他的魅力以及，最终的但并非最不重要的美的外表。更不用说他的高贵和仁慈。的确，沃尔特在身体方面的吸引力远非阿尔玛估计的"最小"。随后发生了一些让她吃惊的事："在那个时候我仍相信我会带着你那甜蜜、可爱的天性，迈向新的方向呢！我是那么富有，连我自己都快不认识自己了。然而今天，我却感到自己一贫如洗！！"当然，她对马勒"深感抱歉"。他肯定知道她对他已经没有任何肉体上的欲望。她把他拒之门外，她已经完全成功做到了——在这一点上——的确如此。这是否表示她是为了让她的情人放心？她如此强烈地感觉到自己已经属于格罗皮乌斯，而与另一个男人在身体上的触碰，即便是已经与她结婚八年的丈夫，也会是对他不忠的行为："我的夫君，写吧！写！那是我们现在所能拥有的全部了"。[2]

9 月 3 日，马勒出发前往慕尼黑。阿尔玛告诉格罗皮乌斯，他"仍然很疯狂"，而且她担心他会一直如此。她描述了她是如何开车送他去的火车站——这是一种折磨人的情感经历。马勒几乎要哭了，害怕一旦他离开，她就会跟"别人"一起走——马勒不能或不愿意说出和谁一起走吗？也许——他现在正在抓救命稻草——时间会让她的情人的形象褪色。"可是得多久呢？他知道没有我他活不下去。我知道我会尊重和保护他——但我只爱你。我们要如何才能走出这个境地呢！？"

随后，在《第八交响曲》首演后不久，格罗皮乌斯给阿尔玛·马勒写了一封信。现在是沃尔特觉得需要保持冷静。这一晚，他仔细地想了一遍，每一个想法他都仔细地问过自己。尤其是考虑到他和阿尔玛昨天最后一次见面时所发生的事情，他必须以完全诚实和开放的态度面对一切。但他有一个迫切的要求：她不能像昨天那样"板着脸，沉稳"。她不应该试图向他隐瞒她的痛苦——他知道真相。不要再有幻想，逃避现实只会使事情变得更糟。有一个问题她必须回答，拜托！"你又一次和 G（古斯塔夫）亲密是什么时候？"

这不啻是一颗重磅炸弹。马勒不仅取得了音乐上的胜利，在精神上也赢得了这场夺回阿尔玛的芳心的战斗。沃尔特无法完全责怪她。这样一种体验，这样一种压倒性的艺术上的胜利——还能有别的结果吗？对他来说也一样，他无法不承认这一点："G（古斯塔夫）的音乐深深打动了我的心。我们做不到在音乐会结束时带着伤害他的内疚离开。我们必须向这个男人鞠躬。对他越是了解，这种感觉在我心中就越来越强烈。我昨天去见你就是想告诉你，我们必须保持纯洁。"至此他清楚地看到，与马勒作为男人和艺术家的杰出品质相比，他自己无法彻底赢得阿尔玛的芳心，而她，则愿意为马勒牺牲一切。对于她这样瞬间闪烁出金属光亮的女性来说，马勒这种意志坚强的、纯粹的肉体存在，在与"胡乱涂鸦的"凡人的较量中胜出是不可避免的，想试图以时间来争夺到她几乎是不可能的。"他只会变得更坚强、更成熟，迫使你投降。"[3]

但这封信似乎根本就没有寄出。

第四章　上帝，抑或魔鬼？

埃米尔·古特曼传达出的信息已被人们广为接受：《第八交响曲》的首演将成为慕尼黑艺术史上一个高潮事件。《新慕尼黑日报》（Neues Münchner Tagblatt）自豪地报道说，这座城市在音乐领域将再次引领世界，暗示在音乐的开拓性方面比它的主要竞争对手巴黎和维也纳高出一头。城里城外都弥漫着一种喧嚣声：任何有自尊、有教养的人都应该在那里见证这一事件。虽然音乐会预定 7 点 30 分开始，但观众至少提前一个小时到达。到 7 点钟时，大约有 1000 人已经入座。在音乐节大厅内，《新慕尼黑日报》记者怀着战战兢兢的敬畏和刻意反讽的心态对眼前的一切做了评估：尽管音乐会门票贵得惊人，但还是售罄。他描述说，衣着的品质表明大多数观众都是富人。一些人明显是贵族，而其他一些服饰怪异的人表明他们属于另一种"贵族"：知识分子和艺术精英。记者还注意到另一个现象：就像古特曼的饱和宣传策略将《第八交响曲》的慕尼黑首演置于时代潮流的顶端相类似，许多出席首演的人是开着车来的。记者兴奋地告诉我们，有数百人开车而来。汽车从城市及其周围各个地方发出轰鸣声和咆哮声，留下了巨大的尾气黑烟，这些烟气需要一段时间才能消散。今天，德国的汽车制造商主导着全球汽车产业的高端，而德国工程师卡尔·本茨被广泛誉为是现代汽车的发明者——他的第一台发动机在1879年被授予专利权，马勒在维也纳音乐学院完成他的学业则是在1880年。然而，尽管刚统一不久的德国大力推进工业化进程，但在德国本土，人们对汽车的兴趣却迟迟没有多大的增长。事实上，几乎到19世纪末，奔驰汽车在法国的销量都一直比它在德国的销量要大。1908年，马勒在纽约大都会歌剧院首次亮相，亨利·福特著名的T型车在美国问世。1909年齐柏林伯爵创立了世界上第一家航空公司，1910年齐柏林飞艇首次进行商业飞行。但在私人汽车方面，德国仍然落后。1910年的慕尼黑，大量的汽车在马路上行驶是被关注的事情，同样值得关注的还有它对大气的影响。

尽管如此，相比美国的情况，1910年的德国，汽车在很大程度上仍然只是富裕的上流社会的玩物。当汽车在音乐节大厅外停下时，从车上下来的都是些旧秩序的代表。《新慕尼黑日报》的记者详述的贵族和资产阶级的出席情况令人印象深刻。传闻第一批观众中有加冕的国家元首，但这不是事实。不过，巴伐利亚的路德维希·费迪南德亲王（如果德国各州未能在1871年实现统一，那么他就是国王）位列其中；还有西班牙王位的继承人；更显要的是奥地利皇帝弗朗茨·约瑟夫的女儿吉塞拉，这位女大公也是皇帝活着的孩子中年龄最大的。另外还有图恩公主和塔克西斯公主、玛丽埃塔·祖·霍恩洛厄公主以及法国总理的弟弟保罗·克莱蒙梭。瓦格纳的儿子和继承人，作曲家齐格弗里德·瓦格纳，代表这个德国伟大的音乐皇族出席。慕尼黑市长自然也出席了。一个阵容强大的代表团，马勒的旧领地维也纳宫廷剧院，包括明星女高音安娜·冯·米尔登伯格和塞尔玛·库尔兹，马勒的门徒，指挥家布鲁诺·瓦尔特以及马勒的舞台和造型设计师阿尔弗雷德·罗勒等一干人也出席了首演。维也纳的著名评论家、马勒的铁粉尤利乌斯·科恩戈尔德和他13岁的儿子埃里希·沃尔夫冈·科恩戈尔德也在现场。五个月前，科恩戈尔德的芭蕾舞剧《雪人》（*Der Schneemann*）在维也纳的首演获得了轰动性的成功。在场的还有三位重要的研究马勒的作家——圭多·阿德勒、里夏德·施佩希特和保罗·斯特凡。至少有四位来自德语世界的文学巨子——雨果·冯·霍夫曼斯塔尔、托马斯·曼和他的妻子卡蒂亚、阿瑟·施尼茨勒和斯特芬·茨威格——以及尼采的朋友兼秘书彼得·加斯特出席。出席的作曲家包括马克斯·雷格尔、理查·施特劳斯、安东·韦伯恩（负责向他的"第二维也纳学派"的同志阿诺德·勋伯格和阿尔班·贝尔格汇报），和阿尔玛以前的恋人，直到1901年被马勒取代的亚历山大·策姆林斯基。还有一批令人印象深刻的评论家，他们中自然有来自德国和奥地利的，也有来自美国和法国的，其中包括作曲家保罗·杜卡斯和卡米尔·圣-桑。圣-桑后来承认，他觉得马勒的音乐"难以忍受"。但考虑到他对几乎所有形式的现代音乐的极端偏见，这样的评论也就不足为奇了。还有一个未经得到证实的传闻，特立独行的英国作曲家约翰·福尔兹至少出席了首演两场音乐会中的一场，这或许为他后来创作拥抱世界的《东方与西方交响曲》播下了种子。福尔兹一直致力于这部作品的创作，直到 1939 年去世。年轻的指挥家利奥波德·斯托科夫斯基肯定在场，而且这段经历给了他勇气和敢于反抗那些否定意见的决心。1916 年 3 月 2 日，他在费城举行了马勒《第八交响曲》的美国首演。斯托科夫斯基的演出非常成功，这首交响曲在费城再次演出，之后又在纽约大都会歌剧院演出。

正如我们已经知道的，音乐会预定 7 点 30 分开始，但马勒直到 7 点 45 分才走上舞台——不知道这是马勒自己的决定，还是事先精心设计好的。但无论是哪种，它都达到了预期的效果，将紧张感提升到了恰到好处的程度。法国《音乐世界报》（Le Monde musical）报道了在音乐会预定的开始时间后的 15 分钟里，音乐大厅持续着紧张而兴奋的喋喋不休的嘈杂声。当古斯塔夫·马勒的瘦小身影努力穿过密集的人群（乐手）时，大厅里突然爆发出雷鸣般的欢呼声。马勒踏上指挥台，然后转身鞠了一躬，台下掌声如潮。评论家莫里斯·鲍姆菲尔德为纽约的一家德语报纸撰稿，他描述说，当马勒出现在舞台上时，观众集体自发地站了起来，就好像他们在迎接一位国王的到来。在马勒发出的一个信号下，舞台上众多的演奏员立刻展现出军人般的整齐划一——显然非常爱国的《音乐世界报》的法国记者，忍不住将其判定为典型的条顿骑士团风格，但他无法让自己不被交响曲的开场所席卷：音乐大厅巨大的管风琴发出雷鸣般的降 E 大调和弦，随之合唱团爆发出阵阵近乎喊叫的声音："降临吧，造物主之圣灵"——《音乐世界报》记者估算合唱队的人数为 400 人，但根据其他的说法，这可能是一个保守的估计。

更不同寻常的是接下来的演出。马勒在演出中做了几个精心设计的手势，用他出了名的锐利的眼睛仔细地扫视着，敦促他的音乐团队去完成甚至连他们自己都认为是不可能完成的壮举。阿尔玛用狂喜的语言描述了这一过程，尽管她忽略了这对她与丈夫和情人关系中力量平衡的影响，但有些东西是可以凭直觉感受到的。她无比自豪地指出，不仅是慕尼黑，其他来自世界各地的人也都前来向她的丈夫致敬。交响曲首次公演受欢迎的程度甚至超过了最后一次排练时的"狂喜"热情。当马勒出现在舞台上，观众们都站起来致谢，然后大家都凝神屏息，期待着被大肆炒作的音乐体验。阿尔玛坐在自己的包厢里，"几乎兴奋得麻木了"。至于音乐本身，它将体验提升到了另一种崇高的境地："然后，马勒——上帝，抑或魔鬼——把那些巨大的声音变成了光之泉。"这种体验是无法形容的，随之而来的场面更是难以形容：所有的观众都涌向了舞台。

阿尔玛讲述了她是如何在后台等待，被整个过程深深触动，直到喧闹声平息下来。然后，她和丈夫一起乘车前往酒店，那里已经安排了一个庆祝胜利的招待酒会。甚至在那里，奉承也像洪水般涌来。一个来自纽约的富有的、出了名的古怪的美国人挡住了他们的去路，结结巴巴地说，自从勃拉姆斯以来，就没有什么能与之相比了——在阿尔玛的眼里，这显然是一个毫无价值的比较。"我们从他身边挤了过去，"[1] 她高兴地告诉我们。人们不禁会注意到她不断重复着凯旋的"我们"。很少有什么催情药能比公开的成功作用更强大了——尤其是此等规模的成功。正如大多数马勒的评论家所同意的那样，这是作曲家人生中最大的一次胜利，也是整个西方古典音乐史上最引人注目的公开性成功之一。当然是在慕尼黑，这座瓦格纳和理查·施特劳斯的多部杰作在此首演的城市的历史上。但最后，真的是"所有观众"都涌向讲台，向阿尔玛的那位"上帝，抑或魔鬼"致敬了吗？其他的报道有所不同。可即便不是，她的夸张无疑是情感的体现。

公关策划人埃米尔·古特曼受抒情主义的极大鼓舞，这是毋庸置疑的——毫无疑问，在场所有人的自豪感也在一定程度上助长了这种抒情。当马勒走上舞台，告诉我们，"所有人都感觉到，那原始的、基体良好、有存活能力的生命，即将获得一颗重新开始跳动的心……"然后，"在神圣的山巅，所有的人张开嘴唇，狂热地呼喊出'降临吧，造物主之圣灵'"。[2] 对德国作家埃米尔·路德维希来说，马勒站在那里只是一个 magus（魔术师），变一种黑色戏法的魔术师。这与瓦格纳的拜罗伊特音乐节所表现出的那种可疑的、狂热的大众奉献有何不同？——这真是很有远见。路德维希还注意到，在最后，当雷鸣般的掌声从大厅席卷至舞台时，马勒特别赞赏童声合唱团的勇敢和努力。布鲁诺·瓦尔特也是如此，尽管他的角色是独唱声部的音乐指导。瓦尔特还记得，当演出结束，观众们欣喜若狂的掌声像巨大的潮汐般席卷整个大厅时，马勒特别小心翼翼地匆匆迈上舞台的台阶，走进童声合唱团，高兴地挨个儿握住小歌手们的双手。瓦尔特觉得，对马勒来说，肯定孩子们对他赞美爱神厄洛斯和天界所做的贡献非常重要。这位作曲家在他的《第四交响曲》中用如此温柔（同时也是令人不安的诚实）描绘了童年的情感，而且他已经失去了心爱的大女儿。人们很容易理解为什么孩子们的贡献对马勒意义重大。但对瓦尔特来说，这一切的其中还含有一种可怕的悲怆。瓦尔特在知道马勒被诊断出心脏有问题后非常担心他的身体状况。瓦尔特在慕尼黑首演45年后回忆起，当时他知道马勒剩下的时间已经不多了。但这绝非后见之明。曾在维也纳国家歌剧院为马勒演唱的女高音歌唱家莉莉·莱曼对马勒的健康状况和他的焦虑的了解远不如瓦尔特，但她似乎从一开始就意识到了大厅里其他人很少意识到的东西。这是莱曼最后一次见到这位作曲家，当他出现在舞台上时，她被他的外表所震惊。自从他们上一次一起工作以来，他似乎老了很多。交响曲的演出深深感动了莱曼，但不全是快乐："交响曲的第二部分……痛苦地打动了我。是他、他的音乐、他的外貌、他对死亡的预感、歌德的诗句、对舒曼的回忆、我的青春？我不知道。我只知道，在整个第二部分的演出中，我都深陷在一种无法控制的情绪里，不能自拔。"[3]

在所有关于《第八交响曲》的震撼、巨大的效果和马勒"恶魔般的"指挥这些激动人心的描述之后，看到莱曼更为微妙的反应，以及她对音乐半隐藏的复杂性的洞察力，多少让人感到欣慰。从这个角度来看，安东·韦伯恩向他的朋友、曾经的老师阿诺德·勋伯格所做的描述更耐人寻味。勋伯格显然被工作和经济方面的原因困在了维也纳，没有出席首演。韦伯恩的许多成熟作品都极其精致，而其中的沉默往往像被强调的音符一样意味深长，他的反应很能说明问题：

我无法形容马勒这部交响曲有多么美妙。丰富的构思，强烈的情感，那种最不可思议的情感。第二部分有一种静止和温柔：五架竖琴、钢片琴、曼陀林、钢琴，与柔和的木管和加弱音器的铜管的和声，以及三位女声唱出的由 pp 减弱到 pppp 的歌声——再进入到"神秘的合唱"！真是难以形容。[4]

韦伯恩在经历了这一非凡事件之后写的两部作品：为管弦乐队写的《五首小曲》（op.10，1911—1913 年）和弦乐四重奏《六首小品曲》（op.9，1913 年），都可以部分地看作是他在那个时刻所汲取到的精华。《五首小曲》的总谱仅有 14 页，其中最主要的动态标记是 p、pp 和 ppp，就像使用竖琴、钢片琴、曼陀林和管风琴（可能是簧风琴），加上贯穿其中的小规模铜管乐器声部（只用了三件铜管乐器）。《六首小品曲》更为简洁，听起来简直像耳语一般。根据勋伯格的说法，这是一部浓缩得惊人的作品。韦伯恩能够将一部小说的丰富性、复杂性以及强度，浓缩成一个单一的音乐手势，并在最简单的呼吸中表达出"丰富的构思和强烈的情感"。在 1910 年之前，韦伯恩就一直在朝着这个方向努力，但马勒《第八交响曲》中的"静止和温柔"显然是一个重要的路标。

出席《第八交响曲》首演的其他主要创作人物有何反应？评论家尤利乌斯·科恩戈尔德记得，他 13 岁的儿子埃里希·沃尔夫冈对整个演出过程非常兴奋，但当小科恩戈尔德描述马勒在排练和几年后的首演留给他的印象时，他说马勒才是他记忆中的魔术师指挥。然而在聆听科恩戈尔德 1945 年写的《小提琴协奏曲》的慢乐章时，你或许能听出它的音乐织体精妙、宁静、丰富，尤其是竖琴、钢片琴和颤音器的巧妙运用，与马勒《第八交响曲》第二部分中韦伯恩曾为之着迷的那些柔和的和声之间的联系。与马勒既是朋友又是对手的理查·施特劳斯在首演前就承认对《第八交响曲》持怀疑态度，在经历了《第八交响曲》的首演之后似乎让他更坚定了自己的态度。但是，这在多大程度上是他对音乐本身的感受的真实反应？又在多大程度上是看到马勒在自己的故乡——一个他从未获得过如此巨大成功的城市——取得如此巨大成功的反应？理查·施特劳斯从 1911 年开始创作他的下一部主要作品《阿尔卑斯山交响曲》（*Eine Alpensinfonie*），演奏这首作品需要一个庞大的交响乐团——这是施特劳斯写过的乐队规模最大的交响乐作品，其色彩效果和舞台之外铜管乐器的运用，被解读为企图超越马勒：作为作曲家的施特劳斯在 1910 年初曾对马勒说，他从那时起就只写歌剧了。他已经写完了他的交响乐作品。而这首交响曲的主题是一个被人们公认为肯定会吸引每一个真正的慕尼黑人的主题，描述的是激动人心的冒险：一天里攀登巴伐利亚阿尔卑斯山顶峰并下山。但是当《阿尔卑斯山交响曲》在 1915 年完成时，第一次世界大战的灾难已经开始显现，德国的文化氛围已经发生了翻天覆地的变化。

那么见证马勒凯旋的文学界人士又如何呢？"我本可以写写那场伟大的首演"，斯蒂芬·茨威格在《昨日的世界》一开始，就把马勒在慕尼黑的凯旋列为头条。但令人沮丧的是他扯远了。连交响曲的序号都写错了（他称之为“马勒的《第十交响曲》”）。[5]

小说家兼剧作家阿瑟·施尼茨勒告诉我们的更少，而且更让人感到羞愧：了解一个如此痴迷于情色，尤其是女性情色的作家，对马勒赞美爱神厄洛斯以及“永恒的女性”的反应，应该是非常引人入胜的。但是有一位作家对1910年首演的反应成了美谈，甚至有传奇色彩：演出结束后，托马斯·曼去了酒店拜见马勒，大概是去向他表示祝贺。即便如此，他还是觉得有必要写信给马勒讲述自己的感受。他告诉马勒，他无法表达自己对这位作曲家的感激之情，因为这一重大事件对他产生了深刻的影响。这是用最深刻、最神圣的语言表达出来的关于那个时代的讯息。他坦言，作为回报，自己所能做的就是给他一本最近出版的小说——一件微不足道的礼物。但这位伟人可能会觉得相当有趣。这本刚出版的书是《国王的神圣》（*Königliche Hoheit*，1909年），通常不被认为是托马斯·曼最好的作品之一。但第二年托马斯·曼开始创作的中篇小说《死于威尼斯》则完全不同。这一次他与马勒有了直接关系。托马斯·曼在十年后写给此书的插画作者沃尔夫冈·博恩的信中承认了这一点。令托马斯·曼感到惊讶的是，博恩在没有作者任何提示的情况下，画出的小说主人公古斯塔夫·冯·阿申巴赫，其形象让人强烈地联想到马勒。难道这纯粹是巧合？托马斯·曼透露，这部小说的构思受到了1911年马勒去世这一令人震惊的消息的影响，当时马勒刚在慕尼黑取得压倒性胜利后不久。震惊的后遗症与当时他脑海中涌现出的其他印象和想法融合在一起，很快就萌发了写作《死于威尼斯》的灵感。于是"当我在构思这位因屈从淫欲而陨灭的英雄时，不仅把那位伟大音乐家的教名用于他，还用他（马勒）的外貌来描绘他。"[6]

博恩觉察到了托马斯·曼一直保守着的秘密吗？小说《死于威尼斯》中的最后一句话显然把作者讲述的故事和主人公与马勒的胜利和悲剧联系在了一起：阿申巴赫的尸体被发现了，"就在同一天，这个世界收到了令人震惊的他的死亡报告书"——就像托马斯·曼本人正准备从比奥尼岛出发前往威尼斯的时候，从亚得里亚海对岸的维也纳的报纸上获悉了马勒过早死亡的悲惨消息。对卢奇诺·威斯孔蒂来说，小说与古斯塔夫·马勒的关联显然就确凿无疑了：他导演的电影《魂断威尼斯》（1971 年）把古斯塔夫·冯·阿申巴赫由小说中的作家改成了作曲家。在电影中由德克·博加德扮演的这位英雄看上去非常像马勒。威斯孔蒂还用了马勒《第五交响曲》中的那段小柔板，以及尼采在《瞧，这个人！》第三部分中的语句，表现在故事结尾处阿申巴赫的思想和情感。

但是请记住，托马斯·曼本人把阿申巴赫的外表和性格之间的关系描述为"松散而隐蔽"，又有多少热爱马勒的人在读了托马斯·曼的信后，对他关于他的英雄如何"屈从情欲而陨灭"的说法感到困惑？或许有人会争辩说，马勒最终还是在 1911 年屈从于某种形式的"陨灭"，尽管他一直以他一贯的力量和坚韧与之斗争直到最后一刻。但是，"淫欲"？现在是时候仔细研究一下阿申巴赫和马勒之间的关系了。看看这位真正有血有肉的作曲家以及他的音乐，与托马斯·曼笔下虚构的那位作家之间，是否真的存在可以证实的精神上的亲缘关系。

生于慕尼黑，死于威尼斯

首先要说的是，在托马斯·曼的整个创作生涯中，令他着迷的作曲家，不论是其音乐还是其人，不是马勒，而是理查德·瓦格纳。瓦格纳这个案例勾勒出困扰着托马斯·曼的一个悖论，他的写作一次次地涉及这个悖论，并在他的几部小说和短篇小说中进一步发展成了某种标记。托马斯·曼在1933年离开德国之前以"理查德·瓦格纳的苦难与伟大"为题做了一次演讲，其中包含有对纳粹政权间接的抗议。除此之外，还有另一种弄清楚托马斯·曼成年后一直为瓦格纳问题所困扰的尝试：为何他对作为艺术家的瓦格纳的魅力如此着迷、完全无法抗拒，而对作为思想家，尤其是作为个性人物的瓦格纳则非常心怀疑虑？

然而，瓦格纳与《死于威尼斯》的关联性是深刻而多层次的。首先，瓦格纳是在1883年死于威尼斯。托马斯·曼如何看待瓦格纳？ 1911年7月，托马斯·曼住在城市海岸边的贝恩大酒店时，在酒店的便签纸上写下了一篇短文《与理查德·瓦格纳妥协》——这很像是《死于威尼斯》的一段草稿。小说中有一段描写阿申巴赫一边看着漂亮的男孩塔齐奥在旅馆前的海滩上玩耍，一边在写一篇短小但主题集中的文章。这篇文章的主题和内容，或多或少和《与理查德·瓦格纳妥协》的论断有一定关联。托马斯·曼在这篇文章中质疑自己年轻时对瓦格纳音乐的反应在本质上究竟为何。他承认，聆听和观看瓦格纳的体验，对他年轻时的艺术抱负产生了比当时遇到的任何其他东西都更重要的刺激性影响。是瓦格纳，这位他既崇拜又羡慕的"大师"向他提出了挑战，要他创作出能与瓦格纳媲美的作品，哪怕只是规模较小的作品。但是，无论年轻的托马斯·曼多么陶醉于瓦格纳的音乐，他是否真的相信瓦格纳似乎想要传达的艺术信息？这就是他现在要问自己的问题。坦率说，这一切也许是一个可怕的事实：难道所有的艺术都含有欺骗的成分、蛊惑人心的成分，是一种戏剧性的操纵和顽皮诡计的混合物？然而，即便确实如此，托马斯·曼承认，每当瓦格纳某部作品中一些令人回味的旋律、乐句与和声直抵自己内心时，他会被自己再次感受到的喜悦所震惊，再次屈从于瓦格纳"聪明而巧妙、充满渴望和诡诈的魔法"。[7]

尽管托马斯·曼在后来的生活中，发展并反思了他所有有意识的、理性的疑虑，但只要一听到瓦格纳的音乐，他的本能反应就没什么变化。他的脑海中充满了年轻时的激情，以及与之相联系的强烈的创造性欲望。或许，音乐能揭示深刻的真理、让我们瞥见事物的深刻意义的印象是一种错觉。但如果是这样的话，这是一种如尼采所说的，人类没有它就可能无法生存的错觉？《死于威尼斯》在某种程度上可以被看作是托马斯·曼试图创造性地，而非理性地克服这一悖论的一种尝试——理性分析这个问题似乎只会让托马斯·曼陷入精神上的困境。有两本尼采的书似乎特别有影响力：《悲剧的诞生》写于 1872 年，当时尼采还是瓦格纳的信徒；而从 1888 年发表《瓦格纳事件》起，尼采与瓦格纳最终决裂，瓦格纳的作品被尼采描述为一种危险而迷人的疾病。鉴于此，托马斯·曼的中篇小说里的威尼斯，看起来越来越像尼采后来的立场的化身：这是一座极富艺术气息、漂浮在梦幻般诱人的、沉滞的泻湖的泥泞和水面之上的城市，为人们提供滋养和养育空间。这场瘟疫杀死了阿申巴赫，还有其他许多人。同时，就像许多伟大的鬼神故事一样，《死于威尼斯》可以被理解为弗洛伊德所说的"被压抑者的回归"的寓言——在这里，"被压抑者"是指古希腊的狄俄尼索斯神和他所代表的黑暗、强大、无意识的能量。在《悲剧的诞生》一书中，尼采认为阿波罗神（秩序、理性、绝对思想、阳光）和狄俄尼索斯神（狂喜、情感主义、性放纵、黑夜）代表着人类体验的基础的两极。托马斯·曼的中篇小说告诉我们，古斯塔夫·冯·阿申巴赫是阿波罗神的拥护者，是道德宣教士。他的小说《受虐者》被构思成对痴迷于心理学的年代——一个为我们的许多行为寻找无意识动机而模糊了道德规范的年代——的挑战和谴责。通过寻求很多我们的无意识动机行为模糊了道德维度。绝不能优柔寡断：必须以有洞察力的刚毅面对内心的深渊，而不能以宽恕的人道主义为借口。理解并不意味着原谅：远远不是原谅。魔鬼必须被召唤出来。简而言之，阿申巴赫压抑了自己身上狄俄尼索斯（酒神）的一面，从某种程度上说，《死于威尼斯》就是酒神复仇的故事。

如果最后那些话听起来不太像是马勒说的话，那是因为它们不是。正如奥托·克伦佩勒告诉我们的那样，马勒是尼采的忠实信徒。马勒了解并理解尼采在《悲剧的诞生》中提出的关于人类心灵中的阿波罗－酒神这一对立极性的概念，可以通过观看古典悲剧的体验来解决（哪怕只是暂时的），从而达至亚里士多德所说的情感的"净化"。几乎可以肯定的是，《悲剧的诞生》对马勒的《第六交响曲》产生了至关重要的影响。《第六交响曲》在早期阶段被马勒称为"悲剧"，它几乎将火山般的情感流露控制在马勒最"经典的"比例的交响乐结构中。这是一个和解的象征，就如尼采在《悲剧的诞生》中所描述的，而不是精神－心理等式的另一面的压抑。至于托马斯·曼关于阿申巴赫如何果断地拒绝所有形式的对深渊同情的叙述——还有什么比这与马勒不相符合的呢？看看这位作曲家，在他的《第三交响曲》的结尾处祈求上帝宽恕所有生灵："天父，请看我受的这些伤！不要抛弃你的任何一个造物"。[8] 这是崇拜陀思妥耶夫斯基的马勒。陀思妥耶夫斯基是无与伦比的人类灵魂深渊的记录者。对马勒来说，陀思妥耶夫斯基也是最伟大的心理学家。马勒认为交响乐"必须像一个世界，包罗万象"。他将平庸、荒诞、多愁善感和尖酸刻薄置于他最崇高又凄美感人的言辞中，这让他的评论家感到震惊。

现在的问题似乎不是古斯塔夫·冯·阿申巴赫与古斯塔夫·马勒有多相像，而是除了相貌上的相像之外，还有别的什么相似之处。我相信有。首先，托马斯·曼在写给沃尔夫冈·博恩的信中，赞扬马勒的"强烈个性"给他留下了"最深刻的印象"。在《第八交响曲》的首演中，马勒一次又一次地演绎着神奇的意象——"魔术师"、"上帝，抑或魔鬼"、"巫师"，将自己的意志以如此无情的力量带动起更为巨大的能量，达到压倒一切的效果——而冷漠无情、恪守纪律、积极进取的作家英雄托马斯·曼肯定与这些志趣相投。其次，所有的恶魔形象也可能暗示了一些别的东西：一些更黑暗、更古老的东西。于此，35 岁的小说家又回到了以前年轻时陶醉其中的快乐。他在《与理查德·瓦格纳妥协》中告诉我们，这是一场强烈却不正当的恋爱。就像瓦格纳之于年轻的托马斯·曼一样，马勒的《第八交响曲》，以及其作曲家征服精神的方向，让这位长大之后的作家再次充满了渴望，或许还夹杂着嫉妒：想要创作出类似的作品，哪怕只是在规模上小一些的。我认为，"类似的作品"——规模更小，但效果却极具破坏性——就是《死于威尼斯》，其中包含了酒神的梦境。这部小说或许也是托马斯·曼创作过的最具海洋色彩、最令人陶醉的优美散文。马勒的爱神厄洛斯成了托马斯·曼的创造者精神：这部中篇小说对柏拉图著作，包括《会饮篇》的引用，表明两人对这个概念的理解是多么接近。我相信，在这部中篇小说的结尾，有一段对马勒《第八交响曲》，以及这部交响曲对小说作者的影响的特别致敬——也许是无意识的，但很真实。在写给沃尔夫冈·博恩的信中，托马斯·曼谈到了他与马勒之间"隐含的"联系，这种联系超出了读者的认知范围，而且由于命运遭受到异乎寻常、难以解释的扭曲，这些联系中最应该引人注目的一个，几十年来仍然不为大多数以英语为母语的读者所认知。在老企鹅版 H.T. 洛－波特翻译的《死于威尼斯》——这是很长一段时间唯一能读到的英译本——中，阿申巴赫的死亡时刻被翻译成这样。就像故事中经常出现的那样，阿申巴赫现在坐在海边的躺椅上，目不转睛地看着美丽的男孩塔齐奥。当他的头靠在椅背上、目光跟随着男孩优雅的动作时，他回忆起塔齐奥"朦胧的灰色眼睛"第一次与他对视的那一刻。最终阿申巴赫陷入了恍惚状态，看上去像是失去了知觉，但他的目光仍然盯着那个男孩：

> 在他眼中，那个苍白可爱的召唤师似乎在向他微笑，向他招手致意；他把自己的一只手从腰间向上举起，指着天空划了两圈，仿佛进入了一种无尽的殷切期待中。
>
> 几分钟后，有人走过来，上前扶起这个瘫倒在椅子上的老人……

这是一个美得令人心碎的时刻，一种用清晰的散文体表达的瓦格纳式的"爱之死"（Liebestod），而洛－波特的英译本几乎在最大程度上表达出了托马斯·曼德语原著的美。但由于一些从未解释的原因，洛－波特遗漏了《死于威尼斯》多个段落里的关键句子，而且结尾处的遗漏或许是最奇怪的。在结尾处的那句"他把自己的一只手从腰间向上举起，指着天空划了两圈，仿佛进入了一种无尽的殷切期待中"后面，托马斯·曼的原文中还有一句："像以往一样，他起身跟着他"（Und wie so oft, machte er sich auf, ihn zu folgen）。没有这后一句，塔齐奥只是一个死亡愿望——弗洛伊德式的自我毁灭——的象征。但是有了这句，塔齐奥也就成了马勒所说的真正的"创造者精神"——召唤小说中的英雄赴死——的爱神厄洛斯，并激发起作者"起身跟着他"去体验歌德所说的"引导我们飞升"的冲动，由此产生了被一些人称作托马斯·曼的最伟大的成就。"引导我们飞升"，马勒《第八交响曲》结束句的音乐，掀起了所有音乐中最伟大的高潮之一。当托马斯·曼心中处于令人心碎、高潮迭起的顶点，把《死于威尼斯》看作是马勒《第八交响曲》的柏拉图式爱情的结晶，肯定就不算太过牵强附会。

第五章　近乎不可言说：
马勒《第八交响曲》文本与音乐

第一部分：降临吧，造物主之圣灵

降临吧，造物主之圣灵，

请来到你的子民的心中，

以天国的恩典使之丰盈，

那些因你创造而生的灵魂。

在 20 世纪和 21 世纪，无数听众分享到马勒《第八交响曲》的首演在《音乐世界报》记者心中激起的强烈反响。这是一种令人震撼的交响曲的开始方式：整个管风琴爆发出震颤人心的降 E 大调和弦，随即嘹亮的"降临吧，造物主之圣灵"的合唱响起。此时，这也令人联想到马勒作为音乐家的实践。马勒早年在温泉镇和州立歌剧院与乐队和歌手合作的经验告诉他，即便是优秀的音乐家有时也需要给予指导。找到大约 500 个音高完美的歌手并不很难，但要依赖他们非常自信地用降 E 大调和弦直接起唱，而且音准准确，就会有可能给音乐厅造成灾难性的效果。管风琴的强音和弦，或者准确说，是键盘和弦加上低音踏板音符，不仅能引起艺术家们的极大专注，更为两个大型合唱团的全体歌手提供了起始音，以确保所有人都能满怀信心地进入演唱。

信心是必要的。《第八交响曲》并不是马勒第一部以强音开头的交响曲，但在性质上，它与马勒以前设计的任何开头都不同。在这个问题上，马勒对里夏德·施佩希特意味深长地说："我以前所有的交响曲都只是这部交响曲的序曲。在其他作品中，一切仍然是主观的悲剧，但这部交响曲是巨大的欢乐的源泉。"[1]

从"主观的悲剧"到客观的集体"欢乐"的转变，反映在《第八交响曲》第一主题的特征上。马勒早期的四部交响曲（第二、三、五、六）都以进行曲开始，而《第七交响曲》的第一乐章则是迅速发展为进行曲，但所有这些进行曲的特征普遍都是黑暗、阴沉和明显的小调风格。《第六交响曲》和《第七交响曲》第一乐章中的进行曲具有强烈的相似性，在《第八交响曲》进行曲式的开头"降临吧，造物主之圣灵"中，可以听出这两个主题的强烈呼应。但在这里，节奏音型被加强了，并且跳跃、上升，将主题伸展得更高，风格纯粹是明亮的大调。这似乎是在说："我还是那个马勒，但现在的我不再是那个以自我为中心的悲剧人物，而是带来欢乐的人！"

谱例 5.1：《第六交响曲》第一乐章起始句

谱例 5.2：《第七交响曲》第一乐章起始句

谱例 5.3：《第八交响曲》第一乐章起始句

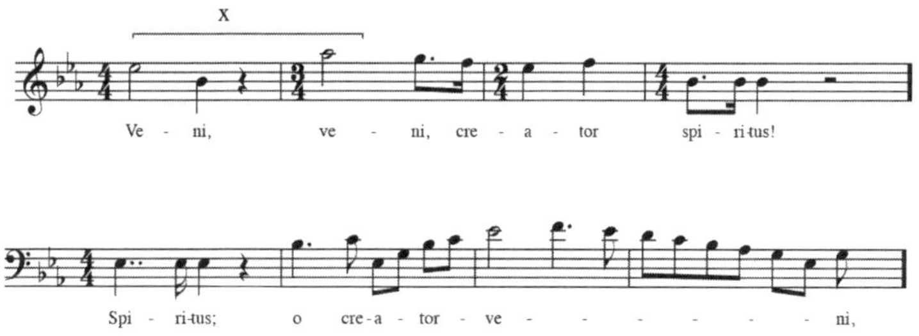

在随后出现的第二主题中，马勒对赞美诗的词序做了颠倒："圣灵，造物主，降临"。这个主题很快又被最初的"降临吧，造物主之圣灵"的主题所替代，但在后面，第二主题会变得很重要。

至于这首"欢乐"赞美诗中的集体元素，根据马勒学者唐纳德·米切尔的说法，马勒是 J.S. 巴赫的忠实崇拜者，巴赫有一首经文歌《献给耶和华的一首新歌》（*Singet dem Herrn ein neues Lied*）对马勒《第八交响曲》第一部分产生了重要的影响。这首经文歌的文本取自《圣经·诗篇》第九十六章，是对上帝欣喜若狂的集体赞美——"你们各族的人啊，请将荣耀与力量献给主！"，音乐则是一首宏伟壮丽、对位复杂的欢乐颂歌，用两个四声部混声合唱团发出震颤人心的对比轮唱。马勒《第八交响曲》的第一部分就是如此。西方古典音乐中对位法写作的辉煌之处，在于给人们的印象是许多不同的声音为了同一目的结合在一起。也是出于这个原因，瓦格纳在《纽伦堡的名歌手》这部赞美其理想公民社会的歌剧中，大量运用了巴赫的对位写作手法。自《第八交响曲》首演以来，一些评论家注意到其第一部分与瓦格纳这部令人愉悦的杰作有着相似之处，尤其是与那首复调手法错综复杂的前奏曲。

这种充满自信、昂首阔步、相互呼唤、相互激励的音乐持续了大约三分钟，然后很快转为一个新的主题（"请赐予至高无上的恩典"），表现出一种新的情感特征。在上面引用的与施佩希特的对话中，马勒声称交响曲的第一部分是严格的交响乐曲式，尽管歌唱贯穿始终。这就意味着第一部分基本上是古典奏鸣曲式。奏鸣曲式乐章分为三个部分："呈示部"主要展示各个主题；在"发展部"中，这些主题被戏剧性地分解，有时会被惊人地重新组合成新的形式；"再现部"，主部和副部的主题旋律依次再现，但基本统一在主调调性上。对奏鸣曲式乐章的推定分析很容易让人觉得是学究式的吹毛求疵，也许最好的方法是效仿查尔斯·罗森在其鸿篇专著《古典风格》（*The Classical Style*）中所提出的范例，将这种"形式"更多地视为一种力度变化的原则：一种思维的方式，而不是一种约束思维的规则。这一原则的精髓可以借用诗人威廉·布莱克的一句话来表达："没有对立就没有前进"。

在此，马勒向我们展示了"对立"，就是音乐教科书上所说的"第二主题"，调性向下趋缓为降 D 大调。这非常接近主调降 E 大调中"下降"的一侧，在调性音乐中，这一方向的运动经常被用来表达被动性。然而在古典奏鸣曲式的乐章中，作曲家通常会向"上升"的一侧移动，以提高强度。按照这种标准，马勒的手法可能被视为非正统，但马勒有他自己的理由。在对"造物主之圣灵"大声祈祷之后，恳求者在此将他们自身置于接受的状态中，等待被赐予神圣的礼物。音乐仍然是对位的，但它是清澈的、悠扬的、流畅的；配器更为柔和、更温暖、更流畅。亲切的独唱取代了巨大的合唱团的集体声音。在合唱团和管弦乐团的大胆宣言之后，四个独唱声部交织在一起，发出令人狂喜的重唱，让人立刻想起贝多芬《第九交响曲》"欢乐颂"终曲里的最后一段四声部的重唱。马勒把独唱声部的重唱放置在自己的合唱交响曲的一开始，巧妙地让人们注意到，在这一点上他比贝多芬做得更为出色：创造了一种既符合交响乐曲式，又将歌唱贯穿始终的音乐范式。这里也回响着瓦格纳《纽伦堡的名歌手》第三幕里那段迷人的五重唱。与此同时，由女高音独唱"请赐予至高无上的恩典"引入的第二主题本身，可能包含了马勒对格里高利圣歌"降临吧，造物主之圣灵"的部分记忆。我们已经注意到，马勒可能在 1897 年被罗马天主教接受的入教仪式上听到过这首圣歌。开头的旋律转折和随后的加倍上升有相似之处，马勒将其合并成了一个乐句。

谱例5.4：降临吧，造物主之圣灵

Ve - ni cre - a - tor— Spi - ri - tus, Men-tes tu - o - rum - vi - si - ta

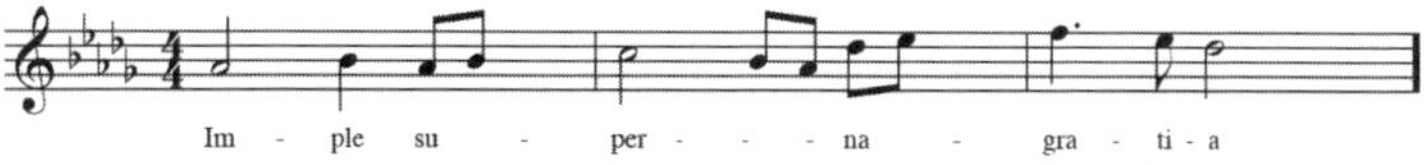

Im - ple su - per - na - gra - ti - a

你是我们的慰藉者，

是至高无上的主之馈赠，

你是生命之泉，你是火，你是爱，

你是圣灵的祝福。

当合唱的声音（有时参与合唱的人数会减少）小心翼翼地汇
入独唱的声音时，祈祷转向对圣灵本质的专注，此时被称为
Paraclete，在基督教著作中也被称为"辩护者"或"安慰者"（源
自希腊语para，"旁边"和kalein，"呼唤"）。这里我想说一
下性别。拉丁语中"圣灵"一词是男性化的，这与基督教传统
中盛行的男性化的上帝概念一致。但几乎可以肯定的是，马勒
从他年轻时对犹太教的研究中一定了解道，"圣灵"一词的希
伯来语"ru' ach"是女性化的，就像在耶稣自己所说的阿拉米语
中一样。如果是这样的话，那就增强了基督教的"圣灵"概念
和《第八交响曲》第二部分结尾处赞美创造性的"永恒的女性"
之间的联系。正如我们将要看到的，这是马勒在他这部音乐作品中精心强调的一个联系。

　　然而渐渐地，宁静的气氛开始变得阴云笼罩，一条半音阶的小提琴声线在高音区给和声带来了冲击，大合唱也逐渐转为一种气氛紧张的副歌"降临吧，降临吧！"，似乎就像是在为"至高无上的恩典"创造一个坚实的高潮一样。节奏突然加快，气氛更加阴郁。伴随尖利的高音木管乐器和不祥的、低沉的钟声向下移动一个半音，变成了阴暗的 D 小调，标志着一个重要的转折。半音阶的小提琴声线由独奏小提琴奏出，速度标记为加快（"加速而不考虑主节奏"），增强了不安的感觉。乐章开始的集体欢乐的情绪似乎正在回到"主观的悲剧"的声音世界中，这在纯器乐的第五、第六和第七交响曲中占据了主导地位。管弦乐的力量推动了这种转变，但人声马上做出解释。

> 以恒久的道德的力量，
> 强健我们脆弱的身体。
> 升起吧，理性之光，
> 把爱注入我们的心田。

　　随着管弦乐队刺耳的嘈杂声逐渐平息，合唱的声音以一种柔和、朦胧、不和谐的形式出现。曾经光芒四射的"降临吧，降临吧"，变成了"我们脆弱的身体"。"脆弱"，人的软弱无力成了关注的焦点。对力量的祈祷："请赐予我们力量和勇气"似乎带来了新的希望，模仿最初"降临吧，降临吧造物主"的主题做典型的巴赫式转位（即对音程进行一个接一个地上下调位），不断增强决心；但是突然，这也被打断了，取而代之的是弦乐怪异的颤音、加弱音器的铜管、令人神经紧张的小提琴在高音区的拨奏和更深沉的钟声。最终，速度放缓，同时调性再次往下降了一个半音，成为葬礼式的升C小调，色调昏暗的大提琴和低音提琴被引入，延长了对应"脆弱"一词的沉思的和弦。尽管情绪确实有所减弱，但此次转变是回到一个带有希望的D大调上，乐章一开始的驱动能量似乎已经减弱了。然而就在此刻，马勒惊人地唤醒了自己。在"突然非常宽广和充满激情的表达"中，管弦乐队爆发出一个惊人的强音，将音乐带入到光芒四射的E大调——这也是交响曲第二部分中一些最令人狂喜的流露的关键。从此处开始，马勒向安东·韦伯恩展示了交响曲第一部分的转折点，音乐跟随文本"升起吧"的命令行进，并预示了交响曲第二部分的变形。

这个充满激情的强音，加上第一小提琴声部急速上升的极强（fff）音，使音乐本身足够吸引人：很明显，音乐已经进入了一个新的情感层面。而马勒更是用一种震颤人心的戏剧性手法加剧了紧张感。独唱与两个合唱团在快速唱出"升起吧"（Accende）的第一个音节后是短暂的停顿，接着所有人声在管风琴的大力支撑下唱出了后一个音节"-cende"，马勒在此处的标记为"突然的动力"。随后，与最初"降临吧"主题相联系的第四主题出现了，这是一个宏大的、鼓舞人心的主题，这个主题将在交响曲第二部分中扮演更重要的角色：马勒向韦伯恩展示出的结构与精神之间的桥梁，既是调性的又是旋律的。在"爱"（amorem）一词如海浪涌起直抵浪尖之后，男童合唱首次加入 *。童声特有的那种明亮，穿透了饱满而活跃的合唱与管弦乐织体，就像一束穿过暴风雨云层的光。他们唱出的音符非常重要，因为他们的歌唱所勾勒出的旋律，与巴赫《马太受难曲》开篇那段合唱中男童声部首次进入时所唱的完全相同。在《马太受难曲》中，男童声部是从 G 这个音进入的，但是把他们所唱的音符转位为合唱的主音 E，其中的联系就变得很明显了。

谱例 5.5　巴赫《马太受难曲》开始的大合唱

O　Lamm　Got　-　tes,　un　-　schul　-　dig

谱例 5.6　马勒《第八交响曲》第一部分

a　-　mo　-　-　-　rem　　cor　-　-　di　-　bus

* 实际上这并不是童声的首次进入。马勒很切合实际地让男童的声音提前加入到合唱中，与"Accende lumen sensibus"（升起吧，理性之光）和"Infunde"（注入）这两句合唱的中音声部重叠，使他们有一些宝贵时间，在完全加入之前就寻找到自己的声音。

巴赫的合唱表达的是一种夹杂着对胜利的企盼的悲痛，预示着基督的受难与复活。马勒在这一点上则更倾向于精神上的最终胜利。当然，巴赫表达的也是一种明显的集体情感。同样复杂的对位与合唱队的轮流吟唱，让人联想到众多的心灵对同一信念的向往。在《第八交响曲》的慕尼黑首演中，肯定有很多人意识到了这一点，哪怕只是下意识的。

> 驱退我们的敌人，
> 赐予我们持久的和平，
> 你是我们的引路人，
> 带领我们避开一切恶魔。

此时，音调变得尖锐了。长号雷鸣般地发出一组组快速的七连音，与4/4拍发生冲撞，造成一种极富节奏感的湍流效果。与此同时，第一合唱发出刺耳的喊叫声"敌人"（Hostem），伴之以高亢的木管乐器、八支圆号和竖琴凄厉的嘶鸣，以及在管风琴上敲击出的和弦来加以强调。这场精彩的、精心构思的"混战"最终成功地在第二小节前两行"你是我们的引路人"（Ductore sic te praevio）回到主调。在这一点上，马勒通过一段激动人心的双赋格（基于两个主要主题的赋格）充分展示了他的巴赫风格：既使用了最初的"降临吧，造物主之圣灵"的主题音型，又使用了稍晚一些的"圣灵，造物主，降临"的次主题音型。用教科书的术语来说，这是一首非常正统的赋格曲，主要声部一直保持在主音（降E）或属音（降B）上，但写作的活力和力量让人感觉非常鲜活和原创。这部作品在创作风格上完全不属于新巴洛克风格，画面风格也完全不是古色古香的。马勒在暑假期间对巴赫键盘音乐的研究显然非常深入。巴赫的对位法成为他自己的音乐语言，并且在这部作品中使之发扬光大。

> 你带着七重礼物，
> 你是上帝右手的手指 *，
> 通过你，我们认识了天父，
> 认识了圣子、圣灵，
> 我们永远相信的圣父、圣子、圣灵 **。

*此处，马勒删去了赞美诗中"天父做了公正的应许，把我们的话语转化为语言"这两句。
**此处，马勒删除了"也"和"你也"两个词。

随着赋格的展开，赞美诗的下两段歌词被引入，并与上一段歌词交织在一起。马勒运用词序的典型方式，是让童声（男童）在七位独唱者（在《第八交响曲》第一部分中，第三女高音不发声）唱出"我们永远相信"（Per te credamus omni）之前，反复唱出"credamus"（相信）这个词，并与第六节第一行和最后一行的诗文汇合在一起。无论有意还是无意，马勒使用了七位独唱歌手，与赞美诗里提到的灵魂的"七重礼物"完美吻合——这是巴赫热爱的一种音乐数字符号，在他的作品——不仅是宗教音乐作品——中一次次地体现出来。随后，当主调再次转回到光芒四射的 E 大调时，歌词和音乐又都回到了"升起吧，理性之光"（Accende lumen sensibus），但这一次没有戏剧性的停顿，人声和管弦乐队紧密配合的动机模仿使音乐更为丰富。就在兴奋变得似乎无法持续的时候，所有七位独唱者的歌声上扬至"第二主题"的音符，此时正好唱出"降临吧，造物主"，而整个管弦乐队、合唱团以及管风琴，加上三对铿锵的铙钹，轰鸣般地进入再现部："降临吧，降临吧，造物主之圣灵"，就如我们在交响曲一开始就听到的。事实上，在这个乐章中有好几处，第一主题在主调上的回归似乎已经在暗示着再现部（无论马勒对施佩希特说了什么，他对古典奏鸣曲形式的态度要比他的双赋格技巧更为自由宽松）。但是交响曲开头的歌词和最初的主题在主调上的回归，以及随后大量的在音乐上的回归，为整个乐章增添了情感和智慧的力量。这完全可以和贝多芬《第九交响曲》第一乐章中那些激动人心的段落相提并论。在经历了漫长而复杂的冲突之后，英雄主义的主旋律带着辉煌的云朵又回来了。脆弱已成为过去，脆弱的人性已经被造物主的精神改变了。

> 把欢乐作为奖励赐予我们，
> 把恩典作为礼物赠予我们，
> 消解束缚我们的藩篱，
> 尽快与和平缔约。

当我们谈到期待中的"第二主题"的回归时，马勒对奏鸣曲式的非正统——或者在这种情况下说"创造性"更好——的态度再次显现出来。随着合唱队轻声吟唱"和平"（Pacem）与"持久的"（protinus）这两个词（由赞美诗第四节的诗文改写），低音木管乐器和弦乐的低音声部奏出与最初的主题相关联的"以天国的恩典使之丰盈"（Imple superna gratia），由此音乐稳稳地落在主调降 E 大调上。但接下来并不是传统意义上的第二主题的回归，而是一种对第一、第二主题进行扩展的对位沉思。这种对交响曲各部分音乐主题的整合，与马勒整合不同诗歌文本的方式是相吻合的。这并不是随意的，显然，重点在于"和平"是"赠予恩典"的结果。在祈祷"尽快与和平缔约"之后，传来更多"尽快，尽快"的呼唤，像压低嗓子驱退敌人的咒语，随后是坚定而渐强的"避开一切恶魔"。马勒从不同诗文中摘取和重新合成单词及短语的方式，表明他对拉丁语语法的掌握是非常到位的。马勒不太可能在学校里学了很多拉丁语，因此他对《降临吧，造物主之圣灵》文本的富有想象力的处理，是他成年后自我学习的勤奋和毅力的又一明证。

最初的"降临吧，造物主"的主题，现在由管弦乐队以雄健的模仿式对位法大步向前，并美妙异常地在 E 大调中展开：这是"升起吧，理性之光"的关键之处，也是通向第二部分的"过渡"。圆号吹奏出"降临吧，造物主"主题的前三个音符，就像在阿尔卑斯山谷间响起的号角的回声。山谷田园气氛是马勒《第六交响曲》和《第七交响曲》第一乐章的显著特点，在《第八交响曲》第一部分里难得一闻，而到了第二部分的开始，号角起到了改变音乐核心的作用。

荣耀归于圣父，

归于死而复生的圣子，

归于世人的慰藉者和庇护者，

直到永生永世。

　　正如在许多基督教的赞美诗中一样，《降临吧，造物主之圣灵》的最后一节，是对传统的三位一体——依次赞美圣父、圣子和圣灵的《荣耀经》的重构。然而让人感到惊讶的是，其中并没有提到基督的名字，就像在歌德《浮士德》第二部分结束的场景中一样。这可能正是这首赞美诗吸引歌德去阅读的特征之一。"死而复生的圣子"，稍加想象一下，就可以被认为这里是指灵魂升华了的凡人，也就是在《第八交响曲》第二部分中获得新生的浮士德本人。就像马勒的《第二"复活"交响曲》一样，赋予死亡和重生的概念一个人文主义的解释："不再颤抖！继续活下去！"

　　如是，就完全可以用韦德·弗里茨说的"再次充满活力"，来解释标志结束部开始时爆发的惊人的新能量，以及实际上的标记速度。结束部将第一部分所有的主要主题汇集起来，展开一场惊险的竞赛，从作为"过渡"的E大调最终回到壮丽的降E大调。男童率先唱出"荣耀"，应和交响曲最初的"降临吧"主题的头三个音符（谱例5.1）。两位女高音独唱以半速接过这个主题，将和声转入令人激动的占主导地位的降E大调。随即两个合唱队唱出强音"使荣耀归于，使荣耀归于圣父"（Gloria sit, Gloria sit Domino），这个主题与"降临吧，降临吧，造物主之圣灵"的主题相关联。sit 一词是马勒自己在赞美诗文本中加上的（赞美诗原文是 Gloria Patri Domino），这样，他就能使歌词完全与最初主题的节奏相匹配。在这欢欣鼓舞的浪潮中，同时还出现了"赐予我们恩典"的第二主题、"脆弱"的主题，随后经由男童合唱唱出，并由设置在舞台外的铜管乐器加强的"升起吧，理性之光"的主题，整个乐章达到了高潮的顶点。在这部交响曲中，马勒首次在舞台外设置了小号和长号，起到强调向第二部分音乐"过渡"的主题的作用。最后，马勒通过传统的"变格"（由下属和弦转为主和弦）节奏将我们带回到降 E 大调：换句话说，在传统上，双和弦节奏与礼拜仪式的"阿门"相关联——马勒应该非常清楚这一点。马勒正是这样做的：舞台外的小号和长号吹奏出与"圣灵，造物主，降临吧"相关联的主题，而《第八交响曲》的第一部分结束在雷鸣般的"肯定"中。

然而，就在第一部分结束前，还有一个细节值得细细品味，因为它展示了马勒如何创造性地转化他有时在自己的音乐作品中借鉴运用的音乐模式。此前，马勒的批评者们常常喜欢指出他的想法是如何受惠于其他作曲家的。这是一个非常虚假的论点，因为几乎每一位伟大的作曲家都从对他或她很重要的前辈那里汲取并转化过主题，有时甚至是整个结构。据说斯特拉文斯基就曾说过，优秀的作曲家不是模仿，而是从他们所欣赏的作品中"偷窃"。也可以说，模仿者只是借用，而小偷则把别人的全部财产都化为己有。在马勒这个例子中，反犹主义不时地出现：瓦格纳的论文《音乐中的犹太性》中最具毒害力的观点之一就是，犹太人不是原创的创造者，而只是他人思想的收集者。但在这里，马勒在他对"造物主之圣灵"的赞歌中，展示了一个真正的原创艺术家如何运用他从别人那里"偷"来的创意。贝多芬不朽的《庄严弥撒》中《圣哉经》的结尾部分，与马勒《第八交响曲》第一部分结尾一样，都是以变格的节奏结束，不过与马勒不同的是，它是以充满敬畏的很弱（pp）音来结束的。贝多芬的结尾从宁静的"阿门"开始，此时弦乐奏出了迅速上升的音阶，就像一股赞美的气息，直到乐章平静地结束。然而马勒对这一模式的转化，几乎使它变得难以辨认。当男童合唱与小号响起了"升起吧"的主题时，马勒使用了一个与"升起吧"相关联的令人激动的上升音阶序列，从男低音开始上升到女高音，一遍又一遍地重复。作为音乐形象，它像火焰般越升越高，对听众造成的影响——更不用说对演奏者和演唱者——可谓是压倒一切的。最后一次转到主音和弦的释放没多长时间。贝多芬的宁静的祝福被延伸和扩展开来，升华成巨大的、宇宙般释放出的浪潮。"偷窃"——如果说这是偷窃的话——导致转化。以此姿态，马勒的群体本身也开始转化，或者就像马勒自己在给指挥家威廉·门格尔贝格的一封信中说的那样："它不再是人类的声音，而是行星和太阳在运行。"

*

这里，音调和叙事风格完全转变了。复调，即"多音"，此刻让位于歌唱般的抒情。马勒的表达不是为群体，而是为奋斗着的个体，典型地体现在歌德《浮士德》中的个人。这是一种奇特的具有戏剧性情节的基督教赞美诗。马勒不是第一个将戏剧元素融入到"交响曲"中的作曲家。柏辽兹在他的"戏剧交响乐"《罗密欧与朱丽叶》中，对莎士比亚最著名的爱情故事中的场景早就进行过同样的处理，但与马勒不同的是，他对原著中的场景做了大量重写。柏辽兹在这部交响曲的"爱情场景"中，将戏剧台词"设置"为无词的、纯器乐的，这可能对马勒《第八交响曲》第二部分的管弦乐写作产生了很大影响，马勒似乎是在努力用器乐表达歌声，甚至是表达口语。器乐的色彩组合也发生了变化。在交响曲的第一部分中，除了引入的管弦乐插曲以及随后表达"脆弱"主题的乐段，器乐的色彩并没有发挥重要的表达作用，而只是倾向于支撑和扩充人的声音。而现在，它进入了最显著的位置：我们第一次在交响曲中听到了一系列全新的器乐音色，包括钟琴、钢片琴、钢琴、风琴和竖琴——尽管这些音色只是在乐章的后面部分才能感受到。

场景也转移到了另一个层面。这里不再是人类向上苍祈求圣灵的恩赐。我们现在就是在天堂。然而，马勒《第八交响曲》最引人深思的特点之一是，表现迈向天堂的那个乐段是整部交响曲中最黑暗的音乐。第一部分中的"脆弱"主题短暂投下的阴影现在变长加深了。要解释为什么会这样，并不比合理地讲清楚歌德的准基督教象征主义更容易。正如T.S.艾略特的名言所说，这里的黑暗是否增强了我们对光明的荣耀感？还是它在故事中扮演着另一个不算是从属地位的角色？根据里夏德·施佩希特的说法，马勒多年来就一直想在《浮士德》，尤其是诗剧中赞美圣母 /"永恒的女性"的赞美诗中设置这样的场景——几乎可以肯定的是，早在他遇见阿尔玛之前很久。这里真正重要的当然不是歌德的意图，而是马勒的做法。正如我们将会看到的那样，答案是复杂的，但肯定是一个更吸引人——或许还可以加上更真实——的马勒式答案。

第二部分：歌德《浮士德》第二部终场

（**峡谷** 森林、岩石、荒野。神圣的隐士在沟壑与山峦间上下攀爬）

这绝对是第一次：在马勒《第八交响曲》之前，还没有任何一部交响曲包括有这样一个舞台场景说明。当然，柏辽兹在他的《罗密欧与朱丽叶》中确实为"爱情场景"设定了地点，但没有像马勒那么详细的描述。确切说，马勒把歌德对场景的描述放在了人声开始进入的地方，而在此之前是在一段纯器乐的"介绍"。如果事先不知道这是一首交响曲，那么当你随意打开总谱，很容易得出结论：这是一部歌剧，而作曲家这也正是此处期待着舞台大幕的升起。事实上，管弦乐队已经在长达十分钟的强烈的音乐氛围里设置好了场景。

管弦乐前奏曲以小提琴在降 E 大调上空灵的高八度颤音开始，这是一段紧张的极弱音，以一对大镲悄悄碰撞的声音作补充。

低音部是大提琴和低音提琴的拨奏，清楚地表明此处是降 E 小调，是对第一部分中曾经渴望"升起吧，理性之光"主题所做的色调阴暗的变形。在此之上，长笛、单簧管、双簧管将哀怨的低音主题延伸，而小提琴继续着降 E 大调的颤音。实际上，此时音乐本身显然处在、而且一直坚定地趋向着降 E 大调。如果算上《第十交响曲》，马勒所有的交响曲只有一半是以同一调性开始和结束的。在所有马勒的伟大的交响乐前辈中，没有一位——哪怕是热衷于实验的柏辽兹——放弃过运用主调的理念。但《第八交响曲》从一开始，马勒就对调性采取了更前卫的态度，赋予他的交响曲以叙事戏剧的基本特征。他的《第一交响曲》开头和结尾都是 D 大调，但末乐章是以刺耳的 F 小调开始的，回到灿烂辉煌的 D 大调的漫长过程则如马勒所描述的，是"从地狱到天堂"的心理过程的重要组成部分。在第二、第四、第五、第七和第九交响曲中，这种调性和情感的递进思维延伸到整个结构上。这些交响曲都不是简单地以一个调性开始，以另一个调性结束。举例来说，《第五交响曲》开始时是升 C 小调，可是很快就偏离了主调，进入到新的调性范围，并在第二乐章转为 D 大调，但行进了一会儿又偏离了；然而只有到了末乐章，D 大调才最终被确定为交响曲的真正目标，第二乐章中隐约可见的希望才成为现实。在马勒其他的交响曲中，没有一部像《第八交响曲》那样始终如一地把调性固定在一个音调上。实际上，当其他管弦乐段落可能偏离至降 E 小调时，小提琴颤音不断地把我们带回到最初的降 E 大调或它的属调降 B 大调，这是《第八交响曲》第二部分管弦乐前奏曲中最引人注目的特点之一。马勒是否努力在强调这段荒凉的、寥落的音乐与第一部分结尾时雷鸣般的、涌动的、乐观的声音的连续性？无论他的意图是什么，在第二部分的前奏曲中，这种长时间持续的降 E 大调的颤音，确实制造了一种越来越强烈的期待感。甚至对那些因为在电影和电视剧配乐中反复使用这些段落而对音乐很熟悉的现代听众来说，也是如此。

与此同时，起初显得冰冷而多余的旋律，现在变得愈发热切，大提琴上扬的旋律表现出痛苦的惊人爆发。长笛和单簧管以简单的附点音符吹奏出三音符递进式升降音型显然是一个重要的"种子"动机，随后许多以这样或那样的方式写出的旋律，都是由它衍生而来。在木管乐器吹奏出一段长长的挽歌（偶尔有圆号的回响）后，音乐的节奏加快，小提琴将绝望推向高潮，近乎强烈的表现主义。第一部分"脆弱"主题的乐段中诡异的小提琴独奏，很快就被遗忘在音乐席卷的集体狂喜的浪潮中，而其中隐含的潜在的暴力，此时已经完全释放出来。当前奏曲再次回复到基于最初"升起吧，理性之光"主题的稍慢板节奏，祈求或抗议变成了哀叹。我们即将开始迈向"理性之光"的提升过程，然而音乐似乎在哀悼"理性之光"的失去，甚至是它的不可获得。这是马勒到目前为止写下的最痛苦的音乐之一：就音乐性格而言——如果不去考虑主题素材——将它放在《大地之歌》或《第九交响曲》中，听起来也不会有什么不合适的感觉，而两者却代表了马勒精神发展过程中非常不同的阶段。

前奏曲再次回落到降 E 小调，这一次是由低音单簧管、低音大管、大提琴和低音提琴合力奏出深沉的低音音符。随即是第一道闪烁的光。三支长笛的极弱音可以视作一段欢快前行的开始。它持续的时间不长，由附点音符引导出的音型（取自乐章开始时长笛和单簧管的旋律）很快就通过双簧管和小号，在大号和低音木管乐器上沉入漆黑的深处。降 E 大调颤音再次出现，伴随着阴郁的大提琴和低音提琴拨奏的"升起吧，理性之光"主题。乐队前奏曲至此结束。

合唱与回声　　山间林木摇曳，

　　　　　　　更有峰峦高耸，

　　　　　　　根茎盘错纠缠，

　　　　　　　枝干互依近靠。

　　　　　　　泉水竞涌喷溅，

　　　　　　　洞穴深邃安全，

　　　　　　　雄狮默默跟随，

　　　　　　　友好围绕身边。

　　　　　　　景仰圣洁之地，

　　　　　　　领受圣爱庇护。

读一下歌德的诗句。如果马勒的歌词与此相似，那可以忽略它。歌德的诗句传达了何种气氛与景色？当然是"荒野"的高山，这在舞台场景说明中描述得很清楚。但山洞是"安全的"，狮子是"友好的"——正如人们对"圣洁之地"所企盼的那样。然而，马勒的音乐表现出的是贫瘠、荒凉和险恶。阴郁的拨奏"升起吧，理性之光"主题如歌德笔下的狮子一样在低音区徘徊，但感受不到特别的友善之处。乐章开始时男歌手们唱出的圣歌改编曲，其附点音符音型具有一种原始的葬礼进行曲特质。大量休止符不时地打断合唱，给人一种歌手们不时在屏住呼吸的印象，是兴奋还是恐惧则由听众自己去感觉。只有在唱到"圣洁之地"时，音乐在柔和的降E大调伴随下呈现出一丝圣歌般的温暖。但这只是片刻。小提琴依然发出颤音，低音部拨奏的"升起吧，理性之光"继续迈着凄凉的步子，此时长笛、单簧管和独奏双簧管，随后是独奏圆号，发出了微弱的痛苦呐喊。似乎一切都没有改变。但实际上，上升的过程已经开始。

狂喜神父（上下漂浮）

> 永恒的欢乐火焰，
> 爱的纽带光芒四射，
> 胸中沸腾着痛苦，
> 沸腾着神之欢愉。
> 箭矢，把我刺透，
> 长矛，把我扎伤，
> 棍棒，把我痛扁，
> 闪电，把我射穿！
> 让这空虚的一切，
> 全被驱散殆尽，

闪耀的永恒之星，

永恒之爱的本源。

　　由木管和圆号发出的最后一声呐喊突然变高，逐渐增强，
男中音独唱（被称之为狂喜神父）在庞大的弦乐声部的热情支
持下自信地进入降 E 大调。狂喜神父在歌德《浮士德》第二部
分最后一场里三个男性神职人员中第一个出场。三个神父的出
现和诗剧中随后三个圣洁的女人的出现是平行的，她们被称作
圣母，也就是"永恒的女性"。狂喜神父的名字源于古希腊语
ekstas，字面意思是"站在自身之外"，或就是"自身之外"——
超越自身肉体的限制与神进行神秘的交流，就如歌德的说明所
表示的那样："上下漂浮"。马勒保留了这个说明。他的唱词，
"永恒的欢乐火焰"——《第八交响曲》在慕尼黑排练时大家
对马勒的昵称——暗示管弦乐前奏曲中呈现的主题，并将其转
化为某种明确而又令人难忘的东西。不仅如此，它的节奏"哒—
哒 - 哒 哒—滴 - 哒"，和歌德诗剧中很多重要的短语都很吻合。
马勒对这些主题材料的运用已被人与瓦格纳的主导动机手法相
提并论，但事实上，给它们贴上象征性标签的企图却被证明明
显不如瓦格纳的乐剧那么成功。"永恒的欢乐火焰"这句歌词
的旋律和节奏模式，与之前合唱中男声唱出的"山间林木摇曳"
很相似，但角色及其表象意义都已经发生了根本性变化。可以
想象狂喜神父的样子，半是欣喜半是敏锐，像一个崇拜圣人或
天使的古希腊人那般面露痛苦的表情。那些话近乎出自一个施

虐－受虐狂：他所祈求的痛苦因为具有净化灵魂的力量而受到欢迎，或是凭借自身力量就能使痛苦变为快乐？马勒的音乐似乎兼有这两种可能性。这段男中音独唱不断驱策向前推进，部分也受到"永恒的欢乐火焰"主题的推动。很显然，马勒此处对这一主题材料的运用，在本质上是交响思维的：它推动了音乐的行进，而不是为歌德的诗句增添一些细微的意义。同时，随着狂喜的消退，弦乐奏出一连串倾泻的下行音阶（如此前合唱唱出的"泉水竞涌喷溅"），小号重新吹奏出强烈而充满希望的"升起吧，理性之光"主题，传达了一种超乎于音乐之上的意义："升起"的概念此前是暗淡而沮丧的，而通过狂喜神父的代祷获得了新的力量。这是一个生动的例子，展现出马勒如何在他的《第八交响曲》（尤其是第二部分）中运用主题材料，巧妙地在抽象的交响乐思维与戏剧性的发展概念之间保持了出色的平衡。在某种程度上，这是一种极为自负的音乐思维，但在另一层面，它不仅仅是在讲述一个故事，它所呈现的是一种哲学。

当然，就像许多精彩的故事一样，这个故事也包含了诸多突然的逆转，其中一个就正在发生：

在深渊呼号的神父（在深处）

　　　　　脚下的岩石悬崖，

　　　　　坐落更深的深渊，

　　　　　千条潺潺小溪，

　　　　　聚成汹涌急流，

大树参天挺拔，

奋力向上入云天：

全能的爱亦如此，

它塑造养育万物。

周遭咆哮似雷鸣，

森林山岩起涛声，

烈焰坠落似电闪，

天朗气爽云清淡，

一扫胸中的污浊：

此乃皆为爱的使者在宣告，

创造之力源源涌动。

愿此亦能复苏我心，

纵然此刻冷漠凌乱，

苦于感觉迟钝的折磨，

犹如被紧缚着锁链！

主啊！请安抚我的思绪，

照亮我贫瘠的心田！

突然，主音又转回降 E 小调，在深渊呼号的神父那低沉的声音听起来就像他名字中"在深渊"的确切含义。这是《第八交响曲》中表达精神痛苦的最极端之处。歌德在场景说明中描绘的可怕的岩石深渊，被音乐转化成更具生存意义的东西。马勒热爱高山风景，当然喜欢这种令人敬畏的景色：在深渊呼号的神父描述了自己脚下令人眩晕的深渊——层层叠叠的深渊——三支单簧管和四支巴松管发出一组奇妙的颤音。但是，由宽广而向上跳跃的男低音独唱和小号传达出的"狂飙突进"，以及支离破碎的管弦乐乐句，其来源可不止于风景。歌德笔下的在深渊呼号的神父自信地断言，这些令人震惊的现象是神在疗愈的征兆，但马勒似乎让独唱者在绝望中拼命挣扎，寻求证实。他的话语更接近贝多芬《费德里奥》中那个因犯弗洛雷斯坦，在黑暗和被抛弃中呼唤他的妻子莱奥诺拉转瞬即逝的影像；或瓦格纳《特里斯坦与伊索尔德》第三幕里濒死的特里斯坦，不断注视着海平线上是否有船的影子，对那艘船会不会把他失去的伊索尔德带回他身边半信半疑。

　　马勒对这两部歌剧都非常熟悉：《费德里奥》是他最常指挥的歌剧之一，而他的《特里斯坦与伊索尔德》则是传奇。但弗洛雷斯坦和特里斯坦都是男高音。在这一点上，有一位歌剧男中音角色与马勒的在深渊呼号的神父更为相似，而且伴随着他痛苦的胡言乱语的音乐，尤其是小提琴大幅下滑的旋律与大提琴、低音提琴向上推进的回应，与《第八交响曲》也是惊人的相似。这就是安福塔斯，《帕西法尔》中的圣杯骑士之王。他因为背叛自己的神圣事业而受到伤口无法愈合的惩罚。安福塔斯对他身体所受的折磨，更重要的是他在精神上所受折磨的描述，是这部歌剧第一幕的黑暗核心。不管马勒可能对恩斯特·德西说了些什么，但安福塔斯给马勒留下的印象显然比他愿意承认的要深刻得多。瓦格纳在《帕西法尔》中对受伤灵魂令人不安而着力的描绘，是否引起了马勒的共鸣？我们有理由这样想。当我们考虑到马勒与弗洛伊德在 1910 年夏末的会面时，这些理由会变得更加清晰。

然而，与安福塔斯不同的是，在深渊呼号的神父获得了希望。当他完成最后的祈祷"请照亮我贫瘠的心田"时，之前暗示"升起吧，理性之光"的主题由小号和长号做了近乎完美的重述，平稳过渡到新的、更明亮的降 C 大调，或是随后转换成的 B 大调——而他告诉我们，地震、闪电和洪水"皆为爱的使者"的那一刻，是意料中的，意义重大。"永恒的欢乐火焰"主题此时在大提琴和圆号上热情呼应，开始了一段气势宏大而悠长的、快速的渐强。

（接下来是两个合唱团齐唱）

众天使（簇拥着浮士德灵魂翱翔于高空）

　　　　被得救即是高贵的生命，
　　　　摆脱邪恶回归精神之本，
　　　　"谁能奋斗不止，
　　　　便可得到救赎。"
　　　　确有爱从天而来，
　　　　护佑他的命运，
　　　　升天的人们迎接他，
　　　　怀着热忱欢迎。

升天童子 （环绕着最高峰）

> 手拉着手，
>
> 跳起欢快的圆舞，
>
> 兴奋地唱起歌，
>
> 满怀神圣的感情；
>
> 上帝的教诲，
>
> 你们当坚信，
>
> 汝等尊崇的，
>
> 必定能得见。

据说瓦格纳把作曲定义为"过渡的艺术"，果真如此，那他肯定会对马勒在《第八交响曲》第二部分里对过渡的设计印象深刻。在这一点上，马勒的选择——省略天使般的神父与升天童子的合唱之间的对话，是多么让人吃惊！歌德是用这段对话完成他的过渡，而马勒，则选择让音乐引导我们进入男孩子们天使般的圆舞之中。总体来说，《浮士德》第二部分终场的结构很容易用歌剧意义上的"数字序号"来设定，即一系列的咏叹调、合奏、合唱等。正如我们已经在深渊呼号的神父的独唱中听到的，马勒的歌剧院经历在此处的音乐上留下了印记。但马勒《第八交响曲》第二部分在总体上不是真正意义上的歌剧：那些不断发展的乐思，部分是由马勒对主要主题的娴熟发展而产生，部分是由马勒对主要主题的娴熟发展所引导，它们更多是交响性而不是戏剧性的，并且"数字序号"（段落）本身（当然不仅仅是独唱段落）具有更多的乐队歌曲的特性。考虑到马勒作为天才的歌曲作曲家的经历，以及他对歌剧院作为传达最崇高思想的平台越来越多的怀疑，这就没什么可奇怪的了。我们可以把《第八交响曲》第二部分看作是管弦乐歌曲套曲：歌曲本身通过管弦乐的过渡相连接，而管弦乐的过渡从独唱段落中出现并流畅地进入到下一个唱段中，从而自始至终保持了连续性。西贝柳斯将交响曲的展开比作河流的流向，适用于马勒《第八交响曲》第二部分，就像适用于他自己的《第五交响曲》的开头部分一样。在《第五交响曲》中，节奏适度的第一小节逐渐转变为稳步加速的谐谑曲。马勒《第八交响曲》首演 13 年后，亚历山大·策姆林斯基完成了他为女高音、男中音独唱和管弦乐队创作的《抒情交响曲》，其中印度诗人拉宾德拉纳特·泰戈尔的七首诗也类似地通过管弦乐的穿插连接起来。在某种程度上，策姆林斯基的交响曲显然受到马勒为女低音、男高音独唱及管弦乐队创作的"歌曲交响曲"《大地之歌》的启发，但在《大地之歌》中，歌曲是作为独立乐章呈现的。而论及过渡的艺术，策姆林斯基的样板无疑是马勒《第八交响曲》，这部作品在慕尼黑的首演给他留下了非常深刻的印象。

然而，马勒在这里设计的不仅仅是过渡到一首新的歌曲，而且还过渡到其交响理念的一个新阶段，这一阶段本身就体现了马勒所推崇的柏拉图《会饮篇》中的"精心设计的强度的提升"。一些音乐评论家指出，第二部分可分为三个差别明显的部分，或者可以叫作"乐章"，如交响曲的慢乐章、谐谑曲和终曲，尽管对谐谑曲在何处结束，"终曲"在何处开始有一些分歧。这个观点的本身即是对马勒的创作技巧河流变化般的特色的赞美（试图找出西贝柳斯《第五交响曲》第一乐章由适度的中板变为谐谑曲的确切地方也是同理）。然而，在第二部分的乐章类型和广泛的调性领域之间似乎确实有一些对应。慢乐章开始以降 E 小调为中心，但在深渊呼号的神父的独唱中，对降 C /B 大调的渴望越来越强烈。正是在这个调性中，女性的声音以明晰、果断的快板第一次进入第二部分，歌词是马勒那个年代每一位受过教育的德语使用者都应该知道的，就是歌德《浮士德》中最著名的诗句之一："被得救即是高贵的生命 / 摆脱邪恶回归精神之本 / 谁能奋斗不止 / 便可得到救赎"。毫不奇怪，马勒把这些词设置在"升起吧，理性之光"的主题中，表达的意思很明确：唯有奋斗，我们才能提升。跟随其后的是男孩子们的合唱，和他们首次进入第一部分时的调性一样，音乐转到了 B 大调。就马勒的整体哲学架构而言，所有这些给人的感觉都很完美，但这些设置的风格令人吃惊。人们自然会期望一位讲德语的作曲家对这些歌词给予特别的尊重，就像罗伯特·舒曼在他的《歌德的浮士德场景》中所做的那样。舒曼在 Gerettet is das edle gelled（《获救的高贵女子》）这一段营造了一个激动人心的合唱 – 乐队的渐强，人声在进入时模仿凯旋的小号。但马勒的设置却并不怎么虔诚和敬畏。可以想象，孩子们手拉着手，嬉笑着，腿踢得高高的，兴高采烈地迎接浮士德被救赎的灵魂进入天堂。此前管弦乐的色彩和织体还是阴郁或动荡不安的，此刻却活跃地闪着光、跳着舞。为了给两个合唱团增加失重感，避免使用乐队坚实的低音声部。我们不再在岩石和粗糙的树根间往上攀爬，而是在云间向下凝视。

马勒的设置轻松活泼——显然他拒绝把这个看得太严肃——确实意味着这些歌词的重要意义很容易被听者忽略。这在一开始可能看起来很奇怪：奋斗和救赎是马勒早期交响曲的核心关注点，事实上，它们是《第二"复活"交响曲》的核心内容。但是，正如马勒告诉里夏德·施佩希特的，他的目的是远离"主观的悲剧"，而提供"巨大的欢乐"。天使们和升天童子们很高兴地欢迎悲剧性的、努力奋斗的浮士德，但他们所做的没有超出谐谑曲的特质。在海顿和贝多芬把谐谑曲用作交响曲中的快速舞蹈乐章之前，这个词最初的意思是"笑话"。救赎也许能满足艰辛的愿望，但最终它只可能是神的恩典所为。

年轻的天使　　怀有神圣之爱的悔罪女
　　　　　　　手捧玫瑰，
　　　　　　　注视这宝贵的灵魂。
　　　　　　　帮助我们赢得胜利，
　　　　　　　达至那崇高的目的，
　　　　　　　花瓣飘洒，诸恶躲避，
　　　　　　　魔鬼沾身忙逃逸。
　　　　　　　恶灵感到爱之苦尤甚于
　　　　　　　惯常的地狱酷刑；
　　　　　　　即使魔王本人，
　　　　　　　亦受锥心之痛。
　　　　　　　欢呼吧！大功已经告成！

对于年轻的天使的合唱，马勒要求"从第一合唱团中选择音量较小的女歌手"。此刻音乐平静下来，弦乐轻柔地沙沙作响，木管乐器微微震颤，三角铁轻盈闪亮的敲击，但"scherzando"（诙谐地）的标记表明马勒不希望神圣的嬉戏气氛被遗忘。在女子旋律轻快的声线中，有一丝瓦格纳《帕西法尔》第二幕中鲜花少女的芳香和妩媚：与年轻的天使对话的"怀有神圣之爱的悔罪女"并没有放弃她们的感官享受——她们也不应出现在颂扬"世界的创造者厄洛斯"的作品里。玫瑰的概念强调了这个明显的非基督教的双重含义。在罗马天主教典籍中，玫瑰，至少自中世纪以来，一直是圣母玛利亚的象征，象征她的"纯洁受孕"，没有被性接触玷污；但在西欧文化中，玫瑰也一直是情色的象征——男性追求者传统上在情人节送给爱慕对象的礼物。

最终的喊叫"欢呼吧！"引出一个强劲而欢快的乐队高潮，就像此前基于交响曲主调降 E 大调的合唱一样，但是突然间，低音部下滑至 D 大调，如交响曲第一部分"脆弱"主题的乐段开始时那样，如此一来，就返回到与这个转变相关的不安的音乐上了，尽管木管乐器和弦乐不那么尖锐刺耳。引发这个转变的是魔鬼与冥界之间的对话吗？下一段合唱的歌词给出了解释。

较成熟的天使（女中音独唱与合唱）

然有尘事遗留，

仍需忍痛负重，

而且即便石棉，

也不可能纯粹。

精神之力强大，

会将诸种元素，

大小逐一排列，

灵魂与肉体

紧密相结合，

天使亦不能使其离析。

唯有永恒的爱，

能使它们分开。

较成熟的天使的合唱加入到柔和、朦胧、不和谐的和声中，这个和声出现在第一部分"强健我们脆弱的身体"中——它本身是交响曲开始"降临吧"主题的变形。人类的"脆弱"，软弱无力，再次成为焦点。最初伴随着这些诗句的令人不安的小提琴独奏的再现，凸显了"倒叙"的效果。这种联系对马勒的哲学程序至关重要。赞美诗《降临吧，造物主之圣灵》说到了需要用神圣的道德力量来使脆弱的人类变得坚强，歌德此处的诗句指出了人类"相关联的双重本性"，只有用"永恒的爱"来弥补。这里引用《浮士德》第一部分的一段诗文，很多马勒的听众也都知道：浮士德沮丧地哭喊道，在他内心里栖息着"两个灵魂"，不断相互争斗。一个向上渴望"远超凡世的原始天体"，另一个则沉溺于物质世界的"粗鄙"乐趣。玫瑰的概念所暗示的双重性现在表达得很清楚了。但就像第一部分中"脆弱"主题的乐句一样，充满希望的女中音独唱的加入，为音乐的前行指明了出路：仿效交响曲开始时那个词序颠倒的"降临吧，造物主"的主题再次响起，并随着自第二部分第一段合唱起男声的首次加入，速度再次加快。对人类的脆弱的思考是重要的，但不应妨碍提升的进程。

（此两段合唱与下面崇拜玛利亚的博士的前八行独唱同时唱）

年轻的天使　在高耸的山岩旁，

　　　　　我看见，

　　　　　情景激动人心，

　　　　　是活跃着的精灵。

　　　　　云散天清，

　　　　　走来一群欢闹的

　　　　　升天童子，

　　　　　摆脱了尘世束缚，

　　　　　聚成一圆形，

　　　　　在清新的春天

　　　　　与上界的荣耀中，

　　　　　自我欢愉。

　　　　　让此成为

　　　　　日趋完美的开始，

　　　　　加入他们的行列！

升天童子的合唱　我们愉快地接收，

　　　　　　　他尚处蛹的状态，

　　　　　　　我们确信成为

　　　　　　　保他安全的天使。

　　　　　　　快退去他身上

　　　　　　　包裹着的茧子！

　　　　　　　神圣的生命，

　　　　　　　使他美丽而伟大！

崇拜玛利亚的博士（在最高、最纯洁之所）

　　　　　　　此处视野无限制，

　　　　　　　精神又振作。

　　　　　　　有一群丽人，

　　　　　　　正飘然盘旋向上。

　　　　　　　其中一位尽显端庄，

　　　　　　　璀璨星冠露光芒，

　　　　　　　观此神采就知道，

　　　　　　　她是天国的女王。

谐谑曲部分的第三次高潮乐段，起自那段轻快的进行曲，由第二部分的管弦乐序曲中的三支长笛吹响，随着年轻的天使唱出"活跃着的精灵"笛声越来越强大，表明浮士德被救赎的灵魂已经准备好加入天国的宾客。然而灵魂只以"蛹的状态"存在；它尚未成为天使，从人类的不完美的"茧子"中解脱出来。但是当"年轻的天使"为浮士德宣告"清新的春天"来临时，钢片琴灿亮的响声第一次在交响曲中响起。马勒一如既往地根据他的哲学程序小心翼翼地挥洒着管弦乐色彩。在第二部分中，我们也是第一次听到了男高音，崇拜玛利亚的博士的声音。"博士"在拉丁语中是"老师"的意思，所以《浮士德》第二部分终场出现的第三位神父是向玛利亚传授知识的人。他出现得正是时候，因为圣母已经越来越近了，到目前为止，我们在这一部分中听到的男性主导的话语即将让位给女性："有一群丽人／正飘然盘旋向上"。这是《浮士德》第二部终场最引人注目的特点之一。而诗剧的第一部分以《天上序曲》开始，其中登场的都是男性。歌德将天堂中的女性描述为永恒的女性救赎者和情色的悔罪者，这受到一些现代女权主义作家的严厉批评是可以理解的。但在那个年代，不仅是三位一体，就连天使都是男性占主导地位，因此，"天国的宾客"的女性化是极具挑战的。

　　崇拜玛利亚的博士的进入标志马勒的过渡手法达到了一个新的高度。合唱被标记为"极强"，但崇拜玛利亚的博士唱出的第一个音符被标记为"弱"，仿佛是在很远的地方，但力量在逐步加强。他的声音渐渐浮出水面，宣告要来接受浮士德灵魂的天后越来越近了。音乐又回到了 B 大调，所以这段音乐也可以看作是谐谑曲部分的圆满过渡。但是崇拜玛利亚的博士缓慢的淡出（马勒希冀在现代音乐会演出和录音中使用麦克风）与谐谑曲的高潮部分完美融合在一起，使得将第二部分按结构分割成独立的乐章变得更加困难。接下来的音乐可能是整部交响曲中最美妙的过渡。

崇拜玛利亚的博士　　世间最高贵的女王！

让我，在广袤无垠的

蔚蓝色穹苍，

得见你的奥秘！

请允许我这颗被感动的心，

诚挚而温柔，

被你圣洁的幸福之爱，

吸引到你身边！

我们的勇气所向无敌，

只需你发出庄严的命令；

炙热之情也会消散，

只需你给我们即刻安抚。

崇拜玛利亚的博士与合唱　　最圣洁可爱的童贞女，

领受一切尊崇的圣母，

为我们所认定的女王，

与诸神并列共享荣光。

此时，"永恒的女性"被直接点明了。节奏与谐谑曲结束部分时相同，但随着崇拜玛利亚的博士的独唱，节奏开始放缓。调性是E大调，与第一部分"升起吧，理性之光"主题相关联，是《第八交响曲》两个部分之间的"桥梁"——主调音在这里再次起到了桥梁的作用。音乐依然是 E 大调，男高音向"荣光圣母"倾吐了他最撩人的赞美和恳求。但当唱出"炙热之情也会消散"时，调性又回到了交响曲的主调降 E 大调，而"安抚"确实开始在交响乐织体中扩散。接着，崇拜玛利亚的博士引领着合唱团，在他歌颂童贞女、圣母和女王的赞美诗中，从低音声部开始，在日益高涨的狂喜中上升到女中音声部。他自己的音域也上升到最明亮、最清晰的位置，在"女王"（Königin）这个词上达到高八度的降 B 音——确切说是男高音激动人心地聚焦到"Kö"这个元音上（马勒的歌剧院经验再次显露）。他的最后一行歌词"与诸神并列"是敞开的，其三全音的不和谐音悬而未决。无论有意还是无意，从基督教观点来看，马勒已经把听众的注意力引到歌德文本中最引人注目的非正统元素。这个玛利亚"与诸神并列"：在歌德的天堂里有异教神灵吗？这当然符合歌德的思想——似乎也符合马勒的思想。马勒删除了歌德原著里接下来的七行诗，因此合唱队立即回应了可能亵渎神灵的"与诸神并列"，直接赞美童贞女是"圣洁的"，允许"误入歧途"的灵魂"亲密地"接近她。

在崇拜玛利亚的博士的整段独唱中，不清楚《第八交响曲》第二部分是否仍处于谐谑曲阶段，或者是否事实上已经开始了"终曲"。与其教条地去判定是仍属于谐谑曲还是进入了终曲，不如简单地享受这种模棱两可的感觉不是更好吗？天后离得很近，我们几乎可以触碰到她。然而，她还没有完全到达。当她到达时，我们知道我们就真地进入天堂，也进入马勒"带来的巨大欢乐的"最后阶段了。

（荣光圣母飘然而至）

合唱　　不朽如你，

　　　　触不可及，

　　　　那些误入歧途者，

　　　　想要和你接近。

　　　　沉溺软弱中，

　　　　拯救何其难；

　　　　谁能凭借自身力，

　　　　扯断欲望之锁链？

　　　　路面尽湿滑，

　　　　跌倒实容易！

悔罪女的合唱　　你飘然飞升，

　　　　　　　　至天国玉宇，

　　　　　　　　听我们求祈，

　　　　　　　　你无可比拟，

　　　　　　　　你大慈大悲。

在崇拜玛利亚的博士结束他的独唱时，弦乐高音部在降 E 大调上
奏出由强至弱的和弦，圆号自信地吟唱着"升起吧，理性之光"
的主题。但几乎是立刻，和声又转回到 E 大调的主音上，可以听
到钢琴和竖琴奏出的一连串上升和下降的琶音——此前它们一直

在默默等待着提示。随后，在风琴和独奏竖琴柔和的伴奏下，小提琴以"滑奏"和"颤指"奏出一个长长的、宁静但极富表现力的主题。这段热情、甜美的旋律提醒人们，马勒也是伟大的威尔第的诠释者。同时，它还让人想起阿尔玛关于马勒被奥地利乡村简朴但虔诚的天主教堂所感动的说法。这就是音乐家和评论家们对《第八交响曲》分歧最大的地方：甜蜜的简朴，还是——正如一位杰出的作曲家兼作家对我说的——"无限度的媚俗"？这在很大程度上取决于听者的观点——甚至可能是偏见。英国社会学家、文学评论家理查德·霍加特针对这点有过一些具有挑战性的言论。有评论家指责乔治·奥威尔在《去维冈码头之路》（*The Road to Wigan Pier*）中对普通工人阶级生活的描写过于多愁善感，霍加特回应了这些批评。在对企鹅版《去维冈码头之路》引人深思的介绍中霍加特指出，这部小说首次面市后，一些评论家，即使对奥威尔挑战政治社会现实的观点很认同，但仍然批评他对英国工人阶级家庭日常生活的温馨描写。好像残酷的现实倒是好的，让他们烦恼的似乎是人类情感——温柔的，或爱——的表达。霍加特指出，"感伤"这个词经常出现在这类评论中。这是正确的吗？在奥威尔对他所遇到的人们的日常生活的描述中，有什么可疑的东西吗？或者说这是一种辩护，一种逃避的手段——一种躲避处理极为敏感的情感话题的方式？霍加特至少在大多数情形下确信是后者。马勒对孩子般渴望天堂"永远幸福"的甜蜜而凄美的描绘，或许对其他人来说也是如此。毕竟，无论我们怎么努力地试图压抑自己，我们中有多少人从未感受过类似的渴望？当一段音乐引起强烈的负面反应时，我们总是有必要问，真正的原因是否可能是它触及了听众某些敏感的东西，而他或她不愿意承认？

男声合唱此时吟诵的赞美诗，似乎是在悄悄地向圣母伸出手——尽管当唱到"人类的弱点"时，钢琴和所有竖琴突然迸发出三声尖锐的极强的（fff）和弦——"沙沙作响的声音"。钢片琴发出的颤音加入到钢琴中，女声也加入到男声中。赞美诗掀起了一阵巨大的狂喜浪潮，然后在最高潮处出现了"罪孽深重的女子"（即悔罪者），她是浮士德的旧情人葛丽馨，因被引诱陷入不可饶恕的罪孽中，但最终得到救赎。悔罪女之合唱，部分是其歌唱的回声，部分是其声线的支撑。堕落的女性匍匐忏悔的形象，在19世纪和20世纪初（男性创作的）文学和歌剧中，通常与色情相关联。但是马勒沉醉其中。因为这毕竟是一首从非常男性的角度来赞美爱神厄洛斯的歌。然而随着三位半历史半传奇的女性加入天国的人群，音调完全改变了，节奏也变得轻快（"流畅"）了。

罪孽深重的女子（Luke VII, 36）

> 以你的爱为受膏者
> 你信奉的神子涂足，
> 并以虔诚的泪水奉作香脂，
> 不去理会法利赛人的嘲笑，
> 那充盈的容器，
> 倾溢出甜美的芳香，

轻抚柔美的头发，

擦干圣子的肢体。

撒玛利亚妇人（John IV）

在那口亚伯兰曾经

放饮过牧群的水井旁，

在那只曾经凉爽过

救世主嘴唇的水桶边，

如今那里

泉水丰沛甘美，

纯净清澈且源源不竭，

流向整个世界——

埃及的玛利亚（《圣徒行传》）

那个最神圣的地方，

是主安息之所，

入口处有示警，

是把我推回的臂膀。

凭我四十年苦修，

纵是荒野信仰不变，

离别的祝福话，

已写在沙土上。

三女合唱　你虽罪孽深重，

　　　　　却并不遭排斥，

　　　　　忏悔应得鼓励，

　　　　　更能得见上帝。

　　　　　也赐予这善良的灵魂，

　　　　　她只是一时迷失自我，

　　　　　没有意识到这是罪恶，

　　　　　请当给予宽恕。

这里出现的三个女性两个来自《圣经》，第三个埃及的玛利亚来自《圣徒行传》，这是一部伟大的罗马天主教圣徒生平的百科全书，由耶稣会学者汇编，于17世纪首次出版，但是三百多年来得到了很大扩展和改编。"罪孽深重的女子"是"有罪的女人"（大概是妓女），在《路加福音》中为耶稣的脚涂膏。在中世纪有一个传统的说法，称这个不知名的女人实际上是抹大拉的玛利亚，她与耶稣很亲近，是耶稣受难后第一个发现空坟墓的人，因此也是第一个证明耶稣复活的人。很难说究竟是歌德还是马勒创造了这个等式——一个大罪人可以成为一个伟大的圣人——但这种身份识别对他们两都有吸引力。在《约翰福音》中，"撒玛利亚妇人"穆利尔·萨马瑞塔娜在井边与耶稣相遇。这个单纯的、显然没有受过教育的女人理解耶稣所说的，而前一章中有学问的宗教男性人士却不理解。这个说法意义重大。

至于埃及的玛利亚，她是忏悔者的守护神。根据传说，这位玛利亚曾过着一种极度放纵的生活，按《圣迹报》所说，是受"一种永不满足、无法抑制的激情" 驱使。直到看到圣母玛利亚的圣像，她深深自责，并承诺自己要在沙漠中过苦行隐士的生活。马勒在《第八交响曲》第二部分的开头，忠实地复制了歌德的舞台场景说明，告诉我们高山景观是"神圣的隐士"，男性隐士的领地。但这位女性隐士被允许接近天国的王座。音乐，如马勒在此处写的标记，是"流动的"。在前一段温润情色的赞美诗后，音乐也是异常清新，像春天般——毫无疑问，这是对撒玛利亚妇人与耶稣相遇的井中流出的"纯净清澈"的泉水的回应。它在情绪上更接近马勒《第四交响曲》第一乐章中孩子们欢快的列队行进，这首交响曲以马勒所称的"一个孩子眼中的天堂"结束，而伴随着的"埃及的玛利亚"的弦乐颤音特别令人回味。最后，三位女性组合成轻盈的三重唱，先是模仿此前小提琴"漂浮的颤音"的主题——效果更接近课堂卡农而不是巴赫式对位，最终又聚集成女性的团体，为新来的浮士德的灵魂祈祷。弦乐的颤音和竖琴的潺潺声由独奏曼陀林的加入得到了增强（马勒要求曼陀林部分稍后还要加强）。在第二部分开始近乎瓦格纳式的表现主义的黑暗之后，所有这一切都令人感觉轻松、轻盈，表现的不是北欧式的焦虑，而是托马斯·曼笔下的托尼奥·克勒格尔所描述的地中海南部"天鹅绒般的蓝天，令人陶醉的葡萄酒和甜蜜的感官享受"。在马勒的第二故乡维也纳的空气中，有时也可以闻到它释放的气味。

（往昔被叫作葛丽馨的女人悄然靠近）

悔罪女　请附身，请俯身，

　　　　　你是无与伦比的、

　　　　　光芒四射的圣母，

　　　　　请屈尊注视我的幸福。

　　　　　曾经的恋人，

　　　　　已洗清污垢，

　　　　　正回到正途。

升天童子（围成圆圈靠近前来）

　　　　　他已然超越我们，

　　　　　四肢强壮，

　　　　　我们悉心照料，

　　　　　他必丰厚回报。

　　　　　我们早就离开，

　　　　　芸芸尘世众生，

　　　　　此人学得甚多，

　　　　　他会教给我们。

那个悔罪女（往昔人称葛丽馨者）

　　　　　他被高贵灵魂的歌咏围绕

　　　　　这位新来者却并无意识到，

他几乎没感觉到新生的生命，

且看他如何挣脱尘世的束缚，

从昨日的旧皮囊中解脱，

先前的青春气息

自超凡的衣裳中发散出来，

让我对他稍加开导，

新的一天令他晕眩。

这是《浮士德》第二部的结尾部分，歌德把"罪孽深重的女子"标识为葛丽馨。现在是由她在为浮士德求情了，她描述了发生在他身上的新的自我救赎，"以蛹的形式"从他自己"旧日的臭皮囊"中颖脱出来。完整读过《浮士德》的读者可能会问她或自己，浮士德到底在哪里经历了必要的忏悔过程。在此前一幕（指第五幕 - 宫殿 - 宫中宽敞的前院——译注）中，他最后的话语洋溢着对自己"不可磨灭"的成就的满足和自豪。马勒作为《浮士德》的热爱者对此应该很清楚，但他在此处关注的不是那个老年浮士德，而是被新的一天目眩的"新生命"：孩子在全能的、宽恕一切的母亲的慈爱目光中快乐地醒来。音乐欢快地抛开了此前的一切。悔罪女唱着她的祈愿"请俯身，请俯身，你是无与伦比的"，伴随着小提琴在结尾部分开始时奏出的沉醉的旋律，但现在好似天真的民歌一般在歌唱。而当"升天童子"的歌声加入时，我们或许可以把自己想象成站在马勒的位置上，就像在《第八交响曲》慕尼黑首演上成功地指挥着他的音乐部队。首演的目击者告诉我们，马勒特别喜欢参加演出的男孩合唱团——或者更确切地说，童声合唱团。也许当他们唱到"此人学得甚多／他会教给我们"时，马勒让自己享受了片刻的自我放纵的快乐。

葛丽馨的独唱以一种自信的渐强达到最后的高潮，音乐与第一部分开始不久颂扬的乐句"以天国的恩典使之丰盈"相同，在那里它达到了顶峰，不是企盼中的降 E 大调乐观的韵律，而是令人惊讶地滑入阴暗的"脆弱"乐段。但这一次，它在一个清晰、宁静的降 B 大调中静静地歇息着：节奏非常慢，并且伴随着钢片琴晶莹剔透的高音。圆号和小号悄悄地模仿着吹出"升起吧，理性之光"主题。降 B 音很自然地回落到主调音降 E 上，渐慢并渐弱。重大的事将要发生。

荣光圣母 来吧！请上升到更高境界，

他感觉到你，会随你而来。

到目前为止，我们只听到七位独唱者，但片刻之后，第八位，另一位女高音加入了天堂宾客的行列。马勒并不要求这位歌手的水准要比其他两位女高音更高，但她必须能唱出最弱音。需要面对的挑战是——尤其是因为这位歌手的演唱没有热身机会（如果她一直在舞台上演唱，那会有）——马勒给了她达至独唱最高潮的选择，让她缓慢飘升到最高音降 B，而不是直接唱那个音。而随后的效果很明显：如果有一个一流的歌手和一个善解人意的指挥家，这可能是《第八交响曲》中真正的情感高潮。把荣光圣母像额外增加的铜管乐器一样安置在舞台外已经成为一种传统。这不仅是一种激动人心的戏剧性表演；这也意味着歌手可以在后台为这一刻做好声音上的准备，然后在这段关键的独唱之前悄悄到位。

当荣光圣母"非常甜美"（dolcissimo）的歌唱加入进来时，她两次吟诵了歌德的"来吧！"（Komm！）。通过重复这个词，马勒把它与第一部分开头的"降临吧，降临"联系在一起，但在声音方面，它与巨大的管风琴强化的惊叹相比是另一种极端：钢片琴继续着它柔和闪亮的颤音；长笛和竖琴的和声在此处是精心设置的与葛丽馨"你是无与伦比的"相关联的主题音符；弦乐兴奋地搅动了片刻，随后又沉寂下来。第二合唱团的男声部轻轻地重复着"来吧！"，然后，崇拜玛利亚的博士再次站在舞台中央，唱出他最后的宣告。

崇拜玛利亚的博士（庄严，膜拜）

> 脆弱的忏悔者
>
> 以救恩的目光仰望，
>
> 因了这幸运的命运，
>
> 心怀感激改变自己。
>
> 你所有更加美好的想法，
>
> 皆会鼎力相助！
>
> 童贞女、圣母、女王、女神，
>
> 永远护佑我们。

马勒在崇拜玛利亚的博士男高音部分的第一句唱词的上面，复制了歌德的舞台说明："面露崇拜的神态，匍匐在地"。或者更确切地说，是"面露祈祷的神态"，但对于一个歌唱家而言，按照字面意思去做会是十分灾难性的。这是一种情感姿态的象征：在"永恒的女性"降临之前，崇拜玛利亚的博士是最后一位歌唱的男性独唱者，而且他必须以一种完全自我克制的崇敬的态度来歌唱。他的开场白与他对忠实信徒们的教导是一致的："仰望"，由第二合唱团反复唱出的"来吧！来吧！"作为衬托。随着第一波巨大的浪潮的退去，与狂喜神父"永恒的女性"相关的主题又回来了，它那永不停息、奋力争先的特性因与"仰望"一词的结合而得到增强。崇拜玛利亚的博士急切地反复呼喊着"永远护佑"冲向顶点，达到又一个令人激动的高八度的降 B 音，合唱支撑着"仰望"的张力。和声更加热烈、甜美，调性由 E 大调的主音做最后一次提升，然后速度加快。管弦乐队独自引领着压倒性的高潮。高音小号尖叫着，四支长号以极强音吹出具有开创性的三音符"降临吧，降临"的主题。这是《第八交响曲》中极度欢乐和痛苦的时刻：可能浮现在我们脑海中的是基督被钉在十字架上的形象。这是自我牺牲之爱的痛苦与狂喜的最高表达，也可以将其理解为纯粹的受虐。但无论何种在主导，这都是一种暗示：马勒关于天堂的情感世界非常复杂，易受诸多不同著作的影响。

长号的主题再次响起，但速度减慢一半，强度逐渐减弱。钢片琴、钢琴和竖琴散射出雾状的色彩，慢慢融化成一汪平静的池水，此刻我们来到让安东·韦伯恩感动的"平静而温柔"的乐段。

钢片琴、钢琴、竖琴、风琴以及弦乐高音区的和弦让人联想起一幅平静水面的音画，阳光在水面反射出宝石般的粼粼波光。与此相对，独奏短笛吹起了一首优美、高亢的歌曲，就像儿童的风笛。在一段时间里，它是宁静的形象——但随后乌云遮住了太阳。涟漪停止了，无声的小号和长号发出了安静但痛苦的不和谐的声音，欢快的短笛曲调被听起来更加紧张的高音单簧管所取代。在这种时刻，在明显的幸福之中，音乐似乎在问："这是真的吗？""这些自我反省的时刻是非常微妙的——当然，很大程度上取决于如何诠释它们——但其中的辛酸也可以足够真实。"它令人不安地接近尼采的《查拉图斯特拉如是说》中的一句令人难以置信的话，据说是在达至最高精神境界时脱口而出的："哦，破碎！破碎，我的心！在经历了那么多快乐，和那么多痛苦之后！"

神秘的合唱　　世事本无常，

　　　　　　皆一譬喻；

　　　　　　无法实现者，

　　　　　　于此成真；

　　　　　　不可言传者，

　　　　　　已尽完成；

　　　　　　永恒的女性，

　　　　　　引导我们飞升。

不管人们如何看待前面的管弦乐段落，从情绪的角度来看，这是马勒掌握过渡艺术的又一个极好的例子：娴熟地引领着进入到最后"神秘的合唱"的开始部分。两个合唱团按马勒的标记"wie ein Hauch"（像呼吸一样）以 ppp（极弱音）进入。勋伯格在1911 年为纪念马勒而创作的钢琴作品《六首小曲》（Sechs kleine Stücke）中的最后一首也使用了这一标记。合唱开始部分唱词的主题是狂喜神父的独白"永恒的欢乐火焰"，和崇拜玛利亚的博士敦促他的同伴们"以救恩的目光仰望"。合唱以优美的旋律和缓慢的节奏向上升起——或者说，是高音部旋律线在上升。低音部旋律线却在下降，与先前管弦乐段落挥之不去的含混不清保持一致，渐弱的和声显得模棱两可，尤其是唱到"Gleichnis"（譬喻）时的转折：它可以被理解为快乐地放弃，但也很容易被理解为悲叹。高亢的第一女高音和第二女高音之间惊人的声音交替，就像浮士德欣喜若狂地投入天后的怀抱，但它也有一种诡异、刺耳的特质。随着竖琴旋动的琶音和悬浮在上闪闪发光的钢片琴的再次加入，气氛明显变得明亮起来，男声启用了先前与葛丽馨"请俯身，请俯身"相关联的音型，并狂喜地呼喊"永远！永远！"。渐渐地，管弦乐队（除去舞台之外的铜管乐器）全体进入，像"永恒的女性"一直引领我们向前那样，直到管风琴的轰鸣声加入，所有人声重复"神秘的合唱"的开始两行和最后两行。在整首交响曲中，舞台外的铜管乐器在合唱呼喊出最后一行中的"上升！"时再次加入。这个重合的降 E 大调和弦实际上是整个第二部分中唯一一个几乎所有乐器都同时被听到的时刻。舞台外的小号和长号吹出增强的、赞美诗般的交响曲开场那个"降临，降临吧，造物主之圣灵"主题，与舞台上的铜管乐器形成呼应。最后是另一个强有力的变格终止（由下属和弦转成主和弦）的"阿门"，小号上升到令人毛骨悚然的高音 C，然后和声回落到主音降 E 上。三音符"降临，降临"的主题由舞台之外的小号和长号吹响，它的最后一跃上升得更高。最后，马勒——这位"上帝，抑或魔鬼"，用一个强有力的降 E 大调和弦，结束了他对被称为"世界的创造者"厄洛斯的赞美。

第六章　身份问题

> 他常这样说："我是一个三重意义上的无家可归者：
> 在奥地利我是土生土长的波西米亚人；在德国人眼里我
> 是奥地利人；对这个世界而言我是犹太人。无论在哪里，
> 我都是一个不受欢迎的入侵者。"[1]

这是古斯塔夫·马勒诸多最著名的言论中的一句。必须记住，它是由阿尔玛提供给我们的——与阿尔玛有关就值得我们去问：在她所说的背后是否有任何隐藏的议题。当然可以肯定的是，对马勒的朋友们——无论多么亲密——的任何评论或意见，或多或少也可以有此一问。马勒这句话广为流传的原因之一是，对于许多热爱马勒的人来说，这句话显然确实如此。有足够的证据表明，马勒无论在哪里安家，都觉得自己是一个外乡人——除非是在他所热爱的阿尔卑斯山，只要有可能，他就选择在那里作曲。但是被疏远的"入侵者"的形象肯定更接近马勒自己所说的前七部交响曲的"主观的悲剧"，而不是他宣称的《第八交响曲》的特质："巨大的欢乐的源泉"。当然，这一切都取决于人们是否以马勒关于《第八交响曲》的说法为准。也许相反的情形在这里也

适用——在此种情形下，他们如何在《第八交响曲》中感受到这些不同的家乡感和无家可归感？

马勒上面那句话列出了四种可能的身份：波西米亚人、奥地利人、德国人和犹太人。关于第一种身份我们应该谨慎对待。我在研究中从来没能找到马勒说自己是波西米亚人的另一个实例。我还在他的音乐中努力寻找确切的波西米亚（相对于通常意义上的捷克）风格的元素，但给我的印象往往是模糊的或是有偏向性的。马勒知道一些捷克民间旋律。作为成年人，他对捷克语也有基本的了解。1860 年 7 月 7 日，马勒出生在当时的波西米亚的一个叫卡利什特（Kalescht，如今叫 Kalesste）的贫穷村庄，但他只有几个月大的时候，全家人便搬到邻近的摩拉维亚省一个更大、更繁华的小镇伊格劳。伊格劳镇本身主要讲德语，这是由于大量奥地利人移居于此，以及德国劳工的涌入。再加上规模可观的奥地利兵营的存在，让这个小镇有一种奥地利帝国前哨的感觉。而且由于环绕小镇的双重防御工事，使这块土地上的人的民族身份更模糊、更矛盾。马勒的朋友、后来的编年史作家圭多·阿德勒回忆说，伊格劳镇是"民族主义汹涌海洋中的讲德语的岛屿"。[2] 或许，把"奥地利土生土长的波西米亚人"说成"维也纳外乡人"更确切。马勒的朋友安东·布鲁克纳就是土生土长的上奥地利农村人，也深受维也纳人的大都市势利之苦。

但其他三种身份——奥地利人、德国人和犹太人——确实很重要，其原因将在本章其后的内容中详述；更重要的是，每一种都可以说与马勒《第八交响曲》的特征相关联。也许我们还应该加上第四种身份，这个身份不是根据种族来定义的："在任何地方都是入侵者"。因此，我们现在可以从四个不同的角度来看待《第八交响曲》：奥地利人、德国人、入侵者——"无家可归的"外乡人——以及贯穿这三种身份的"无论在哪里都是犹太人"。强调后者至关重要，因为——由于种种原因——一些马勒的传记作家倾向于淡化马勒自我意识里的这一重要方面。甚至在他一些最亲密的伙伴的回忆中，"犹太人身份"这个影像也是摇忽不定的。指挥家奥托·克伦佩勒是一个皈依天主教的犹太人，晚年又回归了犹太教，他观察到马勒发现自己同时受到反犹主义者和犹太爱国者的攻击，于是从"无家可归者"的角度冷漠地看待这两个阵营。但在阿尔玛·马勒的《回忆与书信》中，却出现了一个出乎意料的坦率叙述——之所以出人意料，是因为阿尔玛在其他地方，几乎从未试图掩盖她（可能是）随意的反犹态度。在介绍马勒的亲密朋友齐格弗里德·利皮纳时，她最终把他称之为"写作中冒牌的歌德，谈话中又像个讨价还价的犹太人"。[3] 但随后在谈到马勒本人时，阿尔玛给出了一个令人难忘的描述。她告诉我们，"犹太人的问题"让马勒非常困扰。他经常成为反犹主义者攻击的对象——尤其是在维也纳的媒体上——有一个特别的事件给他留下了痛苦的印记。1897 年，马勒被任命为维也纳宫廷剧院总监时，马勒非常崇拜的瓦格纳的遗孀柯西玛曾试图阻止对他的任命，理由仅仅因为他是犹太人（柯西玛·瓦格纳的反犹主义态度可能和她丈夫的反犹主义一样恶毒，她更不愿意因为马勒的才华而破例）。阿尔玛再次强调某种罗马天主教的神秘主义仪式对马勒的吸引力，而与此相反的是，她坚持认为犹太宗教仪式"对他没有任何意义"：

> 但马勒并不是一个自欺的人，他知道人们不会因为他对犹太教持怀疑态度，并且接受过天主教洗礼，就忘了他是犹太人。他自己也不愿忘记这一点，甚至经常要求我在他过分地指指点点时提醒他，因为他也讨厌别人这么做，认为这是没有教养的。没有人敢给他讲犹太人的笑话；他们这样做会使他非常生气。确实就是如此。[4]

马勒反复要求阿尔玛监督他的动作，以防有人认为他太过犹太化，这样会让他非常难堪。但这里至少有一个值得怀疑的说法。阿尔玛声称犹太宗教仪式"对他没有任何意义"，我们该如何理解呢？正如诺曼·勒布雷希特在他的《追忆马勒》（*Mahler Remembered*）中指出的那样，有大量证据表明年轻时的马勒与伊格劳新建的犹太教堂有着密切的联系。马勒的父亲伯恩哈德是伊格劳社区委员会成员，他的母亲玛丽亚显然是非常虔诚的教徒，毫无疑问，她也鼓励已经长大的大儿子奉献同样的虔诚。马勒的学校成绩报告显示他在摩西律法的研习方面成绩优异，还有一份报告说他12岁时在伊格劳犹太教堂举行的庆祝女大公吉塞拉婚礼的音乐会上演奏钢琴。37年后，这位女大公出席了《第八交响曲》的首演。伊格劳犹太教堂的记录没有被保存下来——可能是在1938年3月纳粹吞并奥地利后被销毁了。但很有可能，马勒的成年礼——传统上是在 12 岁——就是在上面提到的举办音乐会的犹太教堂里举行的。在那里，他也许听到了很多的犹太音乐，而且我们不难辨认出他的《第一交响曲》第三乐章里生意盎然的东欧犹太乐曲的舞蹈旋律和节奏，或他的《第五交响曲》第一乐章葬礼进行曲中由弦乐轻轻哀叹的犹太民间哀歌。把这两段音乐放在一起听，我们可以感受到马勒对他的遗产有着痛苦的矛盾态度。人们很难不注意到这种从温柔到尖刻的讽刺的突然转变——抑或是两者同时发生？克伦佩勒说得不完全对：马勒确实是一个"入侵者"，但无论他觉得自己是哪种人，他都是一个犹太局外人。

由此，我们对马勒有四种不同的身份"认知"——奥地利人、德国人、入侵者（"无家可归者"）和犹太人。这些如何在《第八交响曲》中表现出来呢？想要把这些弄清楚，我们先从"德国人"这个身份开始。

献给祖国的礼物

马勒关于他的《第八交响曲》的一个说法让他的一些评论家感到困惑：他将这部作品称为"Geschenk der ganzen Nation"（献给整个祖国的礼物）。[5]继而马勒还称其为"巨大的欢乐的源泉"，由此直接把这部作品与贝多芬《第九交响曲》，特别是与其结尾的"欢乐颂"相关联。在贝多芬的席勒文本中是"献给全世界的吻"（Diesen Kuß der ganzen Welt），而马勒是向"整个祖国"（der ganzen nation）献上他的吻。很明显，他在这里特指德国。马勒是德国民族主义者？这似乎不太可能。但我们可以辩称，马勒认为《第八交响曲》中有一些特别的德国元素。首先，在交响曲更宏大的第二部分中有一个背景，就是那位标志性的德国著名作家和思想家的标志性文本的最后一部分。我们已经了解到马勒与歌德有多么密切的联系，甚至熟记《浮士德》第二部分的一些段落。马勒应该很清楚，在这方面他不是唯一的一个，至少在20世纪头十年，受过教育的使用德语的人群中不是。对更为广大的德意志世界的许多人来说，特别是在刚刚统一的德国领土上，歌德的作品是这个年轻国家最值得骄傲的文化展示。歌德的成就本身的广度就令人敬畏：诗歌、小说、戏剧、文学和美学批评，植物学研究、色彩理论，并且从33岁起，他就在魏玛宫廷成为一位很活跃、很有影响力的职业政治活动家——由此，歌德被认为是一个无所不能的人。是那种"万能的人"（Universalische Mensch），或者更确切地说，虽然"万能的人"这个词被认为是不分性别的，但德语中 mensch（人）是一个阳性名词。尽管到1910年，歌德已经去世了将近80年，但他的地位和他在那个时代的"存在感"仍然很高，和以往一样重要。对一些人来说，歌德更像是一个先知而不是一个艺术家：他在《浮士德》第二部分中，不是以近乎法医鉴定般的精确，预言了工业革命之后人类社会的发展方式吗？在人们看来，工业革命是一个划时代的事件，其影响远比法国大革命更重要更深远。自从这个新生国家在1870—1871年的普法战争中大获全胜以来，对法国的看法和创新的轻描淡写，在德国已经成为一种时尚。

到 1910 年，歌德已然成了一个具有宗教意义的人物。仅举一例：当马勒在为他那部以浮士德为中心的《第八交响曲》首演做准备时，哲学家、神秘主义者、神志学（你也可以把这个叫做伪科学）创始人鲁道夫·斯坦纳正在为他的 1500 个座位的歌德纪念馆做第一个设计，这是一个教堂式的艺术设计和感官效果的综合体，很自然，是献给那位"万能的人"的。1910 年的某个时候，斯蒂芬·茨威格因为见到歌德的医生沃格尔博士的女儿而感到"眩晕"。茨威格后来发展出一种描述感受那些与身处英雄世界和奥林匹亚世界顶峰的人有过某种身体接触的人的天赋——"没有什么比那位老太太的脸更让我激动不已的了，她是在世的人中最后一个见到歌德本人的人。也许今天轮到我成为最后一个可以说'我认识一个人，她的头被歌德的手温柔地抚摸过'的人了。"[6] 这种崇敬并非知识精英所独有。记得在我最早的一次德国之旅中，我遇到一位老人。几杯啤酒下肚后，他给我讲了一件出乎意料的有趣事情，说在他的中产阶级家庭里，贝多芬《英雄交响曲》结尾那段音乐被用作赞美俾斯麦；而歌德的半身像，就如在其他无数德国人的家庭中那样，被放置在最受尊崇的地方——钢琴的上面。

接下来我们来看第一乐章的文本，公元 9 世纪美因茨大主教拉巴努斯·毛鲁斯所写赞美诗《降临吧，造物主之圣灵》。毛鲁斯被誉为"德国的导师"，是民族主义崛起的叙事中德国文化认同的关键人物。美因茨位于莱茵河东岸，大约在莱茵河德国境内河段的中部，长期以来一直被认为是抵御来自西部的，特别是来自法国的攻击的重要战略要塞。1840 年，当法国总理阿道夫·梯也尔坚持认为法国应该拥有莱茵河的左岸，就像拿破仑统治时期那样，诗人尼古拉·贝克尔用后来成为德国文学中最著名的诗句之一的"德国的莱茵"（Der deutsche Rhein）作为回应。这首诗后来被称为"守望莱茵"（Die Wacht am Rhein），其经久不衰的流传因在 20 世纪被纳粹宣传者们大肆利用而臭名昭著。它的诗句是极端爱国主义的写照：

> 他们永远也无法拥有，
> 自由与德国的莱茵，
> 尽管有着乌鸦的贪嘴，
> 也只能尖叫到嘶哑。

马勒对这些会全然接受吗？他几乎肯定知道舒曼为贝克尔的诗写过作品，而且很可能，这首诗从他学生时代起就伴随着他，当时他是所谓的"佩纳斯托弗社"（Pernerstorfer Circle）的一员。这个团体还包括马勒终身的朋友和知识导师齐格弗里德·利皮纳——其名字就是一个具有启示意义的犹太 / 德国民族主义的混合物。佩纳斯托弗社是倾向于德国的民族主义团体，而不是倾向于种族和语言混杂的奥地利帝国。尽管它们的意思显然是"大德国"，但是"大德国"在这种境况下，与其说是一种地理—政治倾向，不如说是一种文化理想，它包含了所有德语国家和地区。对于这些年轻知识分子来说，伟大的德国文化体现在瓦格纳、叔本华和尼采的作品中。马勒在维也纳音乐学院毕业后不久，开始与佩纳斯托弗社的理念保持距离。在他自己的成熟作品中，在他的朋友和同事的回忆中，很难找到马勒公开的、带政治性质的言论。无疑，一些奥地利"德国"民族主义者日益高涨的反犹主义态度影响了他的改变，然而，正如卡尔·尼凯克在他那篇精彩的论文《马勒的歌德》（*Mahler's Goethe*）中的权威性论述的那样，这是马勒学生时代的民族主义遗留下的遗产：在他一生中特别关注的是德国文化，而不是奥地利"特殊主义"——无论是民族主义梦想还是政治现实，多民族的奥地利帝国的命运与"德国"的命运是完全分离的。对马勒来说，还有像瓦格纳的汉斯·萨克斯的"神圣的德国艺术"。鉴于此，贝多芬《第九交响曲》和《庄严弥撒》、巴赫《马太受难曲》和瓦格纳《纽伦堡的名歌手》序曲在他的《第八交响曲》第一部分中的调用，以及盛行在交响曲中的错综复杂、雄健、流畅的对位——这些技艺在巴赫和瓦格纳的作品中都达到了最高水平——似乎是对萨克斯的著名训诫的直接回应：

> 不要轻视师傅们，
> 你该尊重他们的艺术！

对现代读者来说，大家都知道当纳粹窃取了"神圣的德意志艺术"的概念并使汉斯·萨克斯的"尊重你的德国大师！"（Ehrt eure deutschen Meister！）变成政治史上最令人反感的概念之一后，德国和奥地利的犹太人遭遇了什么！这听起来可能非常牵强，但看看马勒（非犹太人）的拥护者里夏德·施佩希特的结论：

> 他完全是德国人：在他的文化精神中，在他的客观与自律中，在他对自己所接受的秩序的服从中，除了为自己所选择的事业，他没做任何别的事——这完全就像理查德·瓦格纳所描述的德国人……更不用说渗透在他交响曲中的那些植根于德国的土地，植根于母亲土壤的民歌元素了。[7]

施佩希特也注意到了马勒的"犹太人特征"，但显然认为这些特征与马勒的德国性没有任何矛盾或冲突。在《维也纳与犹太人：1867—1938 年文化史》（*Vienna and the Jews : A Cultural History, 1867-1938*）一书中，作者史蒂文·贝勒指出，在马勒时代受过教育、有教养的维也纳犹太人中，对德国文化和政治认同的偏好高于对奥地利文化和政治的认同。正如卡尔·尼凯克所观察到的，许多歌德研究的先驱都是犹太人。他引用了《超越犹太教的德国犹太人》一书作者乔治·L.莫瑟的话。莫瑟声称歌德对个人自由的强调和矛盾感受，对民族主义、对德国或其他方面的矛盾感情，以及他对"教化"——不仅仅是思想的教育，而是对整个人类的教育——的信仰，使他成为被同化的犹太人的文化偶像而更具吸引力。尼凯克回忆起阿尔玛·马勒对齐格弗里德·利皮纳的描述，称其为"冒牌的歌德"，以及他说话的方式如何像一个"讨价还价的犹太人"。阿尔玛使用了动词"goetheln"（谈论歌德）和"mauscheln"（操犹太德语）——这是用一种轻蔑的方式来鄙视那些被认为糟蹋了德语的犹太人。这两个词的相似之处表明，阿尔玛在心目中把这两个词联系了起来：犹太人既糟蹋了那位魏玛圣贤的语言，也糟蹋了他的表达方式。或许这里有嫉妒的成分——就像反犹主义者常会这样。从阿尔玛的作品和谈话记录来看，在对歌德和德国文学的总体了解上，无论深度还是广度，她都似乎远远不如利皮纳，而她的丈夫也清楚地意识到这一点。

马勒为自己的交响曲和歌曲选择的文本——歌德、尼采、吕克特、经典的德国民歌集《少年魔角》——具有高度的象征意义：所有这些都是德国的，标志性的德国的，而不是奥地利的。如果马勒倡导理想的德国文化观念，超越以歌德为代表的现代德国有血有肉的现实，他会在尼采的著作中找到充分的依据。以下是那位哲学家在《瓦格纳事件》中谈到的对这个问题的看法：

> 我们知道歌德在伪善的老处女一般的德国的命运。歌德在德国人看来总是不免有失体统的，只有在犹太女人们中间，他才拥有真诚的钦佩者。席勒，"高贵的"席勒，总是在德国人耳边发出连篇大话，——这人才合德国人的心意。德国人指责歌德什么呢？……然而首要地，高等少女发怒了：德国的全部小宫廷，形形色色的"瓦特堡"，都在歌德面前画十字。都在歌德那"不洁的精神"面前画十字。[8] *

*孙周兴译《瓦格纳事件》，商务印书馆 2017 年 1 月版，15—16 页。

甚至是瓦格纳，尽管他充满热情的民族主义，也会悲剧性地误认为他所召唤的那个人和自己一样吗？尼采在他最后的作品《瞧，这个人》（*Ecce Homo*）中说：

> 这本书的开头部分是在首次拜罗伊特节日会演那几周当中完成的；对于当时我周遭的一切事物的一种深度陌生感，乃是这本书的前提之一……我是在哪儿呀？我认不出什么了，我几乎认不出瓦格纳了。我陡然地在自己的记忆中搜寻……发生了什么事啊？人们已经把瓦格纳转化为德国的了！瓦格纳信徒成了瓦格纳的主宰！——德国的艺术啊！德国的大师啊！德国的啤酒啊！……实际上，则是一个令人毛骨悚然的团体！……其中不乏怪胎，更不缺反犹主义者。——可怜的瓦格纳啊！他身陷何方了！——但愿他不至于混入母猪群里！其实却是在德国人中间！ [9]

* 孙周兴译《人性的，太人性的》，摘自《瞧，这个人》，商务印书馆 2016 年 4 月版，92—94 页。

还记得《帕西法尔》在拜罗伊特音乐节首演后马勒的评论吗？——"这不像是瓦格纳的作品，而像是瓦格纳弟子的作品"——这听起来像是读过《瞧，这个人》的人。马勒可能并不像尼采那样对统一的现代德国极度厌恶，但尼采认为，德国最伟大的艺术中有某种东西超越了平庸的日常现实——在歌德、贝多芬甚至瓦格纳身上——这肯定会对他产生影响。

神圣的德意志艺术，一个精神上的德国，远远超越了普鲁士统治的"德意志帝国"或奥地利哈布斯堡王朝坚硬的现实？马勒对这种理想德国的迷恋、肯定，或至少在某种程度上，源于它的"差异性"。当他在维也纳的学生时代，与佩纳斯托弗社圈子的同志们一起歌颂歌德、叔本华、尼采和瓦格纳时，这种情况肯定是存在的。奥地利皇帝弗朗茨·约瑟夫不热衷于鼓励任何基于语言或种族的民族主义。他的帝国在一定程度上承认多样性，即使在鼓励任何形式的族群认同的政治方面都划出了界限：还有谁会愿意统治一个包括有捷克人、斯洛文尼亚人、马扎尔人、斯洛伐克人、鲁塞尼亚人、塞尔维亚人、罗马尼亚人，当然还有各处的犹太人的庞大帝国？

考虑到这一点，就更容易理解马勒的年轻朋友，犹太人作曲家阿诺德·勋伯格对 1921 年夏天那段令人很不愉快的经历的反应。当时，德国与奥地利在第一次世界大战战败后，民族主义情绪呈现出灾难性的高涨。当时，勋伯格正与家人一起在位于萨尔茨堡附近的奥地利著名度假胜地马特湖畔度假。显然，他在那里亲身经历了一场以前从未在公共场合见过的反犹主义示威游行。他在 7 月 16 日写给他的朋友，以前的学生阿尔班·贝尔格的信中，以他特有的苦涩的幽默对此作了描述。然而只过了两天，事情变得越发糟糕：

> 最后，马特湖畔的气氛变得很糟。人们似乎对我的音乐

有多了解，对我就有多鄙视。对我们来说，看似除此之外好像什么都没发生。但工作之外的一切都是那么的令人不快。而在那里，你只能接受。[10]

勋伯格说，除了敌意的表达，其他什么都没有发生，事情果真是这样的吗？ 13 年后的 1934 年，他提到了这一事件。他告诉一位美国的拉比斯蒂芬·S. 怀斯，他在马特湖的真实经历是遭到一群敌对的人有身体接触的驱赶。勋伯格已经证明了自己是一位具有非凡勇气和决心的艺术家，他以毫不妥协的激进的作品探索可怖的精神深处，如独幕独角剧《预知》（Erwartung，又称《期待》）和无法归类的《月光下的彼埃罗》（Pierrot lunaire），也称《疯子彼埃罗》，一部"朗诵唱"与室内乐合奏的作品。在寻找似乎比在弗洛伊德诊疗室中更适合表达情感的方法的过程中，勋伯格有效地创造出一种新的"无调性"语言：音乐没有调性，或者没有任何最终休止的感觉——不和谐的紧张感直至音乐结束时都未得到缓解。这些创作使他承受了强烈的敌意，其中许多或多或少带有反犹主义因素。但在马特湖的经历似乎深深触动了他的心。从历史的后见之明来看，勋伯格那时的反应似乎是反常的。可以理解的是，在某种程度上，这坚定了他重拾犹太人身份和遗产的决心。但另一方面，这也使勋伯格更加敏锐地意识到他的德国性，以及他想将自己置于伟大的德国音乐传统之中的愿望。对现代读者来说，也正是这点，让他们心中的不安开始逐渐增加。在勋伯格当时的著作中，他对其他文化的音乐不屑一顾，并将其与伟大的德国音乐的天堂般的力量来做鲜明对比。勋伯格告诉我们说，只要一想起音乐，唯一不由自主出现在他脑海里的就是德国音乐（他指的是德国和奥地利的音乐，"大德国"的创造）。虽然其他民族的音乐可能会通过巧妙的、操控性的技巧获得世俗的成功，但真正的德国音乐永远追求更高的境界："它总是能抵达天堂，而世俗的成就感只能靠技巧来夸耀。"[11] 到了第二年，勋伯格的仇外情绪甚至达到了一些迫害他的人的程度：他声称在那些可悲的拉丁人、俄罗斯人、匈牙利人、英国人和美国人的音乐中所发现的，都是对丰富的德国艺术的拙劣模仿。他说，他们都想努力变得聪明，却只让他想到马戏团小丑和醉鬼的愚蠢。开始，人们可能会觉得很可笑，或者可能会同情，但这种感觉很快就变成勋伯格本人作为真正的德国艺术鉴赏家的愤怒和厌恶——在那个时刻，他的语言会明显流露出对那些艺术中愚蠢的猿类的厌恶。

迫切需要进行某种反击。勋伯格对他在马特湖所经历的伤害做出的明确反应是一种近乎疯狂的英勇的反抗行为。差不多就在同时，他终于完成了他最著名、也是最受攻击的创新：十二音序列。在这个系统中，12个半音阶的音符保持着恒定的顺序，每一个都是"等号中的第一"，通过重复相互联系，从而创造出一种音乐逻辑，挑战了传统的调性结构，或至少使之变得多余。同样是在1921年那个决定性的夏天，勋伯格向他的学生约瑟夫·鲁弗大声宣布了他的这项创新。他说："我这个发现将确保德国音乐在接下来的100年里保持至高无上的地位。"[12] 这句话此后所带来的悲剧性讽刺意味是如此的多面性，要对其进行剖析可能需要单独另写一章。

没有记录表明马勒是否经历过勋伯格在马特湖所经历的那种可怕的事情。无论如何，勋伯格向世界展示他的十二音体系时所表现出的好斗精神与马勒的"献给整个祖国的礼物"相去甚远——而且勋伯格几乎不可能认为他的任何一部十二音作品是"巨大的欢乐的源泉"。但也许马勒的《第八交响曲》和勋伯格在 20 世纪 20 年代和 30 年代早期的音乐有一个重要的共同点：它们都向当时的德国展示了一个形象。无法明说这个形象是什么，而只能说它可能是什么。

*

但马勒的听众中有多少人得到了这样的信息——如此迫切地将德国文化的形象传达为一种"神圣的"、超然的东西，是否与1910 年扩张的、野心勃勃的德意志帝国的现实相符？圭多·阿德勒在他研究古斯塔夫·马勒的专著中提到了德国剧作家兼小说家格哈特·豪普特曼对此的反应。豪普特曼断言，马勒的天才尤其体现了"德国音乐的伟大传统……他具有德国大师的守护神性格和强烈的道德本性"。[13] 总的来说，这听上去确实像是对这样一种说法的认可，即马勒《第八交响曲》赞美的是德国文化的理想，而不是现代德国的现实。然而，报纸上报道的讲德语的马勒的狂热爱好者和讲法语的马勒的批评者在火车上的斗嘴，确实表明有些人把马勒的"献给整个祖国的礼物"看得更明显，特别是在与帝国的传统敌人交战时。还有一些人，我们稍后会看到，对

《第八交响曲》的反应更接近于阿尔玛·马勒对齐格弗里德·利皮纳的"谈论歌德"和"操犹太德语"的嘲笑。对于那些来自德国以外的人——尤其是法国人——理想的歌德式国际主义的启示似乎在很大程度上被丢弃一旁。法国在 1870—1871 年普法战争中令人震惊地战败后，法德关系不出所料地恶化了。1815 年拿破仑·波拿巴在滑铁卢的最终失败是一场耻辱，但在战略上，它只是让法国人被迫回到了自己的地盘。但是普法战争以不可想象的方式结束：德国军队真的开进了巴黎，接着普鲁士国王威廉在凡尔赛宫宣布自己为新统一的德国皇帝！法国对德国的怨恨一直在好几代人中蔓延、发酵，这种怨恨也表现在一些著名艺术家对德国文化主题的表达中。不光是那些著名的艺术家。1910 年的早些时候，当马勒在巴黎指挥他的《第二交响曲》时，现场一名听众大喊"À bas la musique allemande！"（打倒德国音乐！）。阿尔玛还回忆起演出中一个尴尬的时刻，她注意到作曲家克劳德·德彪西、保罗·杜卡斯和加布里埃尔·皮埃内三人在交响曲演奏到第二乐章的中段时退场。后来这三位作曲家陷入了尴尬境地，结结巴巴地说这个音乐对他们来说"太舒伯特式"了。对于这些挑剔的高卢绅士来说，舒伯特不仅仅是"太维也纳式"了，它甚至是"太斯拉夫式"[14] 了。显然，《第二交响曲》在公众中的成功远远不足以补偿马勒因这些评论而受到的伤害。

太外国了，太维也纳了，太斯拉夫了。难道这三位杰出的人物在这里有点避而不谈，他们真正想说的是"太德国化了"吗？几个月后，在《巴黎日报》的一篇文章中，德彪西觉得有必要公开他不参加马勒《第八交响曲》首演的原因。首先，他显得很恼火地说，他没有被邀请。但无论如何——德彪西不耐烦地继续说—— 为什么法国人应该比德国人热爱法国音乐更热爱、理解德国音乐呢？德彪西提到最近一期的巴黎《费加罗报》上发表的一篇发人深省的评论，文章宣称，从"政治的"角度来看，选择慕尼黑作为《第八交响曲》首演地是有道理的——想象一下，他会如何理解马勒所说的《第八交响曲》是"献给整个祖国的礼物"这个说法！德彪西接着说，无论如何，慕尼黑可敬的市民们对法国艺术并不感兴趣："人们来听法国音乐只是出于礼貌。或许，他们会以那种令人难以忍受的德国式礼貌鼓掌"。[15] 就连德彪西都无法忍受德国人的掌声！但是，更富有同情心的作家罗曼·罗兰也表达了同样类似的疑惑——正如我们所见——对他来说，舒伯特主义是马勒最吸引人的特征之一。显然，这是在听了，也是在看了马勒指挥贝多芬《第九交响曲》后所明白的一切："最重要的是，我担心马勒已经被关于权力的观念可悲地催眠了——这些想法是今天所有德国艺术家的首要目标……他想成为贝多芬或瓦格纳。但他错了，因为他缺乏他们的平衡能力和巨人般的力量。"[16]

"关于权力的观念"——贝多芬的《第九"合唱"交响曲》、瓦格纳的《指环》、布鲁克纳和马勒的交响曲、理查·施特劳斯的歌剧和交响诗中所要求的空前的力量和时间尺度，以及马勒在指挥贝多芬《第九"合唱"交响曲》时所使用的巨大力量：对某些法国人来说，这一切都是德国人渴望新的权力的表现。无论法国作曲家在法国大革命期间和庆祝拿破仑第一次战争胜利的活动时呼唤出的巨大力量，或是柏辽兹要求参加其规模宏大的《安魂大弥撒》1837年演出的人数达到数百人；现在轮到德国人发号施令了。从音乐的角度来说，法国人憎恶这种做法。

当然，这不仅仅是在音乐上。如今，马勒对西贝柳斯的断言"交响曲必须像整个世界。它必须包罗万象"这句话，通常在引用时不会去考虑它在1910年时听起来是什么意思。正如托马斯·曼的儿子、历史学家戈洛·曼在《1789年以来的德国历史》(*The History of Germany since 1789*）中指出的那样，到那时，德语单词"Welt"（世界）已经有了一个新的、更不祥的意义。这是帝国时代，世界上的主要大国相互竞争，尽可能多地占领世界，以获取其经济资源。德国是大帝国博弈的后起之秀，急于弥补失去的时间。戈洛·曼说，这有助于解释为什么"世界"这个词现在成了那么多德语名词的前缀：世界都市柏林、德国的世界地位、德国的世界贸易、世界政治、世界历史，还有最不祥的，世界强国。1896年是现代德国建国的纪念日，德国皇帝祝贺自己和人民帮助建立了一个不仅仅是德意志帝国的国家。它已经成长起来，展开了它的翅膀和它的经济、军事的触角——它已经成为一个"Weltreich"（帝国），一个"世界帝国"："我们成千上万的同胞生活在地球上遥远的各个角落。德国货，德国知识，德国人的勤劳，漂洋过海。德国船只运载着价值数百万的货物。先生们，你们肩负的重要职责，是帮助我将这个大德意志帝国与我们的祖国紧密地联系起来。"[17]在这个背景下语言产生的共鸣，人们似乎能够理解埃米尔·古特曼取的绰号"千人交响曲"对某些人来说就带有令人不安的政治色彩。还记得《音乐世界报》一位法国记者在看到马勒集结的"军队"站在慕尼黑舞台上，呈现出典型的日耳曼军人的准确性后的反应吗？对他的一些读者来说，这可不是开玩笑。

然而有必要强调的是，在1910年，许多欧洲人仍然认为欧洲的战争是"不可想象的"——就如历史学家埃里克·霍布斯鲍姆在《帝国时代：1875—1914年》（*The Age of Empire : 1875–1914*）中这样宣称。直到1890年俾斯麦被解职之前，这位德国总理、这位多边外交棋局的终极大师，一直致力于维护欧洲大国之间的和平，以玩世不恭的本事挑拨它们之间的关系。诚然，在1907年，即马勒完成《第八交响曲》的第二年，所谓的"三国同盟"，即法国、英国和俄罗斯，与德国和奥匈帝国签订了协约，但正如霍布斯鲍姆所说，三国同盟让英国的敌人和盟友都感到"吃惊"。事实上，在19世纪，英国和普鲁士之间的关系并不紧张——英国与普鲁士军队在1815年的滑铁卢战役中合作，最终打败了拿破仑的军队，这是众所周知的。1895年，奥斯卡·王尔德笔下的布雷克奈尔夫人在《认真的重要性》（*The Importance of Being Earnest*）一书中说，"德语听起来是一种完全令人尊敬的语言"——对这样一位以单一语言而闻名的国家的代表性人物来说，这是相当大的让步。正如霍布斯鲍姆所指出的那样，这种态度在英国，甚至在"超级普鲁士"建立之后的一段时间里都很盛行，这个"超级普鲁士"现在自称为德意志帝国。[18]而另一方面，法国是长期的敌人。拿破仑死后很长一段时间，坏脾气的英国男孩子常被一种叫"老骨头"的可怕物种（一种玩具）所吓唬。虽然法国到 20 世纪初，已经无法像大革命时期，或像波旁王朝头 200 年里那样进行大规模的侵略，但法国和英国之间的摩擦再度上升，主要是对同一块殖民地领土的争夺。当德国贪婪地注视着英法崛起的帝国权力和影响，急切地要求拥有自己在"阳光下的位置"的时候，情况就变得更加危险。法国长期以来也是德国憎恨的敌人。几个世纪以来，也就是说，在 1870—1871 年之前，德国领土更是频繁地成为法国侵略的对象，而不是相反。那么英国呢？德皇本人有一半英国血统，终其一生，他都对自己母亲的国家怀有强烈的爱恨情仇。英国当然是一个强大的帝国，但是大英帝国的形成并非偶然，而是努力的结果。那么，天才而有效率的德国人难道不能取得更好的成就吗？要是这个令人憎恶的对手能够被诱导下台（或被排挤下台）？代替在几个世纪里随意获取领土（就像大英帝国那样）的做法，现在轮到德国来正确地显示该怎么做了："殖民主义要致力于"——一个狂热分子这样写道——"以牺牲其他弱小国家为代价，无情而坚定地壮大自己的国家。"[19]

我们真能相信马勒接受了这一切——哪怕只是无意识的？《费加罗报》的评论把选择慕尼黑作为《第八交响曲》全球首演的地点，说成是出于政治目的考量的明智之举，但从马勒自己的说法来看这更像是权宜之计——慕尼黑节日大厅是当时世界上为数不多的可以应付那种大场面所需的场馆之一，更不用说埃米尔·古特曼所希望达到的观众人数规模了。而且，即使在维也纳有合适的场馆，那里根深蒂固的反对马勒的情绪也会大大削弱它的吸引力。

马勒的文化"民族主义"最显著的特征之一——假如确实可以用"民族主义"这个词——是它很少带有政治色彩。如果是对"神圣的德国艺术"的热爱,那么这种热爱和对任何神圣事物的热爱一样,往往与"真实世界"背道而驰。可能很多人会觉得马勒这样做很天真,但事实就是如此。正如我们所看到的,马勒心系大自然,尤其是他心爱的、把他与现代世界隔离开的阿尔卑斯山,在那里他可以"独自活在我的天堂、我的爱、我的歌中",就像他在那首凄美的歌《这个世界把我遗忘》中告诉我们的。我们可以想象,马勒完全认同华兹华斯1807年写的一首著名的十四行诗《无题》中的情感,这首诗是为了抗议俾斯麦大力号召德国人民努力加快自己国家的工业化进程而写的:

> 这尘世拖累我们可真够厉害,
> 得失盈亏,耗费了毕生精力;
> 对我们享有的自然所知无几,
> 为了卑鄙的利禄,把心灵出卖! *

* 选自《华兹华斯抒情诗选》,杨德豫译,湖南文艺出版社1996年版

这就是马勒。据说孩提时,他为躲避家里的不愉快,曾在伊格劳镇周围的森林中自己走迷失了好几个小时(有一次是真的)。他在自己的音乐中,不仅模仿鸟鸣和潺潺的溪流声,而且还有牛

铃的声音。宁静的自然意象与他的《第六交响曲》中刺耳的军队
进行曲形成了鲜明对比。正是马勒，非常珍视歌德名著第一部分
中浮士德的伟大独白：

你为我的王国赋予了奇妙的自然

感受她，享受她的力量，而不是

我在冷冷的惊讶中得到了允许，但也承认我凝视着

像朋友的心一样深深地扎进她的心里。

你引领着所有生命的舞蹈

在我面前，叫我认识我自己

兄弟给寂静的树木，给空气和水。

当暴风呼啸而过，巨大的冷杉轰然倒下，

邻近的树枝和树干都被压碎了

山上轰隆轰隆，轰隆轰隆，

你带我到安全的洞穴，然后给我看

我对自己和那些深奥的奇迹，秘密

我自己的心向我敞开。[20]

　　正是这个人，憎恨商业主义——正是这种商业主义加剧了欧
洲大国和未来的大国对"领土和影响力"的渴望——并痛恨它对
艺术世界的影响。最重要的是，这位艺术家对伟大的德国人文主
义传统的崇敬，显然与瓦格纳更为公然的民族主义思想相距甚远。
卡尔·尼凯克认为，马勒选择歌德的《浮士德》作为《第八交响曲》

第二部分的文本，含蓄地在德国文化史中确立了自己的地位。当他意识到在这个文化中起作用的各种民族主义趋势时，他甚至准备采用他们的一些语言和符号。但他自己的倾向是完全不同的。无论马勒作为作曲家和指挥家多么崇拜瓦格纳，也无论他对20世纪末维也纳和其他国家对瓦格纳日益狂热的崇拜做出了多大贡献，瓦格纳的文化和种族理论是另一回事。正如尼凯克所承认的，瓦格纳的反犹主义是一个议题，马勒很少去面对这个议题，但不需要做太多的研究，凭直觉就能感觉到他是如何面对这个问题的。歌德认为为《浮士德》作曲的最佳人选是贾科莫·梅耶贝尔，这真是令人着迷的发现！梅耶贝尔的犹太人身份——毫无疑问，更因为他在歌剧舞台上的巨大成功——使他成为瓦格纳等一些反犹主义者恶毒攻击的目标。即使马勒不知道歌德选择梅耶贝尔，他也会很清楚隐藏其背后的这种思维。尼凯克说得对，这种思维在作曲家尊崇的其他智慧英雄身上也可以找到：比如荷兰犹太哲学家巴鲁克·斯宾诺莎，或是（在其崇高时刻的）弗里德里希·尼采。也正是出于这种思维，致使勃拉姆斯在写给一位同行的信中，谈起他的《德意志安魂曲》（作于1857—1868年）的早期演出时，承认说如果他思考得更多一些，他会用"人类"这个词代替"德意志"。这似乎表明，对勃拉姆斯来说，这两词在某种程度上是可以互换的。如果这话让现代人听起来感到不适，那么请记住，勃拉姆斯认为自己的艺术和知识的血统属于"德国"。新教改革始于德国。正是在德国这块土地上，天主教的政治力量受到了第一次成功的挑战。马丁·路德翻译的《圣经》（勃拉姆斯这首安魂曲使用的文本）立即帮助定义了仍在发展中的德语，并标志着《圣经》不再只是受过教育的精英的财产，而向大众开放这一过程的开始。伟大的许茨、巴赫和亨德尔等人的新教音乐作品都在《德意志安魂曲》中留下了印记，他们延续着使信仰由神秘化走向民众化的过程。巴赫的《马太受难曲》和亨德尔的《弥赛亚》等作品也重新强调了基督的人性：一个真实、受苦的人，而不是一个神秘的象征。这就为人文主义信仰的出现提供了肥沃的土壤，并最终出现了勃拉姆斯《德意志安魂曲》里那种明显的怀疑论和人文主义的灵性。

尼凯克的结论很符合这种精神。当我们思考马勒如何看待自己的知识血统时，德国人——人类，或至少是德国人——人文主义者的等式是有意义的。正如尼凯克所写的，"斯宾诺莎、歌德和尼采也代表了德国文化历史的轨迹，这与瓦格纳的轨迹截然不同。马勒在他的作品中所设想的比瓦格纳心中的更现代、更多样化、更包容"。[21] 尼凯克认为，马勒的方法是表明他渴望以不同的方式来解释传统，并通过更具批判性的暗示，把自己与那些更为传统的民族主义同代人区分开来。尼凯克说，这也就部分解释了为什么马勒在我们这个更加注重多元化意识的时代如此受欢迎。

鉴于斯宾诺莎是荷兰人，在上一段引文的开头用贝多芬的名字代替也许会更合适。无论如何，尼凯克的断言是否过于积极乐观？如前所述，对马勒这位作曲家，我们得时时记住贝多芬的那句话："有时候反过来也是正确的。"但关键在于，在马勒的著作和记录评论中，有大量证据可以证明尼凯克的说法。而相反的立场或观点并没有——马勒有意或无意间流露出的种族排他性、领土侵略性等德国民族主义倾向——至少是没有发现。勋伯格那种轻蔑的文化排他性与马勒完全格格不入。在马勒指挥纽约爱乐乐团的音乐会节目单上，包括并计划包括的作曲家有拉丁人、俄罗斯人、英国人和美国人，他们的音乐创作后来被勋伯格认为是如此可笑和令人厌恶。在这一中心点上，尼凯克是正确的：马勒的文化世界观确实比瓦格纳心中的任何东西都更"包容"，更不用说瓦格纳的民族主义崇拜者了。

无论如何，对马勒和他在慕尼黑的非凡成功的反应已经开始。谣言在一些民族主义者的圈子里开始流传，说对《第八交响曲》的狂热反应是被富有的犹太支持者煽动起来的。一些德国和奥地利报纸的评论或暗示，或在一些情况下公开支持这种观点。更令人沮丧的是，出席慕尼黑首演的作曲家马克斯·雷格尔，也在这种合唱里添加了自己的声音。他抱怨说，"马勒事件"正在成为一个问题。雷格尔对典型的"闪米特人鼻子"的拥有者进行旁敲侧击的攻击，说这些人天生只支持马勒，是因为他们自己迫切地想要成为伟大的作曲家。雷格尔试图用一种近似美学的观点来美化他的抱怨。他断言，马勒的音乐缺乏"风格"。如果没有风格，他就不可能成为伟大的作曲家。作为对瓦格纳臭名昭著的《音乐中的犹太性》的呼应，他给马勒贴上了他"那个时代的梅耶贝尔"的标签——对瓦格纳来说，贾科莫·梅耶贝尔是一个典型的犹太准艺术家。他剽窃并综合别人的创意，而不是想出一些真正原创的东西。雷格尔告诉我们，"他们都拥有闪米特人的高智商，都使用夸张的情感手段，但都绝对缺乏任何风格。"甚至马勒在慕尼黑的巨大胜利也被用作对他不利的证据："正如歌德所说：'那些在每个街角都被歌颂的艺术有祸了'"。[22]

对于今天的音乐爱好者来说，雷格尔声称马勒的音乐缺乏独特、真实的风格，无疑就像他对闪米特鼻子的评论一样荒诞。但是，唉，这是某种思维的可怕症状——这种思维在第一次世界大战后变得更加强烈和恶毒，并最终在1933年成为德国的官方思维，其灾难性后果在1910年几乎不会有人预见到。想想当第二年马勒才50岁时就离世是多么的令人痛苦——尤其是想到他若活着会有什么样的成就。但我们或许也会庆幸，他去世了，不用再去感知他奉献了如此惊人的"礼物"的那个国家后来发生的事情。

来自一个小岛的注解

"在您50岁生日之际，我代表我们所有的人向你表达的祝愿是，快回到您既爱又恨的维也纳，并留在这里吧！"[23]

长期以来，维也纳一直享受着"古典音乐之都"的称号，现今该市官方旅游网站重申了这一说法。在那里生活和创作的伟大作曲家的名单令人敬畏：海顿、莫扎特、贝多芬、舒伯特、勃拉姆斯、布鲁克纳、沃尔夫、马勒、勋伯格、贝尔格、韦伯——从所谓的"古典时代",到浪漫主义的各个阶段再到 20 世纪现代主义。然而正如勋伯格所说,对于这些人中的大多数来说,这座城市是一个让人既爱又恨的家。对一些游客来说,他们心里总在怀疑,虽然游客们在狭小的市中心漫步时,总能看到维也纳人在大量的牌匾和纪念碑上刻着令他们自豪的那些逝者的名字,可大多数市民仍然喜欢轻松的"本地"古典曲目。维也纳的移民作曲家汉斯·加尔或许会同意他们这种看法。在他的《维也纳的黄金年代》(*The Golden Age of Vienna*)一书中,加尔深情地讲述了维也纳华尔兹经久不衰的传统,以及它的伟大代表人物约瑟夫·兰纳、约翰·施特劳斯和他的儿子小约翰·施特劳斯及约瑟夫·施特劳斯。他们的华尔兹舞曲传遍了整座城市,而伟大的土生土长的音乐天才弗朗茨·舒伯特却在很大程度上被忽视了。那么,人们对这样一个民族会有什么期望呢?"如果维也纳人是漫不经心、寻欢作乐和轻浮的,如果他们喜欢跳舞而不喜欢思考,喜欢笑话而不喜欢布道,喜欢咖啡馆而不喜欢图书馆,喜欢华尔兹而不喜欢交响乐。当然,华尔兹舞曲是最迷人、最优美的音乐之一。"

加尔说,无论普通的维也纳人怎么说,朴实无华的公民自豪感总是真正体现在音乐的"底层"。华尔兹舞曲、波尔卡舞曲、加沃特舞曲、维也纳轻歌剧里理想王国的旧世界魔咒、歌剧舞会、新年音乐会——不知何故,这个奢华的奇幻世界的魅力得以幸存,不管是哈布斯堡王朝可耻的崩溃,或是 1918 年社会民主主义"红色维也纳"的出现,甚至是第二次世界大战的黑暗经历。"如果他们创造了一个从未存在过的想象中的城市,一个'葡萄酒、女人和歌曲'的黄金国,一个充斥着永远慵懒的快乐和音乐喜剧的黄金国,维也纳或许会把这视为是对过去罪恶的正义惩罚。"[24]

"寻欢作乐和轻浮"——尽管遭受了两次世界大战的创伤和罪孽,维也纳的某些特质即使在今天也依然存在。这个城市在 1991 年,即莫扎特诞辰 200 周年之际,为欢迎音乐朝圣者在维也纳国际机场(施韦夏特机场)用巧克力制作了一个真人大小的莫扎特雕像。环城的墙上张贴的海报,是这位作曲家自豪地高举着 Mozartkugeln("莫扎特球")糖果,海报上面的标语是 Österreichs beste Komposition("奥地利最好的出品")。在任何一份典型的维也纳概念的清单中,Gemütlichkeit(舒适)——舒服、轻松的欢乐、温暖,或许还带有一丝沾沾自喜的背景——都必须突出。然而,这其中有多少是真实的,有多少是社交上方便使用的面具,局外人很难判断,无论他们抱有何种怀疑。

加尔在 1938 年德国吞并奥地利之后逃到了英国,他很清楚这座城市的"罪孽"会有多深重。甚至在第三帝国的恐怖爆发之前很久,奥地利作家赫尔曼·巴尔就曾苦涩地评论道:"维也纳人会原谅任何事情……除了伟大。伟大似乎让他们感到不舒服。维也纳这个名字……似乎离不开魅力、欢乐和虚无。维也纳是严肃的反义词。"[25] 巴尔告诉我们,维也纳人有羞辱伟大艺术家和思想家的悠久传统。他提到了贝多芬,戏剧家弗朗茨·格里尔帕策和弗里德里希·黑贝尔,作曲家布鲁克纳,雨果·沃尔夫,画家费迪南德·瓦尔德米勒和克里姆特,物理学家恩斯特·马赫,维也纳城堡剧院导演马克斯·伯克哈德,当然还有马勒。他本可以活得更久。正如一位著名的德国指挥家（现已去世）在和我的谈话中说的："他们反对贝多芬，忽视舒伯特，嘲笑布鲁克纳，迫害马勒，驱逐勋伯格——他们甚至都不知道莫扎特葬在哪里！"对记录克里姆特和他的伙伴们生活和工作的艺术史学者彼得·维尔戈来说，这一切都可以用典型的维也纳表达"Hetz"（嬉戏，玩笑）来概括，此处意指狩猎或追逐，在公开争吵或示威中的喜悦，隐藏其后的真正动机是道德义愤的面具。马勒本人就一直在接受这种事情。有一次，他在演奏勋伯格的一首曲子时，当场制止一名观众发出嘶嘶声，那位被质疑的男士直截了当地告诉马勒，他对马勒的音乐也发出过嘶嘶声。

人们很容易把马勒时代的维也纳看作是现代的雅典：一座小城，聚集了众多杰出的艺术家和思想家，营造出一个繁忙的智力骚动，许多改变世界的想法，在非常短的时间内诞生了。但正如维也纳出生的作家奥托·弗里德伦德尔尖锐指出的那样，20世纪头十年的维也纳是世界知识分子的温室之一，但试图去告诉维也纳人自己："这两三千人所写或所思的都是颠覆下一代人的世界的——维也纳人是不会意识到的。"

弗里德伦德尔说，在这座城市的正中心，有一小群智慧生物——作家、学者、记者、艺术家、医生、律师，甚至政客——他们的思想将影响文明的未来——值得注意的是，事实证明他是完全正确的。这些非凡的人是一个"岛屿"。没有任何东西把他们与维也纳大陆和热爱享乐的市民联系起来。这座城市在其"快乐的平庸"[26]中生机勃勃，无视人们的梦想和在其中发生的一切。

但对那些伟大的头脑而言，没有什么能比有东西可以对抗更刺激了：牡蛎中的沙砾通过刺激它而产生珍珠。在马勒的音乐中，我们一次又一次听到这些东西：华尔兹舞曲、连德勒舞曲和其他甜美伤感的曲调，来自这个城市的舞厅、咖啡馆和酒吧，在他的交响曲中被如此温柔和讽刺地引用——"我们可恨又可爱的维也纳"。《第二交响曲》的谐谑曲乐章，即第三乐章，也许是最引人入胜的，当然也是篇幅最大的例子。华尔兹舞曲的特点比比皆是：独特的三拍子节奏，"immer zu"（让我们继续）的主题，（约翰）施特劳斯式的向上俯冲，接着小号就像是在维也纳轻歌剧舞台上似的直接唱出甜美轻快的曲调，一半动人，一半令人厌恶。声音和色彩不断地来回转换，从迷人的、诱人的，到怪诞的，最后到整个乐队的野蛮爆发。马勒写《第二交响曲》时并没有生活在维也纳（虽然后来很快就回到维也纳），但无论他说的"舞厅"是否指的是布达佩斯、汉堡、柏林，或19世纪90年代早期他生活过的任何其他城市的舞厅，但我们都十分清楚在那里演奏的是什么。根据马勒为马克斯·马沙尔克写的演出节目单说明，第三谐谑曲乐章随后是一段田园遐想，交响曲里的"英雄"在其中寻求躲避死亡与活着的恐惧。开始一会儿这种尝试挺成功，但随后又不得不回到日常生活的混乱和喧闹，此时对于你，"这种不断移动、永不停息、永远无法理解的忙乱的生活就变得十分可怕。就像你站在屋外的黑夜中，看着灯火通明的舞厅里摇曳的人群。距离那么远，你根本听不到音乐。"[27]

　　也许在《第二交响曲》第二乐章里能感受到大自然与某种原

始事物的联系，但这种联系的感觉，到了第三乐章似乎已经消失。如今回到城市生活似乎已毫无意义。马勒居住在这个被奥托·弗里德伦德尔称之为智力和艺术的"小岛"上，望着维也纳大陆，沉浸在自己的"快乐的平庸"中，并以整个管弦乐队的恐怖呐喊作为回应。值得注意的是，这个乐章是根据他创作于1893年的歌曲集《青年的魔角》中那首《帕多瓦的圣安东尼对鱼的布道》（*Des Antonius von Padua Fischpredigt*）做了大量改编而成的。那首歌讲述的是圣安东尼去教堂布道，但发现教堂空无一人，于是他去了河边，向鱼儿布道。鱼儿们认真地听着，甚至有鱼儿还赞美他，但最后，"sie bleiben wie Allen！"（它们还是像以往一样）。这首歌有点异想天开，还有点尖酸刻薄。而在交响曲中的改编把它变成了一场现实中梦魇般的经历。

但在马勒所有的交响曲中，《第八交响曲》是包含这类东西最少的。这里没有华尔兹，没有连德勒，没有加沃特；几乎没有舞厅、咖啡馆或酒吧的气息——事实上，很少有人会去质疑自己听到的音乐是否值得自己去钦佩，或是厌恶，或是两者兼而有之。在这一点上，维也纳的缺席是非常明显的。同样缺失的还有葬礼进行曲，这种进行曲以某种形式几乎出现在马勒此前的每一部交响曲中，并还会在《第九交响曲》和《第十交响曲》中出现。马勒毕生对死亡的着迷，在他的交响曲和歌曲中表现得如此明显，通常可以用他自己的亲身经历来作注释：13岁时守候在弟弟恩斯特的病床边的那段时光；正在创作《第二交响曲》时哥哥奥拓的自杀；后来他自己的女儿玛丽亚在六岁时死亡，而同年他就被诊断出预示着他的死亡的心脏病。但正是在这一点上，马勒实际上显露出他才是真正的维也纳。参观这座城市中央公墓（Zentralfriedhof）的游客现在可以进入那座奢华的博物馆。在那里，维也纳以近乎崇拜般的奉献所展示出的壮观诱人的死亡悲情令人印象深刻。人们可以看到葬礼队伍的领队穿着一身令人惊骇的黑色戏剧服装：奢华葬礼的典型代表——让人立刻想起马勒《第五交响曲》开头那段葬礼进行曲——或是一排装饰性的匕首，用来刺穿准备下葬的尸体的心脏，以确认他们真的死了（马勒对被埋葬的恐惧在他那个年代的维也纳广为人知）。当然，许多英国、法国和德国的城市也都有一片大墓地。马勒创作的那组《亡儿悼歌》对那些被查尔斯·狄更斯的《老古玩店》（*The Old Curiosity Shop*）这部冗长的"小耐尔之死"所震撼的英美读者来说，可能不会被视为很反常。但即便如此，维也纳人对"der schöne Tod"（美丽的死亡）的崇拜还是相当的特别。甚至直到今天，维也纳的新婚夫妇们仍然会在开始去度蜜月前乘坐他们的婚礼马车在中央广场（Zentralfriedhof）转一圈，这座城市的传统乐队仍然会用安德烈·埃莱尔的经典歌曲《当我死的时候》（*Wenn i amal stirb*）来取悦喝酒的人们。在那首歌中，歌手深情地想象着有一天会带着他对大地的承诺而举办一场奢华的葬礼，仿佛他在画一张摆满了典型的维也纳菜肴和饮料的桌子。

因此，我们可以在马勒的音乐中找到两个重要的、可识别的维也纳特征——一个似乎是出于反感（或至少是复杂的反感），另一个则是一种同胞的感觉——但这两个特征在《第八交响曲》

里显然都没有。那么，有什么理由来谈论《第八交响曲》中的维也纳性，或者在更广泛意义上的奥地利性呢？要从第一层意义上考虑这个问题，就必须回到奥托·弗里德兰德尔关于"沉睡之城"中心的知识分子的"岛屿"的概念，回到马勒关于他与"沉睡之城"之间的"距离"的描述，以及他最后的"厌恶的呼喊"。马勒绝不是唯一一位有这种感觉，并把他的愤怒转化为创造性成果的维也纳文化岛民。被称为"分离派"的维也纳艺术运动一开始就表达了一种非常相似的疏离和反抗。1897 年，一群奥地利艺术家从历史悠久、学术保守的奥地利艺术家协会辞职。对这些不安分、不得志的年轻人来说，维也纳的官方艺术机构代表了他们想要摆脱的根深蒂固的困倦和想要逃避的现实。他们采取了激进而又骇世惊俗的步骤，成立了自己的奥地利艺术家联盟，由古斯塔夫·克里姆特担任主席，创办了自己的杂志《神圣的真理》（Ver Sacrum）。该杂志以华丽的装饰效果和令人振奋的反古典的"青年风格"为特色，其本身也受到法国新艺术运动的影响。《神圣的真理》刊登了一批在欧洲饱受争议和最具挑战性的艺术家，如雨果·冯·霍夫曼斯塔尔、赖纳·马利亚·里尔克、莫里斯·梅特林克、里夏德·德梅尔、克努特·汉姆生等人的作品。一切都是允许的——至少这是《神圣的真理》想要传达的信息。甚至有（这在马勒时代的维也纳是很不寻常的）女性参与者，包括后来七次获得诺贝尔文学奖提名的作家和历史学家里卡达·胡赫，她十分强调卡罗琳·舍林、多萝西娅·冯·施莱格尔、贝蒂娜·冯·阿尼姆等女性在早期德国浪漫主义文学中至关重要的作用。

对于 1897 年还只有十几岁的斯蒂芬·茨威格来说，生活在这样的黎明时分是一种幸福。年轻就像是天堂。茨威格说，在发现文化气候的重大变化方面，年轻人是最敏锐的晴雨表。对他和其他像他一样的人来说，很明显，与这个旧世纪相伴随的一大堆关于艺术的思想都正在走向终结——某种革命，尼采式的价值重估，正在迅速逼近：

> 我们父辈时代优秀而坚实的大师们——戈特弗里德·凯勒的文学、易卜生的戏剧、约翰内斯·勃拉姆斯的音乐、莱布尔的绘画、爱德华·冯·哈特曼的哲学——对我们所有人来说是对这个安稳的世界的审慎考虑。尽管他们在技术和精神上显得圆滑成熟，但已经不再引起我们的兴趣。我们本能地感到，他们那种冷静而谐和的节奏，已不再符合我们自身躁动的血脉，已跟不上时代日趋加速的节奏。[28]

"分离派"吹响了这座沉睡的旧城中自由思想小岛上第一声嘹亮的号角。随后的势头加速得很快：张力显然已经积累了很长一段时间，最终在 1898 年第一届维也纳分离派展览的开幕式上爆发。在新建造的、时尚的、具有挑衅性的分离派会馆举行，展示了"让老派感到恐怖的"各种令人震惊的新奇事物：法国印象派和点彩派画家、爱德华·蒙克痛苦的表现主义，以及来自过去的具有挑战性的人物，如德国文艺复兴时期的画家马蒂亚斯·格鲁内瓦尔德和西班牙人埃尔·格列柯和戈雅。分离派对视觉艺术的解放作用迅速蔓延到包括音乐在内的其他艺术和知识领域：

> 我们突然学会了用他们的眼光去看，同时也通过穆索尔斯基、德彪西、施特劳斯和勋伯格的作品听到音乐中的节奏和调性色彩。在文学方面，左拉、斯特林堡和豪普特曼突破了现实主义，陀思妥耶夫斯基的魔性斯拉夫精神，以及魏尔伦、兰波和马拉美等人的作品对抒情文学艺术进行的前所未有的升华和提炼。尼采彻底改变了哲学。一种更大胆、更自由的建筑，面对超负荷的新古典主义，宣告了一种更朴实、更实用的风格。突然间，旧的、舒适的秩序被打破了，先前所接受的"审美之美"（汉斯里克所说的）的规范受到了质疑。尽管我们那些坚定的资产阶级报纸的官方批评人不断对当下正在进行的大胆实验表示恐惧，并试图用"颓废""无政府主义"这类标签来谴责他们，但我们年轻人却满腔热情地投身于波涛最汹涌的浪潮中。[29]

茨威格列出了一系列令人激动的新名字，每个名字都犹如是在顽固的保守主义和平庸面前竖起的一面旗帜，其中包括几个对马勒至关重要的人物，他们在马勒的谈话记录中反复出现。最著名的是尼采和"恶魔般的斯拉夫人"陀思妥耶夫斯基，马勒向里夏德·施佩希特形容说他是自己"最好的朋友"。马勒也可以进入支持新事物的巴尔式精神，因为新事物是新的，即使他并不完全相信它。前面提到过，当勋伯格的《第一室内交响曲》（1906

年）在演出中遭到典型的维也纳式的嘶嘶声起哄，马勒勇敢地公开为勋伯格辩护。马勒并不完全确定他能理解勋伯格这部作品引导的是什么，后来他还承认无法理解勋伯格的《第二弦乐四重奏》（1907—1908 年），其中的调性在前三个乐章中很不稳定，最终到第四乐章成了无调性。但这并不是重点。勋伯格勇敢、诚实，显然也很有才华。而且必须指出的是，即便面对很多恶意的批评，他仍然是马勒的忠实支持者。反过来，他也需要别人的支持，而且不仅仅是口头上的。勋伯格在维也纳的那段日子里经常处于生活拮据的境地，但他得到马勒多次经济上的援助。

马勒参与分离派的活动在 1902 年的贝多芬展览上达到了顶峰，这是分离派运动的第十四届、也是最成功的一次公开展览。在展厅中央矗立着马克斯·克林格的贝多芬纪念雕塑，展厅的三面墙壁被克里姆特宏伟的贝多芬横饰带（Beethoven Frieze）占据。在豪华的私人观礼台上，从未在维也纳居住的克林格被作为贵宾接待；音乐由古斯塔夫·马勒提供，他指挥了自己改编的贝多芬《第九交响曲》节选，乐队编制扩展到八支圆号和四支小号，这与他四年后创作的《第八交响曲》的核心铜管部分数量完全相同。展览目录包括一份视觉程序说明，讲解了贝多芬横饰带上描述的人类从愿望到实现的进步故事。从本质上讲，这份说明的叙述与瓦格纳 1846 年在德累斯顿指挥演奏贝多芬的《第九交响曲》的节目单说明非常相似，当然在语言上已经适当地更新使用了"青年风格"的术语。展厅墙壁上连续的图像以瓦格纳对贝多芬交响曲逐乐章的叙事分析的方式来进行描述。当到达的观众们面对第一道长墙时，他们立刻就会感受到"向往幸福""弱者的苦难""为幸福而斗争"。然后在较窄的那面墙上，我们发现了"敌对者"：巨人提丰，连众神的抗争都显得徒劳。第二道长墙代表了"对幸福的渴望""在诗歌中找到了安宁"。最后，艺术引导我们进入"理想的王国"。在那里，天上的天使唱诗班唱着贝多芬《第九"合唱"交响曲》的终曲："欢乐！神圣美丽的火花……献给全世界的吻！"[30]

这种将视觉艺术、音乐、建筑和哲学思想结合在一起的狂热常常被拿来与瓦格纳的"综合艺术"概念相比较。但是那个以神圣的形象耸立在殿堂中央，用音乐——在马勒的帮助下——淹没展厅私人观礼台的人，不是瓦格纳，而是贝多芬——这位被瓦格纳试图变成一位施洗约翰，其本人就是音乐灵感的先知弥赛亚 的作曲家。在一个又一个展览，尤其是克里姆特那些精美的横饰带中所展示的并不是一部瓦格纳式的乐剧，而是一部交响曲。马勒听到的、看到的所有这一切——令人神魂颠倒的陈词滥调——肯定都是音乐。当他走进约瑟夫·玛丽亚·奥尔布里希的展厅时，他一定想在门的上方用金字写上一句辉煌的分离主义名言：Der Zeit ihre Kunst，Der Kunst ihre Freiheit（献给时代的艺术，献给艺术的自由）。此刻，是哪一件艺术品对马勒和他的时代呼喊得如此响亮？这个重要展览的艺术核心是什么？这是一部雄心勃勃的合唱交响曲，创作于近一个世纪前，但与以往一样重要——或许更重要。人们的反应似乎证实了这一点：展览取得了巨大的成功，有近六万人参加。这个位于维也纳中心地带，由咖啡馆、酒馆和私人公寓组成的文化小岛，被疏远的、受人鄙视的艺术家和思想家们在这里研究他们的宣言——不再觉得自己那么渺小了。然而，又有多少人像《青年的魔角》中描述的那样，耳闻目睹了帕多瓦的圣安东尼布道结束时的鱼呢？"Die Predit hat g'fallen / sie bleiben wie Allen"（布道令它们高兴 / 但它们还是像以往一样）。

一些评论家加入观众的行列，为马勒在维也纳宫廷歌剧院和维也纳爱乐乐团的演出喝彩，尤其是当马勒在 1903 年邀请分离派核心人物阿尔弗雷德·罗勒为他的瓦格纳的《特里斯坦与伊索尔德》担任舞台设计时。其他人则强烈反对，人们对马勒创作的音乐，反应仍然是普遍的冷漠甚至充满敌意。马勒的《第三交响曲》在维也纳举行首演后，一位评论家直言不讳地表示，马勒犯下如此滔天罪行，理应入狱。而背后暗流涌动的是反犹主义。1895 年，也就是马勒回到维也纳的两年前，政治人物卡尔·吕格（人称"英俊的卡尔"）领导的公开反犹的基督教社会党在维也纳市长选举中获胜。值得称赞的是，弗朗茨·约瑟夫皇帝拒绝对吕格的任命。弗朗茨·约瑟夫不信任吕格，也不喜欢他的反犹主义——毕竟，就是这位皇帝，在 1860 年，即马勒出生的那一年，放宽了对犹太人居住的法律（以前监管很严格），这使马勒的父亲伯恩哈德得以搬到伊格劳镇并开始他的啤酒生意。但在 1897 年，也就是马勒"皈依"罗马天主教的那一年，弗朗茨·约瑟夫最终屈服于来自几个方面（包括梵蒂冈）的压力，批准吕格担任他的官方职位。无论马勒作为指挥家还是作曲家，吕格的支持者们当然不会是他的粉丝，一些人早就在维也纳的媒体上发表攻击他的言论。

随着吕格知名度的提高（他在改善城市公共设施和社会福利方面的工作无疑非常有效），他的思想的吸引力也越来越大——马勒应该知道这一点。正是吕格让年轻的阿道夫·希特勒印象深刻，后者于1907年来到维也纳，同年马勒前往纽约。他们在维也纳的时间有一个月的重叠，所以马勒有可能看到希特勒在环城大街上兜售他画的城市风景画。

　　所以，虽然马勒可能和分离主义者一样渴望给世界一个神圣的欢乐之吻，但问题仍然是，给哪个世界？上一节中论述的德国人文主义愿景的部分吸引力，在于它是"理想的"，正如马勒肯定意识到的那样，也许甚至他年轻时在维也纳音乐学院作为一个民族主义者的时候就如此。就像他那位一个世纪前的维也纳同胞弗朗茨·舒伯特一样，马勒肯定很多次地想喊出："Schöne Welt，wo bist du?"（美丽的世界，你在哪里？）如果他偶尔在一种理想的、超凡的、歌德式的德国梦中发现了那个美丽的世界，那么当他遥望远方，在这个——用尼采的话来说"太人性的"世界里——肯定也有其他人发现了。如果是这样的话，马勒的思想和情感应该会在维也纳这个被围困的文化"孤岛"上找到共鸣："面对嘲笑和不理解，"彼得·弗尔戈说，"艺术家的目光投向越来越遥远的方向，拥抱远超眼前的景象，既无法完全定义，也不能完全表达。但它的范围，它的无限壮丽，超越了这片泪水谷的界限。"[31] 作家贝尔塔·扎克坎德尔记得克里姆特是如何回应媒体关于他是色情画家的指控的：克里姆特强调说，正确的行动方针不是回击，而是肯定（自己）。一个朋友建议克里姆特采取法律行动，说大约花两天时间吧；克里姆特回答说："用这两天时间画画不是更好吗？"献给时代的艺术？它所渴望的自由，也只可能在另一个超然的国度里才能找到。马勒在1906年那个多产的夏天结束时写信给他的朋友和同道，荷兰指挥家威廉·门格尔贝格，说"我刚完成了我的《第八交响曲》——这是迄今为止我做过的最伟大的一件事……想象一下，宇宙的轰鸣声。它不再是人类的声音，而是围绕行星和太阳运行的声音。"[32]

仅仅两年后，1908年，当阿诺德·勋伯格在他的《第二弦乐四重奏》中孤注一掷投入无调性这一未知领域时，他引用了德国诗人斯特凡·乔治同样背离人群、向遥远的世界延伸的诗句：

> 我感觉来自另一星球的气息，
> 那张在黑暗中若隐若现的、
> 苍白的脸，曾友善地看着我。

可是，对照马勒《第八交响曲》荣耀的结尾处，在对浮士德式的奋斗者的救赎中，勋伯格那种更为暗淡的愿景，似乎只提供了神秘的自我毁灭的希望：

> 我只是神圣之火的一次闪耀，
> 我只是神圣之音的一声低语。[33]

把"维也纳"和"色情"这两个词放在一起，脑海中就会涌现出许多图像和念头：古斯塔夫·克里姆特在 1907—1908 年画的令人陶醉的杰作《吻》（Liebespaar，这个词在德语中也是"情人"的意思）。理查·施特劳斯 1909—1910 年写的歌剧《玫瑰骑士》（*Der Rosenkavalier*）中，世故的元帅夫人和她年轻的情人在喧闹的圆号声中欣喜若狂地达到高潮。或者也许是西格蒙德·弗洛伊德在伯格卡斯他那安静的咨询室里，听着富商的妻子们和市政官员们向他吐露他们最隐秘的秘密。弗洛里安·伊利斯在他的著作《1913：暴风雨前的一年》（*1913 : The Year Before The Storm*）中总结了这种充满情色的时代精神。只要想想克里姆特和埃贡·席勒的素描和画作就知道了。当一个人看到他们的素描和绘画，那些长长的、性感的线条时，他看到的是色情作品（就像一些反对者声称的那样）还是更接近新兴的"新客观主义"——或者可能两者兼而有之？这肯定是被精神分析学家、作家洛·安德里亚斯—萨罗梅称为世界上最性感的城市维也纳所钟爱的华丽线条。伊利斯说，在克里姆特的女性画作中，我们首先注意到的可能是华丽的金色装饰。但在他的素描中，他"用一种独一无二的线条在纸上划过，轻盈起伏，就像披在肩上的卷发"。但席勒在对人体的探索上甚至更进一步，不仅是对女性的身体，还有他自己的身体："他所描绘的形态是备受折磨的、紧张的、殉难的、扭曲的神经，更多的是性而不是情欲。克里姆特的作品展示的是柔软的肌肤，席勒的作品展示的是神经和肌肉；克里姆特笔下的身体流动，席勒的伸展、缠绕和扭曲。克里姆特笔下的女人诱人，而席勒的震撼。"[34]

这与马勒自己的声音世界——或者更确切说是声音的世界——似乎很接近。克里姆特"独一无二的线条……轻盈起伏，就像披在肩上的卷发"，在《第八交响曲》的最后部分，马勒对"世界的创造者"爱神厄洛斯的巨大赞美得到了回应。弦乐部分可以用来引发抒情，就像马勒通常做的那样。但用钢片琴、竖琴、钢琴和曼陀林（这些乐器在《第八交响曲》第一部分中没有发声）来加强这些线条，让人感觉很像克里姆特用黄金和宝石来装饰他的绘画。在最后的合唱段落之前的那段宁静的器乐段落，就是让安东·韦伯恩非常着迷的那一段，似乎是由一位试图在音乐中表现《吻》或贝多芬横饰带那些迷人而又精确的感官享受的作曲家创作的。马勒的"克里姆特韵味"在他那部崇高的"歌曲交响曲"——《大地之歌》中仍然挥之不去，这首交响曲是马勒在1907年遭受了两次重锤打击——大女儿玛丽亚的死和他自己被诊断出患有心脏病——之后创作的。但是在1909—1910年创作的《第九交响曲》中，我们发现了一些更加接近席勒"纠缠和扭曲"的线条思维的东西："殉道的，扭曲的神经，更多的是性而不是情欲"。特别是第三乐章，即回旋曲—葬礼进行曲乐章，马勒特意讽刺了"我那些阿波罗的弟兄们"——那些嘲笑马勒根本不懂对位法的维也纳批评家。在《第八交响曲》中的爱神厄洛斯，在《第九交响曲》中成了恶魔。也就是在1910年，席勒开始了他在人体裸体画方面更加激进的实验，立即引发了批评界的轩然大波。

这是维也纳另一个自相矛盾的方面，在流行的描述中，这座城市是一个"葡萄酒、女人和歌"的轻松自如的天堂（至少对男人来说是这样），但常常又不那么明显。马勒"又恨又爱"的家乡城市也可能是非常拘谨的，尤其是在对待女性的问题上。在斯蒂芬·茨威格看来，普遍的态度是"双重谎言"。一方面，它对年轻男性的性利用睁一只眼闭一只眼，甚至眨眨眼鼓励他们——"播种一些野生的燕麦"没啥大不了的。但对女性就完全不同：

> 一个男人可以并且应该被允许感觉某种冲动，这一点被习俗默默认可。但是如果承认创造，为实现创造的永恒计划，要求女性也服从于冲动，那就违背了"女性的神圣性"的整体概念。在弗洛伊德之前，女人在被男人唤醒之前是没有性冲动的这种观念被认为是不言自明的事实，尽管这当然只是在婚姻中才被正式允许。[35]

因此，女性，尤其是年轻女孩儿，必须受到保护，以免受到任何"某种冲动"的暗示。中产阶级或上层阶级家庭的女孩儿从不允许单独外出。她们去哪儿都有人护送，在家里则有家庭女教师监督她们的私人时间，监督她们在看什么书，确保在任何可能存在另一个人的情况下，身体尽可能少地受到触碰，哪怕只是新鲜空气。"纯洁"是她们的箴言。即使是一个姑娘该为新婚之夜做什么准备，一旦卧室的门关上，她应该做些什么，也很可能没有人告诉过她。茨威格记得有一位阿姨，在新婚之夜后的一个早晨出现在她父母的公寓里，坚持说她再也不想见到她的丈夫。为啥？因为那怪物居然要脱她的衣服！完全可以想象，这种轶事在烟雾缭绕、散发着杜松子酒味儿的男人们的舒适聚会上引发出阵阵哄堂大笑。但对于在这种强制的贞操中长大的女孩儿来说，突然以这种方式投入到男人和性的世界中一定是一种伤害。无论人们如何看待精神分析学说，弗洛伊德和他的同事与门徒的案例书，一次又一次地证明了这种遭遇所带来的持久的伤害效应。在马勒生前的德语文学中，很难找到与乔治·艾略特或弗吉尼亚·伍尔芙、与伊迪丝·华顿或艾米莉·狄金森有共鸣的女性声音。即使是能够对女性困境有持久的同情心和洞察力的男性作家——相当于挪威的易卜生或美国的亨利·詹姆斯——也很少见。然而，关于茨威格所描述的那种可能具有毁灭性的经历，也许最辛酸和最令人不安的描述可以在阿图尔·施尼茨勒的中篇小说《埃尔泽小姐》（*Fräulein Else*，1924 年）中找到。施尼茨勒虽然有着卡萨诺瓦式的放荡不羁的倾向，但在描述突发暴力摧毁纯真的悲惨后果方面，表现出了令人惊讶的同情心。令人吃惊的是，当茨威格描述得如此令人难忘的环境开始发生变化时，这一切本该在维也纳帝国垮台后很好地表现出来。

正如茨威格所说，矛盾之处在于，尽管所有成年人都在努力保护他们的女儿不受性侵害，但维也纳的氛围却尤其充满了危险的传染性的色情。这是一个罗马天主教城市，曾经是自封的神圣罗马帝国的首都。这座城市的教堂充满了那种半伪装半庆典的感官意象，让北方的新教徒游客在义愤填膺的恐惧中转身离开：喂奶的圣母，各种衣着暴露、忍受着折磨和殉道的男女圣徒，脸上带着性高潮时变样的表情。洛可可式信仰艺术的整体精神充满了几乎没有升华的情色，这种精神在莫扎特《C小调弥撒》的"Et incarnatus"（《信经》中的唱句，意为"力量"——译注）中被如此美丽而若无其事地唱出，在《第八交响曲》第二部分的一些独唱段落也闪耀着光芒。"狂喜神父"的歌词——这段独唱让马勒获得了"永恒的欢乐火焰"的昵称——可能直接来自那些痛苦扭曲的石膏圣人的口中。胸部的"剧烈疼痛"是其"泡沫般的神圣祝福"的象征——"箭矢，把我刺透，长矛，把我扎伤，棍棒，把我痛扁，闪电啊，击穿我吧！"——所有这些都是为了"让这空虚的一切，全被驱散殆尽"，让"永恒之星"闪耀，"永恒之爱的种子！"利奥波德·冯·萨赫-马索克——"受虐狂"（masochism）一词就是源自于他——在1870年写的小说《穿裘皮的维纳斯》（Venus im Pelz）中，讲述的是一种奢侈的痛苦和对意志的羞辱——一个近乎无法呼吸的殉道者。

不只是在教堂。爱神厄洛斯还可能等候在其他类型的公共场所。以维也纳最著名的音乐厅维也纳金色大厅为例，它建于19世纪60年代，是弗朗茨·约瑟夫皇帝大规模城市重建计划的一部分。它的装饰体现了茨威格的"双重谎言"：西蒙·温德尔对这一点的描述，成为热情洋溢、发人深思的《达努比亚：欧洲哈布斯堡个人史》（Danubia : A Personal History of Habsburg Europe）这本书中的一个亮点。一些参观金色大厅的游客会在这座被温德尔描述为"品味糟糕的19世纪60年代圣殿"的著名音乐厅中找到安慰。是的，音响效果十分美妙，音乐的历史感（有多少伟大的作品在这个大房间里首演过？）能让人产生一种近乎宗教般的敬畏。但是装饰呢？尤其是那些沿着墙壁排列的裸体女性像柱？一模一样、毫无表情、娃娃般的面孔确实令人不安。但真正引人注目的——无论从哪一种意义上说——是女像柱的乳房。温德尔思忖道，看看金色大厅设计工作委员会的会议记录一定会很有意思，会上一定讨论了这些乳房："可以想见，一旦做出了让裸体女性的女像柱排列在公共建筑内的不计后果的鲁莽决定，一定会有很多关于乳房的尴尬辩论。不同派别为不同层面的现实主义、称重多少和愉悦性等等争论不休。人们担心在勃拉姆斯的下一场独奏会上，这些女像柱会在多大程度上分散听众的注意力。"[36]毫无疑问，尴尬的谨慎起到了一定作用。这也许可以解释女像柱的乳房那奇怪的圆锥形状。但在那个地方，它们的数量惊人，足以让家庭女教师和她们的年轻学生焦虑、分心。毫无疑问，对于男性听众而言，它们会引起更多色情的联想。

面对这一切，马勒宣称，坚决承认（用斯蒂芬·茨威格的话来说）"为了永恒的目的，创造的法则就是像需要男性一样地需要女性"，这看上去很像是一种挑衅行为——一种对维也纳传统道德的挑战。如果是这样的话，这就是他和分离主义共同的态度和目标。媒体和公职人员可能是在指责克里姆特和他的伙伴们是色情狂，但这些艺术家中的许多人认为自己正在从事一场解放战争。诗人彼得·阿尔滕贝格写道，克里姆特的裸体女性在他看来是一种挑衅的解放行为，表达了摆脱性压抑束缚的决心。这种对女性性行为存在的公开承认，是一个决心避开这种危险、破坏稳定可能性的社会向前迈出的重要一步。然而，在许多分离主义者的作品中，在他们的维也纳文学的志同道合的文学作品中，在几乎所有马勒写的关于他的《第八交响曲》的文章中，徘徊着歌德的"永恒的女性"的精神，鼓舞人心，却又令人不安。艾丽斯·戴伊在她的《歌德〈浮士德〉中的女性形象》一文中，对德国学者盖尔·K.哈特把"永恒的女性"相对积极地解读为"浮士德本人最终的女性化投射"提出质疑。戴伊说，"更确切地说，这是男性观念对女性的一种强加"。她继续说，歌德的《浮士德》丝毫没有告诉读者女性是什么，而只是告诉读者"女性"的概念对男性意味着什么："确实，如果把歌德的戏剧看作是对女性讲述一个有需要的男性意识的故事，这并不需要想象力的巨大飞跃。"[37] "有需要的"这个词的使用很能说明问题。用同样的方式来思考马勒的《第八交响曲》就不需要那么大的想象力了。到1910 年 9 月，正如我们已经知道的，马勒已经说服自己，这首交响曲是为一位非常特殊的女性听众写的，而且是出于最迫切的需要。将盖尔·K.哈特对"永恒的女性"的观点视为其创作者对《第八交响曲》的"女性化投射"也有充分的理由。当我们考虑马勒在 1910 年与西格蒙德·弗洛伊德的交谈时，我们将更详细地研究这两点。对维也纳和情爱的讨论不可避免地要引导出弗洛伊德和新出现的精神分析"科学"。到 1910 年，弗洛伊德的思想在这座城市里被讨论和认可的程度很难估计，但有些人——即使是在这个狭窄的文化孤岛上——也有他们的怀疑。正如才华横溢、思想极为独立的心理学家卡尔·克劳斯所观察到的那样，这一切看起来都像是伪装成科学理性主义的偷窥癖：心理分析学家随时准备用性冲动来解释世界上的一切——当然，他们自己的职业除外！卡尔·普林斯海姆，托马斯·曼的妻子卡蒂亚的弟弟，曾在维也纳歌剧院与马勒共事。他记得在《第八交响曲》完成一年后他与这位作曲家的一次谈话。1907 年夏末的某个时候，普林斯海姆与马勒夫妇共度了一个晚上，在此期间，他提到了弗洛伊德的名字。马勒的反应是突然的沉默。精神分析显然不是这个通常能言善辩、口齿伶俐的人想要展开的话题。他所做的只是做了一个轻蔑的手势，并说："弗洛伊德，他试图从某个方面治愈或解决一切问题。"[38] 普林斯海姆总结道：那个"特定方面"不能说出来，尤其是当着阿尔玛的面。

如果是这样的话，那就表明马勒对他妻子的想法了解得少到令人堪忧，而他妻子的私人日记非常坦率地记录了自己的性感受和性经历。仅仅三年后，1910 年 6 月，马勒在写给阿尔玛的信中，欣喜若狂地讲述爱神厄洛斯，这位"世界的创造者"在艺术创作中的作用。这只是措词的问题吗？还是马勒自己的思想开始向弗洛伊德的方向转变？正如马勒在写给阿尔玛的关于《第八交响曲》的信中所指出的那样，柏拉图在《会饮篇》中已经预示了情欲冲动可以"升华"——从即时的满足转向"更高的"目标——的概念。尼采也探索了这个概念，并在探索过程中提出了一个合理的问题：即如果一种冲动不再以性行为为自身的目的，那是否仍可以被称之为"性"。是把内在的冲动定义为性，还是根据其对象的性质？

尼采的回答是，人类真正的基本冲动是一种"权力的意志"。但弗洛伊德不同意这种说法。性冲动是人的本性，但文明——人类在规定的社会和伦理范围内和平、相互合作共存——要求抑制这种冲动。弗洛伊德认为，升华是一个极其重要的安全阀，它将原始的动物本能转向对整个社会有价值的行为。这是人类文化发展的一个显著特征，它抑制了危险的本能冲动，但同时又使它们转向创造性活动成为可能，在科学、艺术和意识形态等文明生活必不可少的作品中表达自己。这听起来确实很接近马勒自己的想法，至少在给阿尔玛的信中马勒是这样表达的。人们可以在一些分离派艺术家的作品中，以及像斯蒂芬·茨威格和阿图尔·施尼茨勒这类作家的作品中发现或公开或隐秘表达的类似观点。知性的维也纳似乎对这种话题充满了热情：这是斯蒂芬·茨威格所描述的"革命"的核心。几千年来，上帝或众神一直是伟大艺术的灵感来源。如果像尼采宣称的那样，上帝已经死了，那么一个人性化的，甚至是神秘的爱神厄洛斯能取代他的位置吗？如果能取代，那么马勒一定清楚地意识到——或从一开始就意识到——他的《第八交响曲》是他震撼世界的降临节赞美诗。

*

但维也纳不是奥地利，就像巴黎不是法国，伦敦不是英国一样，甚至马勒新的职业故乡纽约也不是美国。无论这些城市居民的态度在外人看来多么狭隘，马勒肯定是把目光投向了远方。还在维也纳求学时，他就声称在维也纳森林散步中学到的东西比在音乐学院的任何讲座中学到的都多。说到作曲，维也纳可能已经足够好了。他能把在宝贵的几个月暑假的工作期间里写的东西逐一修改，丰富对位和管弦乐配器，但大部分工作是在远离城市的地方完成的。那些高山峡谷、森林悬崖和开阔荒野，这些歌德在《浮士德》最后一幕的舞台说明中列出的，马勒在他的乐谱中虔诚地一一复制了这些场景。"此处视野无限制，精神又振作"，这是崇拜玛利亚的博士在他的第一次独唱开始时唱出的。正如恩斯特·德西告诉我们的那样，马勒对《浮士德》第二部分的大部分内容都熟记于心。当马勒站在他如此热爱的高山牧场时，他一定想起了这些话。

在第二部分的开头，音乐景观的特征无疑是奥地利风格的。小提琴（在最初的突强音后）静静地奏出一组颤音。这是布鲁克纳五部交响曲开始部分朦胧的弦乐颤音的清晰回声；抑或是这些颤音在凝固的背景中静静闪烁着——背景中布鲁克纳停住脚步，呼吸着周围的空气，喝着酒。对许多布鲁克纳的爱好者来说，这一切暗示着广阔的前景，比如一个人可能会在一次漫长、艰苦的攀爬之后感到更多的享受。其中最美妙的是，在布鲁克纳《第八交响曲》第一乐章的核心部分，深沉、安静的铜管音色增加了一种深度感，与空灵的高音部的弦乐形成强烈的对比——这正是我们在马勒《第八交响曲》第二部分的序曲中多次听到的那种强烈唤起人们回忆的音乐织体。当理查·施特劳斯想要在他的《阿尔卑斯山交响曲》"山顶"部分重现出令人敬畏的空间感和令人眩晕的高度感时，他同样从布鲁克纳那里获得了灵感。布鲁克纳的影响还可以在《第八交响曲》宏大的最后高潮的精心计算、不断聚集中听到。就像舒伯特式的抒情气势那样，《第八交响曲》第二部分中的独唱段落，在流畅的歌唱旋律的伴随下向前推进。这与贝多芬的交响曲和马勒《第八交响曲》第一部分中盛行的戏剧性的"对立推进"辩证法截然不同。考虑到在《第八交响曲》第二部分中让人联想起舒伯特和布鲁克纳的名字的必然性和次数，我们很容易认为这代表了一种更奥地利的——或者至少是更奥地利浪漫主义的——沉浸在对自然的沉思中的交响乐思维。那种德国的、黑格尔式的目的性——在这种目的性中，一切都被不可避免地要被达到的目标所证明、合理化——在这里似乎没有那么急迫。尼采在《善恶的彼岸》（*Beyond Good and Evil*）中写道："即使从未有过黑格尔这个人，德国人也会是黑格尔主义者。因为我们（在这方面与拉丁民族不同）本能地归属于'成为'、'发展'，比'是'具有更深的意义和更丰富的价值。我们几乎不会认为'是'这个概念是正当的。"更早些时候，尼采就曾直言不讳地说，一个德国人不是"是"，而是成为，是"发展中的"。但是在马勒《第八交响曲》第二部分中的某些时刻，即使只有那么几分钟——与第一部分形成了鲜明的对比——音乐似乎只满足于"是"：在布鲁克纳式的阿尔卑斯山田园风光的开场白中，在期待的感觉开始上升之前，在荣光圣母的全神贯注中"来吧！来吧！请上升到更高境界！"，在那神圣的宁静时刻，伴随着孩子般动人的短笛和单簧管的独奏，在最后那段"神秘的合唱"即将开始前。在这样的时刻，似乎"但凡有缺陷，于此成事件"，即使只是短暂的片刻。

"在任何地方都是入侵者"

正如我们已经注意到的，马勒的大多数交响曲都包含了对歌曲的引用或典喻。有的是马勒自己的歌，有的是别人的歌。人们对可能的来源提出了许多说法，其可信度各不相同，并从中引申出了大量的推论。对于那些喜欢对其究根问底的人来说，《第八交响曲》经常被证明是让人失望的——当然是与《第五交响曲》相比。但是在《第八交响曲》第二部分有一段非常引人注目的参照曲，它发生在一个关键的时刻：最后那段"神秘的合唱"的宁静开头。头两个小节中女高音声部的主题及其和声，是对舒伯特的钢琴独奏曲《C大调"流浪者"幻想曲》（D.760）柔板部分开场主题一个相对重大的转调。把舒伯特的曲子从升C小调向下移一个半音到C小调，相似之处就显而易见：

谱例 6.1

a. 舒伯特：《"流浪者"幻想曲》   b. 马勒：《第八交响曲》

（转调至C小调）   "神秘的合唱"

马勒在维也纳音乐学院的学生时代就知道并且可以肯定他弹过《"流浪者"幻想曲》。这是当时最受欢迎的舒伯特的器乐作品之一，比他在其生命最后一年创作的三首伟大的钢琴奏鸣曲还要受欢迎。马勒指挥演奏的舒伯特在当时显然很受赞赏。但是，正如《"流浪者"幻想曲》慢乐章开头所呈现的主题，其本身就是舒伯特对自己的歌曲《流浪者》（*Der Wanderer*）的借用（马勒一定很喜欢这首歌！）。这首歌在马勒的时代也很流行，尽管在今天不那么流行了。叙述者在歌中描绘的景色正是马勒《第八交响曲》第二部分开始的那片山野。但谱例 6.1（b）中的音乐主题则宣称，这景色无论是身体所处还是精神所至，几乎都和歌德的天堂一样：

> 这里的阳光如此清冷，
> 花儿凋零，生命老去。
> 人们说的话都很空洞，
> 我在哪里都是陌生人。

我是一个陌生人，一个外来者，一个无处不在的入侵者——当马勒告诉阿尔玛说自己是"一个三重意义上的无家可归者"时，这些话很可能就浮现在他的脑海中——"无论在哪里，我都是一个不受欢迎的入侵者"。这不是一个简单引用的问题；谱例 6.1 (b) 中概述的主题在《第八交响曲》第二部分中的发展也可以被视为征兆。在 1992 年版的《西蒙与舒斯特交响乐指南》（*Simon &*

Schuster Companion to the Symphony）中，作者指责马勒在《第八交响曲》第二部分中对这一主题（以及这部交响乐中另一个主要主题）的处理。自我引证通常总是被视为一种恶习，但是在这种情况下，与其将另一个人的评论当作靶子，我宁愿承认我也可能会犯大错。我断言，问题在于这些主题不容易进行依次的修改——它们太执着于自己的身份了。因此，对《第五交响曲》和《第九交响曲》的音乐叙述至关重要的那种富有表现力和戏剧性的转变，在这里基本上不存在。我敢说，这就是为什么对某些听众（我对听众的调查并不详尽）来说，《第八交响曲》最后的高潮部分在文本中似乎不如他们在静静地聆听（比如听唱片）时那样令人信服的原因。我的结论是，这两个重要主题的叙述不仅太多，而且由于缺乏有意义的转换，它们的效果已经消散了。

很难想出更好的理由来证明塞缪尔·约翰逊说的那句话，即当一个人在完成自己的作品后立即评价它时，如果觉得其中某些东西特别好，那么最好的办法就是删除它。也许有人会说，上述情况可能发生在沉迷于 CD 某一段的时候，而聆听整部作品就不会。对我来说很明显的是，我想要让《第八交响曲》的第二部分更像《第五交响曲》和《第九交响曲》，但无法让它们自己表达出这点。《第八交响曲》的第一部分可能是一出令人激动的关于"成为"——尼采称之为"德国人"的目的性——的戏剧，但第二部分是一个完全不同的造物。究竟发生了什么，使谱例 6.1（b）与谱例 6.1（a）舒伯特的幻想曲中所经历的"流浪"旅程如此相似？在《第八交响曲》第二部分中，马勒揭示了他与舒伯特的深厚渊源，罗曼·罗兰非常明确地指出了这一点：舒伯特的《"流浪者"幻想曲》似乎以一种英雄的贝多芬模式开始——几乎可以肯定贝多芬的《瓦尔德斯坦奏鸣曲》（*Waldstein Sonata*, op. 53）是其主要模式。但很快，英雄的动力被放弃了，取而代之的是更抒情、更沉思的东西。人们可以在许多舒伯特的歌曲中，或是在马勒 "神秘的合唱"之前那段由被比喻为"巨型吉他"的钢琴和竖琴伴奏的"崇拜玛利亚的博士"的独唱中，发现那种持续的、流水潺潺的伴奏。当 1951 年，音乐学家阿尔弗雷德·爱因斯坦发表了他对舒伯特的开创性研究时，评论家们指责舒伯特对浪漫英雄职责的忽视仍然很常见：这一切的目的是什么？真正的贝多芬的发展在哪里？"成为"是怎么回事？爱因斯坦以当时极为罕见的洞察力做出了回应——幸运的是，这种情况在今天已经少得多了。这些评论家指责舒伯特的最后三首奏鸣曲就像《"流浪者"幻想曲》一样：无所事事，做着漫无目的的白日梦，到处"流浪"。爱因斯坦指出，事实并非如此。并不是舒伯特不能创造"发展"（有足够证据表明，他能写出像《C 大调"伟大的"交响曲》和弦乐四重奏《死神与少女》那样伟大的作品），而是他脑子里有一些完全不同的想法——在艺术上同样有效。以《A 大调第 20 钢琴奏鸣曲》（D.959）为例："一切可以被称为'发展'的东西都找到了阐述自我的方式，用舒伯特特有的手法编织了一个梦幻般的、民谣般的声音之网替代'发展'。其存在本身就是对自己最好的辩护。"[39]

"梦幻般的、民谣般的声音之网"——这正是浮士德的灵魂在通往"更高境界"的旅程的最后阶段伴随着的那种声音。对于英语听众来说,这里的音乐气势可能强烈地让人想起爱德华·埃尔加的《杰隆修斯之梦》（*The Dream of Gerontius*, op.38）第二部分中死去的灵魂在开始迈向上帝的宝座时唱的歌词:

> ……始终如一
> 温和的压力告诉我,我不是在
> 自行移动。而是前行在我的路上。

正是这种稳定的流动感,使得音乐即使在表面上很激越,但在背景中仍能持续不变。这就有助于解释为什么对很多人——比如像音乐学家、作曲家哈罗德·特鲁斯科特那样的人——来说,越是熟悉《第八交响曲》就越容易觉得到达欣喜若狂的结尾的时间缩短了:即似乎交响曲本身变短了。甚至是以不可知论著称的哲学家西奥多·阿多诺,在当谈到《第八交响曲》时,也认为它的第二部分"被赋予了一种强大的、不断发展的地下暗流"。[40]

当然,"流浪者"是一个熟悉的浪漫比喻。标志性的形象是著名油画家卡斯帕·大卫·弗里德利希的著名画作《雾海上的流浪者》（*Der Wanderer über dem Nebelmeer*,1818 年）,画中一个年轻人,背对着观众,右手挂着一根棍子,站在高处,就是马勒最喜欢的山岩景观,歌德在他的舞台场景说明中描述的那种。这也是舒伯特的歌曲《流浪者》开头部分中那位反英雄出现时的背景。马勒也很清楚,在许多德国浪漫主义作家和作曲家的作品中，这个形象和传说中的"流浪的犹太人"之间的联系。根据基督教典籍记述，他在基督被钉十字架的路上嘲笑基督，被注定要在地球上不停地行走直到基督复临："在任何地方都是入侵者"。

这种"梦幻般的、民谣般的声音之网"也是舒伯特最著名的流浪者之一——《美丽的磨坊女》（*Die schöne Müllerin*）中的年轻磨坊主，伴随着他一边大步前行，一边与他的朋友——潺潺小溪交谈时的那种音乐织体。在《第八交响曲》第二部分，葛丽馨的第一段独唱（Una Poenitentium）就引入了让人生动回忆起磨坊主在套曲开始的歌中快步行走和小溪潺潺的音乐织体。曼陀林在此处（在交响曲中第一个进入）的使用说明了这一点——在马勒的下一部作品《大地之歌》中，曼陀林直接用来表示一条小溪，而流淌着的小溪直接把歌曲带入最终幸福破灭的图景。马勒对舒伯特的磨坊主，以及舒伯特《冬之旅》中更阴郁、更孤寂的"表亲"，那位反英雄的认同，在他自己的声乐套曲 《旅人之歌》（*eines fahrenden Gesellen*）中得到了明确的体现。这个套曲讲述的也是一个被爱情抛弃的年轻男子，逐渐与自然疏远，最终意识到只有死亡才能从痛苦中解脱出来。但在这一点上，我们需要停顿一下。显然，舒伯特笔下的流浪者的命运与浮士德的灵魂命运完全不同吗？"在那里，没有你的地方，没有幸福。"这是舒伯特的歌曲《流浪者》中最后的启示。然而，浮士德从不断的奋斗中解脱出来，被高高举起，投入永恒之母——圣母的怀抱。马勒是否在想方设法给这个流浪者一个幸福的结局？

我们有理由怀疑。任何音乐评论家最好记住哲学家恩斯特·布洛赫敏锐的观察：当我们聆听音乐时，我们真正听到的是我们自己。但请记住莉莉·莱曼在回忆《第八交响曲》首演时说的话："交响曲的第二部分……痛苦地打动了我。是他、他的音乐、他的外貌、他对死亡的预感、歌德的诗句……"莱曼足够诚实地询问自己反应的原因，这使她的话更加可信。其他人对这部分的音乐也有类似感受，不只是忧郁的管弦乐引子或"在深渊呼号的神父"痛苦的独唱，甚至还有看似胜利的结束部。埃利斯·戴在写作关于歌德诗剧最后一幕的文章时，一定想起了《美丽的磨坊女》的结局，年轻的磨坊主投身到那条小溪中溺亡，溪水潺潺流过他的身体，唱着最温柔的摇篮曲。毕竟，《浮士德》第二部分的结尾有一些比较诡异的东西——如果把歌德的天堂神话与《杰隆修斯之梦》的第二部分做个比较，就会比较清晰。据我所知，很少有人会认为约翰·亨利·纽曼是和歌德一样杰出的诗人或一样深刻的思想家。但是，让《杰隆修斯之梦》在此后的戏剧舞台上如此引人注目的一件事是，即使他（指剧中的杰隆修斯——译注）已经离开了这个世界，但灵魂的戏剧性冒险仍在继续。我们能听到、感受到他第一次见到他的守护天使时的反应，对恶魔肆虐的反应，对围绕着圣座的天使唱诗班唱赞美诗的反应，以及对上帝自身在瞬间破碎的异象的反应。在另外的一方，浮士德一言不发。自从他在距终场的两幕前死后，就再也没有说过任何话。我们所知道的只有马勒对浮士德的复活，或者更确切地说是浮士德"不朽本质"的复活的描述，由他以前的情人葛丽馨（此时被称为"一悔罪女"）——马勒设置的第二女高音描述的。她告诉我们，这个"新来者"几乎不知道他在哪里，甚至不知道他自己是谁：

> 且看他如何挣脱尘世的束缚，
> 从昨日的旧皮囊中解脱，
> 先前的青春气息
> 自超凡的衣裳中发散出来，
> 让我对他稍加开导，
> 新的一天令他晕眩。

　　诗是美丽的，但所有这一切中有一些不真实的东西。我们是否真的应该相信这个"超凡的"新生的生灵，与歌德《浮士德》第一部分和第二部分的大部分中描述为有着各种各样丰富多彩、有时是令人不安的行为的人，是同一个被驱动的、道德上值得怀疑的人？可以认为，葛丽馨更多是浮士德的受害者，而不是他心甘情愿的情人，因为考虑到她对浮士德的诱惑中恶魔的诡计所起的作用（梅菲斯特告诉浮士德，她是一个"非常天真的小东西"）。如果出于所有的意图和目的，浮士德在第二部分最后一幕真的死了，我们是否真的可以相信，那个永不停息、奋斗不止的老浮士德并没有和他一起死去吗？马勒的音乐中是否真有某种东西反映了，甚至增强了失落感或怀疑感，让莉莉·莱曼如此苦恼？也许正如西奥多·阿多诺所暗示的那样，交响曲结束时强烈的坚持含有一种悲怆元素。也许，用莎士比亚的话来说，它"抗议得太多了"。用马勒式的贝多芬的话来讲，"有时候反过来也是正确的"。

或者，我们可以用马勒的另一位艺术和哲学偶像费奥多尔·陀思妥耶夫斯基为例。可以公正地说，陀思妥耶夫斯基是一个部分皈依基督教的人。但是——这显然是他对马勒有吸引力的一个重要因素——他也有能力直面并承认自己的怀疑，正如他在1861年写给朋友的一封信中所表明的那样。陀思妥耶夫斯基说，有一种信徒，尽管他表面上很自信，并积极地试图改变他人的信仰，但私下里却充满了怀疑。最终，有人意识到了这一点，并质问他：为什么一个怀疑自己信仰的人会有如此强烈而热情的信念？陀思妥耶夫斯基承认是出于"一种不断改变自己的冲动"。[41] 如果其他人能够改变自己的信仰，从而对怀疑者的"信仰"表示认可，那么怀疑者或许会在自己的内心真正地相信它们。

"一种不断改变自己的冲动"——我们在马勒的音乐中听到了多少这样的冲动？一些音乐家和乐评人在马勒《第五交响曲》中肯定听到了明显的布鲁克纳式的结尾。德里克·库克发现《第五交响曲》中黑暗与光明的对立是"精神分裂的"。而在交响曲结尾的众赞歌结束时的凯旋，是与此前悲剧性的失败相关联的，本身可以被看作是强调，而不是调和交响曲中"危险的差异"[42]的元素。谈到"危险的差异"，阿尔玛表现得非常直率。她记得1902年，在他们夫妇俩的暑假快要结束时，马勒是如何用钢琴弹奏他刚完成的《第五交响曲》的。因为这是他第一次为她弹奏自己的新作品，所以马勒坚持要做一个仪式。这对夫妇挽着胳膊，带着几分庄严，攀上他的作曲小屋。仪式完成后，阿尔玛对音乐赞不绝口——但有一个重要的细节：最后的众赞歌的凯旋。她不确定，她告诉他。它太像众赞歌了，而且——你可以想象马勒对此的惊讶——"令人厌烦"。"是的，可是布鲁克纳——"他回嘴说。布鲁克纳在结束他的《第五交响曲》时用了一种壮丽的众赞歌的声音，就像马勒自己的《第五交响曲》中的众赞歌一样，全体铜管乐器穿透层叠的弦乐。"他是，"阿尔玛回答道，"但你不是"。阿尔玛告诉我们，在回家的路上，她试图向他解释为什么他和布鲁克纳的众赞歌本质上截然不同："我在这里触及的是他内在的裂痕，这往往使他与自己发生严重冲突。"[43]

也许我们能从《第八交响曲》"神秘的合唱"开头的"低语"中听到一些"他内在的裂痕"？——此处马勒回想起舒伯特的"流浪者"的凄凉并清楚地将自己联系在一起。随着"流浪者"的主题在"永恒的女性"的拥抱中欣喜若狂，低音线也在缓慢下降，环绕着他的是永恒之爱的双臂，还是"美丽的死亡"？事实上，这里没有必要谈及裂痕。爱神厄洛斯的脸也可以是死亡的脸，这是一个古老的概念，德国浪漫主义者也已经深入探讨过：想想舒伯特的著名歌曲《死神与少女》，这首歌是他凄美阴郁的《D小调弦乐四重奏》（D.810）的灵感来源。弗洛伊德可能直到1920年才发表了他关于爱和死亡是人类心灵中两种互补的驱动力——创造性的生命本能和破坏性的死亡本能——的观点，但早在1912年，也就是马勒《第八交响曲》首演的两年后，俄罗斯出生的精神分析学家萨宾娜·斯皮勒林就已经在她那篇意义重大的论文《作为诞生之因的毁灭》（*Destruction as the Cause of Coming into Being*）中，对这个问题提出了自己的观点。在马勒的艺术成熟期，他在歌剧世界中的辛勤劳作，和"爱与死"的纠缠几乎是家常便饭。当然，瓦格纳的《特里斯坦与伊索尔德》这部情色杰作为他树立了一个典范。在这部作品中，主人公自我毁灭在"爱与死"的汪洋中，而不是性的满足。这是真正解决爱的情感渴望和身体欲望的唯一之道。

对阿多诺和阿尔玛·马勒来说，马勒的主张可能并非全心全意，这是一种审美上的弱点。但对有些人来说，包括这位作家，这种模棱两可的存在只会使《第八交响曲》的结尾比《第五交响曲》的结尾更动人。当你审视《第八交响曲》之后的作品，想想那令人狂喜的结尾在《大地之歌》（1907—1909 年）中变为"永远！永远！"，以及在《第九交响曲》（1909—1910 年）中与这些词相关的音乐主题，莉莉·莱曼的"他对死亡的预感"读起来就越发深刻。这在当时也是罕有的洞见。我们现在必须在相关事件的背景中看待这些作品——或者，也许，在马勒和他的音乐中已经突现的特征中。无论如何，在1907年，也就是马勒创作出"带来欢乐的"《第八交响曲》的第二年，他的生活发生了不可逆转的改变。

第七章　阴影降临

命运的三次锤击？

　　以 1910 年的视角来看，1907 年似乎是马勒生活和工作中一根戏剧性的断层线。按阿尔玛的说法，马勒甚至以自己先知般的灵魂预感到即将要发生什么，并在他的"悲剧的"《第六交响曲》中做了预示。在《第六交响曲》的原始版中，最后结尾部分有三次"命运的锤击"——真正的锤击。马勒在总谱上标记为"锤子"，并要求打击乐手发出一种"短促、有力但沉闷的砰的一声，不是斧头那种金属声"。阿尔玛给出的解释诱人却阴损。她告诉我们，马勒在《第六交响曲》的最后一个乐章里描绘的是他自己和自己的被击垮——尽管他从头至尾把悲剧描述为发生在一位不知姓名的"英雄"身上："这是一个遭受了命运三次打击的英雄。最后一击将他击垮，像一棵树倒下那样"。[1] 她接着说，马勒在音乐中预言了自己的命运。命运的三次打击也将落在他身上，最后一击将会摧毁他。阿尔玛的诠释为《第六交响曲》营造出一种近乎超自然的神秘气氛。她告诉我们，这三次打击发生在 1907 年的夏天。先是他的女儿玛丽亚,他宠爱的"布琪"死于猩红热;之后不久,他就被诊断出患有潜在致命的心脏疾病;随后是在 8 月,政治和职业方面的勾心斗角和竞争迫使他辞去维也纳宫廷歌剧院的职位。他成了一个心碎的男人。

这是一个好故事,因此它可能帮助了许多新来者(肯定也包括这位作者)找到进入这部极其复杂、令人生畏、黑暗和激烈的交响曲的方法。好的故事往往比音乐分析更能有效地将富有挑战性的作品呈现给潜在的听众。但我们有充分的理由谨慎看待阿尔玛的描述,尤其是在涉及到第三次锤击的时候。尽管马勒曾遭到某些媒体人士非常恶毒的攻击,但同样有记者、公众人物和马勒自己的工作人员表示了热情的支持。当《时代周报》(*Die Zeit*)登载了一系列讽刺他的漫画时,一份支持他的声明发表了,其中有一份令人叹为观止的签名名单,许多维也纳的著名艺术家、知识分子和这座城市音乐生活的推动者和有影响力的人都名列其中。显然,许多人热切希望他留下来,有些人甚至是不顾一切地希望他留下来:1907 年 12 月,当一大群人聚集在一起——显然是自发地——看着他离开去纽约时,有些人流下了眼泪。但正如乔纳森·卡奈尔在他的《真正的马勒》一书中令人信服地论证的那样,这位作曲家本人渴望离开维也纳。阿尔玛回忆起旅途中马勒对她说,"保留剧目制的歌剧院时代正在结束"。他不用亲眼目睹它的衰落,不用继续假装自己可以做无米之炊,那是多么好的一件事。这当然可能是一种苦涩的说法,但有迹象表明,马勒有类似的想法已经有一段时间了:比如他在萨尔茨堡莫扎特音乐节上与伯恩哈德·鲍姆加特纳的对话。同年，马勒收到理查·施特劳斯——他的歌剧《莎乐美》被维也纳歌剧院的审查人员以淫秽的理由拒绝上演——直言不讳的劝告：干嘛要待在一个猪圈里把自己累成那样！是施特劳斯怂恿的？如果马勒真正想要的是作曲，他不应该继续这样浪费精力。即使是维也纳宫廷歌剧也不值得付出那么多辛劳，承受那么多痛苦。理查·施特劳斯告诉他，别管什么名利，给自己一些创作空间。此外，卡奈尔列出的细节令人印象深刻。纽约开出的条件——担任大都会歌剧院指挥——很有吸引力：对演出时间表的要求不多，剧院设施完善，大量可供使用的明星歌手，报酬是马勒在维也纳歌剧院年收入的两倍多。这很难说是命运的打击——这是一个非常有吸引力且及时的机会。

这的确很及时，因为马勒夫妇很快就需要换个环境了。当与纽约的谈判还在进行中，马勒像往常一样出发去阿尔卑斯山度假。但就在到达迈尔尼格湖畔别墅几天后，"布琪"染上了可怕的猩红热与白喉混合症。她的咽喉肿胀得几乎要窒息，不得不对她做了气管切开术（几乎可以肯定没有使用任何麻醉），这对她的父母来说肯定是可怕至极——阿尔玛告诉我们，她哭着逃到了湖边。"布琪"又坚持了一天，然后死了。阿尔玛说，马勒在房子里发疯似地跑来跑去，哽咽着抽泣。恐怖还在继续，阿尔玛的母亲安娜·莫尔癫痫发作，而阿尔玛自己也晕倒了。叫来了医生，他对阿尔玛的心脏表示了严重的担忧，并命令她完全休息。阿尔玛接下来告诉我们的已经成为传奇。显然，马勒认为如果他也要求检查一下的话，心情会缓和一些，于是躺在沙发上。这位名叫布鲁门塔尔的医生彻底检查了马勒的身体，然后用假装轻松的口气（至少阿尔玛是这么说的）说："好吧，你没有理由为有这样一颗心脏而骄傲。"她明确地告诉我们，"这个判决标志着马勒末日的开始。"[2]

但这是阿尔玛让我们相信的命运的打击吗？马勒直接去维也纳咨询了著名专家弗里德里希·科瓦克斯教授，被诊断出心脏两侧的瓣膜有遗传性缺陷，尽管这些缺陷是可以"被补偿的"——换句话说，也许是因为马勒长期处在高强度运动的状态中，其心脏能在某种程度上发展出自身的力量来平衡这些缺陷。科瓦克斯教授确实建议马勒减轻一些工作，至少在不久的将来是这样，尽管这是否意味着除了涉及阿尔玛的最简单的运动之外，马勒是否需要严格戒除任何东西还很难说。科瓦克斯教授的诊断表明，应该对心脏稍微小心一些，像以前一样或多或少地履行其职责应该问题不大。8月底，马勒见了另一个专家。他对马勒说，或者说是他告诉阿尔玛，从专业角度来说，只要马勒能避免过度劳累，他可以继续过像以往一样完全正常的生活——这句话表明，无论这位医生在自己的领域里多么称职，但这个判断无疑很糟。马勒补充说，他因此对指挥这项工作不再感到焦虑。不久之后写给阿尔玛的另一封信似乎表明，他现在更担心她的心脏而不是自己的。然而，阿尔玛关于《第六交响曲》中预言性的三次锤击的故事，以及他们在 1907 年的成就，即在这首交响曲远远算不上成功的首演后的第二年，已经成为给神话制造者的一份礼物。从完成《第八交响曲》到 1910 年轰动一时的首演，他创作了三部杰作：《大地之歌》《第九交响曲》和未完成的《第十交响曲》。布鲁诺·瓦尔特——马勒最伟大的诠释者之一，也是马勒的一位朋友，他对马勒的看法总是值得认真对待的——记得马勒把《大地之歌》的手稿交给他后的反应。瓦尔特说，这是马勒第一次没有为他演奏新作品。瓦尔特认为这是马勒担心音乐可能会对自己脆弱的身体产生影响的一个信号。相反，瓦尔特自己独自在音乐中发掘，在此过程中，他被"那独特的热情、苦涩，但顺从而祝福的告别和离别的声音——那是一个被死亡之指悬在头顶的人的最后忏悔"[3]——深深打动了。

瓦尔特继续告诉我们，《第九交响曲》也渗透着"一种神圣的离别感"，并被"死亡阴影"所支配。很显然，这件事——马勒急于检查自己的心率——也是出自布鲁诺·瓦尔特之口。这个说法还使得指挥家伦纳德·伯恩斯坦将萦绕在《第九交响曲》第一乐章中的奇怪切分节奏与他自己颤抖的心跳进行比较。马勒的传记作家迈克尔·肯尼迪推测，心脏诊断的影响也许直到第二年夏天才真正体现出来。当时马勒和阿尔玛像往常一样动身去度他的创作假期。可以理解的是，他们没有回到迈尔尼格，因为那个地方与很多可怕的事情相关联。这对夫妇在现今属于意大利的多洛米蒂山区的托布拉赫山村租了一间农舍。肯尼迪引用了马勒写给瓦尔特的一封信作为证据。这的确表明，自从 1907 年马勒发表那些谨慎乐观的宣言以来，他对自己健康的态度已经发生了转变："我必须彻底改变我的生活方式，你无法想象这对我来说有多痛苦。"[4]

马勒告诉瓦尔特，在他生命的大部分时间里，他都在剧烈运动中寻求安慰和力量。穿过森林、翻山越岭，在大自然中寻找他的思想——就像在他之前的尼采所做的那样。回到办公桌前把它们写下来，并不是真正的创造性活动：它更像是一个农民从田里收获。他还发现，就像许多深陷烦恼的人一样，可以通过长时间的散步或爬山，或者是骑自行车来消除焦虑。可对他来说，一切都被剥夺了。他被迫进入孤独和静止的状态，没有任何东西可以用来分散他的注意力或驱散他的忧虑，特别是涉及到他自己的身体状况时。然而第二年，可能是在完成了《大地之歌》的配乐之后，马勒又一次写信给瓦尔特，信中的措辞非常不同："我一直非常勤奋（这说明我已经很好地适应了这里的环境）……我想这可能是迄今为止我创作的最私人化的作品。"[5]

我们也不应该忘记，这位马勒在 1908 年自称"身体非常健康"。1909 年，他与纽约爱乐乐团签订了一份为期三年担任该乐团指挥的合同，并立即着手计划新的演出曲目。这一切听起来都不像是一个被判决了将不久于人世的人之所为。

"有时候反过来也是正确的"：在这段时期，马勒可能在乐观和近乎绝望之间摇摆（就像他以前经常发生的那样）。如果马勒确实对他的心脏产生了焦虑，这也有可能是另一个原因。许多观点不同的心理学家和心理治疗师都注意到，突发性悲伤的患者经常会产生强迫症，焦虑地关注一些对他们最亲近的人来说几乎没有意义的事情。这就好像大脑试图通过将痛苦的负面情绪转移到其他可能更容易处理的事物上，来抹去无法承受的损失的想法。

即使这种转移或投射没有发生，也没有什么比我们身边的人的死亡更能提醒我们作为人的脆弱。在马勒的《第九交响曲》和《大地之歌》中，我们有充分的理由感受到"死亡之指"的触摸。如果是的话，那么是谁的死亡呢？阿尔玛"命运的三次锤击"的故事，最大的问题在于其中的两次——马勒"被补偿的"心脏缺陷和他离开维也纳宫廷歌剧院——与大女儿玛丽亚之死的毁灭性影响相比，无疑显得微不足道。也有可能，阿尔玛的神话背后有一个隐藏着的目的：通过把我们的注意力集中在1907年的事件上，她试图制造一种烟幕。当我们更仔细地审视1910年夏天的危机时，她可能想要这么做的原因就会变得清晰。但在那之前，在我们考察那个灾难性的夏天马勒所从事的作品《第十交响曲》之前，我们应该听听布鲁诺·瓦尔特听到的"告别与离别"的那两部杰作——《第九交响曲》和《大地之歌》。是否有其他方式来表达这种音乐可能告诉我们的东西？或者从一种新的可能性出发，来考虑音乐可能表达的是一种什么样的"告别"？在《第八交响曲》中表达了巨大而又复杂的肯定之后，马勒是在用这两部作品告诉我们，他的思想和情感又有了什么样的变化？

秋日孤影

"Ewig！Ewig！"（永远！永远！）这是《第八交响曲》最后高潮时男声欣喜若狂的高声呼喊。而"Ewig"也是《大地之歌》结束时女低音独唱在悠长、渐弱的结束句中唱出的最后一个词，它以逐步下行的模式：E-D，D-C，一再重复。但无论在音乐上还是情感上，都与《第八交响曲》雷鸣般的、坚实的降E大调结尾很相似：质地细腻到令人惊叹，和声深沉到含混不清。最后，歌手的"Ewig…"似乎融化在逐渐消退的管弦乐音潮中——正如马勒在总谱中要求的："Gänzlich ersterbend"（完全消逝）。

阿尔玛只告诉我们，这是"我父亲的一个患肺病的老朋友，他把对他的爱都转移到了马勒身上"。他送给这位作曲家一本名为《中国之笛》的书。阿尔玛神秘兮兮没有提到名字的那位绅士就是西奥博尔德·波拉克，他的礼物意义深远。《中国之笛》是一部以中国唐代诗歌为基础，由作家汉斯·贝特格改编的德语诗集，于1907年出版。强调"改编"是很重要的，因为贝特格的中文并不好，他的文本是基于已有的更古老一些的学者的翻译。但是他的德文很漂亮，使这些诗文赢得了广泛的吸引力，一批著名作曲家很快效仿马勒为那些诗歌谱曲。最突出的有阿诺德·勋伯格、安东·韦伯恩、理查·施特劳斯、卡罗尔·希曼诺夫斯基、汉斯·艾斯勒、恩斯特·克热内克和博胡斯拉夫·马尔蒂努等。在20世纪的头十年，维也纳对遥远的东方艺术和诗歌的兴趣大大增加。马勒本人在1907年之前对东方文学没有多大兴趣，但他对哲学家阿图尔·叔本华的热烈崇拜可能为他打下了良好的基础。叔本华是德语世界中最早认真对待且深入研究印度教和佛教思想的主要思想家之一，他在自己的哲学中所持的"寂静主义""绝弃尘世"的倾向在很大程度上归功于他在印度经典中发现的东西。虽然马勒从《中国之笛》中选取的诗歌并没有涉及涅槃的，但却有一种深刻的、带有叔本华式的佛教的意味，即人的愿望和欲望的虚无，以及个人存在的短暂和终极的微不足道。这些词，有时是对我们可怜的命运的抗议，有时是对无法把握的大地生命之美近乎痛苦的渴望的哭泣。但以《大地之歌》中组成套曲的六首歌为背景，人们越来越感觉到唯一真正的出路在于顺从，在于听天由命。在《浮士德》的第一部分中，歌德在以下几行诗中明确了主人公奋斗和探索的目标：

> 如果此刻我可以说，
> 请留下！你真是太美了！

就像受《第八交响曲》中的浮士德的启发一样，《大地之歌》也结束在对永恒的憧憬中。马勒在王维的诗中添加的文字描述了自然的无限循环：

> 大地到处都那么可爱，
> 春暖花开，绿荫又现！
> 无所不在、永远闪耀的蓝色光焰，
> 永远……永远……

但对于旁观者及马勒自己而言，并没有参与到这种永恒的轮回中。王维最后的诗句，即在最后幸福的终极愿景之前的那几句：

我为孤寂的心寻求安息，

　　踏上回家之路，去那故园，

　　再也不去遥远的地方游荡

　　我的心在静待生命的终极。

如果这是马勒的"流浪者"的另一个版本——陶醉在"永恒的女性"怀抱中的流浪者，那么此时她的脸无疑正面对着美丽的死亡。

　　《大地之歌》最后一个乐章的标题是"告别"。这还有什么好说的吗？布鲁诺·瓦尔特说《大地之歌》本质上是马勒对他深爱的大地的告别，难道这不正是能证明这个说法正确的确凿证据吗？不过，我们对马勒经常需要那样做：仔细观察，真相可能会变得复杂。其中两首歌——第二首《青春》（*Von der Jugend*）和第四首《美人》（*Von der Schönheit*）——更有喜庆的意味：《美人》这首歌较快的中间部分让我们更加接近《第四交响曲》第一乐章中捕捉到的童年欢乐的画面。还有两首饮酒歌：第一首《悲愁大地的饮酒歌》（*Das trinkied vom Jammer der Erde*）和第五首《春天里的醉汉》（*Der Trunkene im Frühling*）。虽然它们中间隔着三首歌，但马勒对这两个乐章的精心安排，可以证明在马勒看来，在对立的两极中往往可以找到全部真相。这也提醒我们，马勒在音乐中明显流露出的"个性"并不总是他本人的直接反映。有时，马勒的生活和工作之间的密切关系似乎是对 T. S. 艾略特主张的根本性反证。艾略特认为，人类个体所遭受的苦难，不应该与创造性思维本身混为一谈。因此，当人们听到这两幅栩栩如生

212

的酗酒者的自画像时，应该记住，没有任何关于马勒本人哪怕是轻微酗酒的记录。马勒在餐桌上享受快乐，就像在日常生活的其他方面一样，但他非常自律。事实上，他可以被视为实践古斯塔夫·福楼拜座右铭的典范。福楼拜的座右铭是："生活要有规律、有秩序，这样你的作品才可能具有强烈性和独创性。"

第一首《悲愁大地的饮酒歌》无疑具有"强烈性和独创性"——悲痛的惊呼，中间夹杂的转瞬即逝的、痛苦的温柔，和似乎源自《第八交响曲》的深不见底的三声部副歌"黑暗即是生命，也是死亡！"。但第五首《春天里的醉汉》是一种纯粹的快乐和活力，开头的诗句，就让你感觉是从维也纳小酒馆的花园里轻快地传出的：

> 如果人生只是梦一场，
> 那又何必为此沮丧？
> 我得喝得一醉方休，
> 那才是一整天的荣光！

然而，马勒对自己健康的焦虑可以在《大地之歌》的一个乐章里很清晰地表现出来：第二乐章那首凄凉的《秋日孤影》。这是马勒用最简洁的音乐织体写出的一首悲歌，似乎更像冬天，而不是秋天。在第三段开头的两行诗句似乎可以证明这点：

> 心已疲惫，宛如小灯
> 噗的暗去，催我入眠

随之而来是悲恸的呼喊："爱的太阳，你是否不再照耀，温柔地擦干我苦涩的泪水？"但是，伴随着唱出"小灯"的音乐织体——至少对这位听者来说——让人想起马勒的声乐套曲《亡儿悼歌》。就音乐本身而言，这几乎算不上关键性的证据，但至少它可能是一种暗示。消除神话，回想到马勒在完成《大地之歌》之后只活了两年，重新阅读歌词、聆听音乐，这可能是造成歌者可怕的孤独的另一个原因："小灯"可能暗指玛丽亚。如此说来，这首歌所传达的强烈的孤独感，比出于自我保护而逃离世界更为深刻。

*

无论如何，这些都不是新鲜事。在马勒的全部创作生涯中，他一次次地回到死亡和失去的主题上。当他还是个孩子的时候，他告诉一位密友——小提琴家娜塔莉·鲍厄 - 莱希纳，说他曾写过一首钢琴曲，在那首曲子中，葬礼进行曲后面紧跟着波尔卡舞曲！很难说这是否是阿尔玛所认定的"他内在的裂痕"的早期印证，或者那仅仅是一个象征，表示年轻的古斯塔夫熟悉杜姆卡这种斯拉夫民歌形式：忧郁的抒情与活泼的舞蹈相互交替。但无论哪种方式，这都是马勒的典型特征，就像《大地之歌》中《悲愁大地的饮酒歌》和《春天里的醉汉》之间的两极对比一样。《第一交响曲》或许确实是结束在嘹亮的胜利凯旋中，但它广为引用了《旅行者之歌》中的歌曲旋律，以另一个孤独的、疏离的流浪者，在与自然的和解——死亡——中寻求解脱作为结束。在最后一首歌结尾时重复的"一切！一切！"（Alles！Alles！），听起来就像是《大地之歌》里最后死亡时的"永远，永远"（Ewig，Ewig）令人诡异的预示。德里克·库克是最睿智、最公正的马勒评论家之一，他引用了马勒在 1879 年写给朋友的一封信，当时马勒只有 19 岁。这封信读起来就像一个青少年对"告别"的情感旅程的描述："哦，我亲爱的大地，什么时候，什么时候，你会把这个被遗弃的人拥入你的怀抱？……哦，关怀这个孤独的人，这个疲惫不堪的人，宇宙母亲！"[6]

诚然，正如库克承认的那样，这里存在着传统的浪漫主义"装腔作势"的元素。但人们对马勒了解得越多，就越难否认他所表达的情感"足够真诚"。我们不要忘记，这是一个已经见证了他几个兄弟姐妹过早死亡的年轻人，他的哥哥奥拓 1895 年的自杀给他造成极度震惊，然后是——几乎可以肯定对他是最沉重的打击——心爱的女儿的悲惨死亡。这最后一击可能让马勒此生对无法弥补的失去的关注更加清晰，但这样做只会在一定程度上强化已经存在的东西。

而布鲁诺·瓦尔特用另一部作品——《第九交响曲》——作为见证。在这部作品里，马勒所说的"告别和离别"听起来更为真实。

"在高处"

　　……表达了对大地的非凡的爱。渴望平和地活在这个地球上，当死亡来临之前享受深层的大自然。而死亡来势汹汹。

整个乐章充满了对死亡的预感。[7]

    每当论及马勒《第九交响曲》这部作品，阿尔班·贝尔格对其第一乐章的描述经常被引用，以至于它已经获得了一种近乎《圣经》的地位。当贝尔格在论述《第九交响曲》中对死亡的表达时，他的观点并不是一种简单的、凭空想象出来的个人诠释。音乐中充满了支持他的观点的细节。马勒最诡异的葬礼进行曲在这段音乐中萦绕着，其凶险的脚步声似乎直接来自交响曲开头几个小节中由大提琴和低音圆号所发出的怪异的颤音切分音节奏——伯恩斯坦将这一主题比作马勒不稳定的心跳。从一开始——几乎从第一小节开始——第一乐章就被一个如同叹息一般的双音符的下降音型所主导。我们此前听到过这个音型：它和女低音在《大地之歌》的"完全消逝"的最后时刻唱的"永远！永远！"是一样的。

谱例 7.1　《大地之歌》第六乐章

谱例 7.2　《第九交响曲》第一乐章

谱例 7.3　《第九交响曲》第二乐章

在接下来的三个乐章里，这个音符又出现了，有时跟最初听到的一样，有时是再下降了两度（谱例 7.1）。但到了结束时，变成为决定性的三度下降。如此，它清晰地勾勒出了贝多芬那首被称作"告别"（Das Lebewohl）的钢琴奏鸣曲（作品 81a）的主部旋律。十几岁的马勒曾在维也纳音乐学院试奏过这首曲子，并给他后来的教授朱利叶斯·爱泼斯坦留下了深刻印象。贝多芬的主题是"Le-be-wohl"：马勒不仅遵循了贝多芬的范式，还对这首贝多芬的奏鸣曲的第八小节中美妙的和声做了呼应：

谱例 7.4　贝多芬钢琴奏鸣曲，作品 81a，第一乐章第 7-8 小节

谱例 7.5　马勒《第九交响曲》第四乐章

马勒《第九交响曲》的终乐章为柔板。把慢乐章放在最后，马勒可能是想到了柴科夫斯基的《第六交响曲"悲怆"》，或者是布鲁克纳未完成的《第九交响曲》——这两部作品都弥漫着死

亡的阴影。这一乐章的开始，小提琴声部奏出极富表现力的上行音阶强烈地让人想起布鲁克纳那个慢板乐章的开始部分，那也是布鲁克纳生前完成的最后一个乐章。但马勒所取得的成就完全属于他个人。第一主题由整个弦乐组奏出，不仅完整地表达了贝多芬的"告别"主题，还与维多利亚时代的葬礼赞美诗《与我同在》（*Abide with Me*）形成了鲜明的呼应。相似之处可能是巧合，但也有可能是马勒在纽约——据阿尔玛说，是在一个年轻的消防员的葬礼上——听到过这首赞美诗。马勒深受感动，并在他的《第十交响曲》中留下了黑色印记。由全部弦乐器奏出的丰满悦耳的音乐不时出现古怪凄厉的声音：先是纤弱的小提琴和低沉的大管的声音（非常柴科夫斯基的声音），随后是小提琴在高音区（"无表情"）以及低吟的大提琴和阴森的低音大管发出令人不寒而栗的声音。最终，"告别"主题形成了一个巨大的、绝望的高潮，这似乎是在为《第八交响曲》的超凡荣耀而努力：在某一刻，圆号甚至吹奏出《第八交响曲》最后高潮中男性的"Ewig！ Ewig！"的主题。然而，这些努力都是徒劳——当圆号试图再现《第八交响曲》的肯定时，却发出了一种绝望的声音，丰富的织体逐渐减弱，直到最后几小节接近虚无。这些缓慢而沉静的乐句之间的沉默几乎令人无法忍受，就像一个所爱的人即将死去时最后的呼吸之间的停顿。从 pp（很弱）到 ppp（极弱）再到 pppp（最弱），直至最后一个被标记为 ersterbend，即"消逝"的和弦。

但就在结束之前，有一段非常重要的"引用"。小提琴轻柔地回响着马勒的《亡儿悼歌》第四首歌中最后那个令人心碎的高潮："我总以为他们只是出远门去了。"歌者表达的是那些经历过难以承受的失去所爱之人的人们的共同感受：常常在幻觉中以为所爱的人还在那里，在某处。小提琴奏出的音乐让人想起那位歌手痛苦的哭泣：

我们很快就会在高处赶上他们
在阳光下！高处的天气真美！

诗人弗里德里希·吕克特的诗句捕捉到了一种奇特现象——任何在阿尔卑斯山生活过的人都熟悉这种奇观，而马勒自己也肯定经历过很多次。在深邃陡峭的山谷中，黄昏降临很久之后，在高处的牧场和冰雪上，阳光依然十分清晰地照耀着。从越来越深的幽暗中抬头仰望那依然明亮的高处，就像凝视着另一个遥远而宁静的世界。从暮色渐浓的世界进入一个持久的、也许是永恒的一天。但马勒是在表达另一种希望，另一种信念：很快就能"在高处"与自己失去的女儿团聚？还是在捕捉失去亲人的父母的绝望，无助地试图抓住一个逐渐消逝的错觉？

没有人会真正怀疑在这里，在《大地之歌》中，马勒以一种他以前所写的任何作品都无法比拟的激情和紧迫感来表现死亡。然而，有争议的是仍然广为流传的一种观点，即马勒的这两部作品自然或超自然地预见到了他在自己的《第八交响曲》首演八个月后的死亡。这类读物在马勒爱好者中深受欢迎，但同时也让马勒恐惧症患者产生了这样的想法，即《第九交响曲》和《大地之歌》，如迈克尔·肯尼迪所说，除了"令人心碎的、以自我为中心的告别"之外，没有提供什么更深刻的东西（肯尼迪本人对这两部作品的看法截然不同）。反对这一观点的最终论据可以在马勒1910年的作品，那部非常接近于完成的《第十交响曲》的总谱中找到。稍后，我们将深入了解这部令人惊叹的作品。即使是在作曲家留下的尚未完成的状态下，这部作品依然光彩夺目、雄辩有力。但在此之前，我们必须考虑1910年夏天发生的事件。这些事件不仅在音乐上留下了印记，在《第十交响曲》的手稿上也留下了印记。

第八章　"为你而生，为你而死"

第四次锤击

当"古斯塔夫·马勒夫人"或"指挥家马勒夫人"——当她的丈夫在维也纳宫廷歌剧院工作时，维也纳上流社会会这样称呼阿尔玛——肯定有很多艰难的时候。诚然，地位是她渴望的东西之一，嫁给这个城市最重要的艺术名人之一——当马勒走在维也纳的大街上，不时会有人对他指指点点——极大满足了她的这种需求。但它也有缺点，而且不少。与埃塞尔·史密斯形容为"险境中的炸弹"的男人生活在一起就已经够受的了，还不要说婚后生活的大部分时间里，阿尔玛几乎见不到她的丈夫：当他不忙于歌剧院繁重的工作时，他会忙着作曲，或全身心投入到他那激烈的单独锻炼的计划中，或如痴如醉地阅读。即使他人在身边，也经常精神缺席——"独自活在我的天堂、我的爱、我的歌中"。《这个世界把我遗忘》这首精美的歌曲中这几句歌词的音乐，被引用到他的《第五交响曲》中那个著名的柔板乐章里，作为献给阿尔玛的"情歌"。一个活在爱中却能如此甜美地唱出"孤独"的男人，显然没有学会现实世界婚姻关系中那些艰难的妥协。从阿尔玛的日记中也可以明显看出，她是一个有着强烈生理需求的女性，而马勒却无法满足这些需求。虽然，马勒在遇见阿尔玛的时候已经有了放荡的名声，但阿尔玛自己的记录表明，在他们结婚的初期，阿尔玛发现他在性的方面"缺乏经验"。在阿尔玛的日记中有一段特别痛苦的描述，记录了这对夫妇第一次失败的性尝试，从字里行间可以清楚地看出，马勒有时患有阳痿，就像很多艺术家在创作中挣扎时一样。英国作曲家威廉·沃尔顿在创作他的《第一交响曲》初期阶段的阳痿是他与爱玛·多恩伯格男爵夫人的关系灾难性破裂的主要原因——尽管，如果没有那场崩溃带给沃尔顿的创伤，他这首交响曲可能永远也不会演变成它现在这般壮丽的宣泄。阿尔玛在马勒之前的情人，作曲家兼指挥家亚历山大·策姆林斯基显然在这些方面更能取悦她。阿尔玛坦率地承认，她甚至允许他对自己有任何亲密的行为，除了性关系。但马勒更有吸引力，策姆林斯基遭到了拒绝。这在此后数年中给他和他的音乐都留下了印记。

但策姆林斯基为阿尔玛做了另外一件事：他鼓励她作曲。马勒的态度则截然不同。1901 年 12 月，在他们婚礼的三个月前，阿尔玛收到了马勒写来的一封不太长的信，信中的语气更像是维多利亚时代一位严厉的父亲写给一个可能出轨的孩子，而不是情人。"丈夫和妻子都是作曲家，你怎么看待这一点？"他劝告道，"但从今以后，你只有一个职业：让我快乐！"[1] 我们可以想象阿尔玛在读到这句话时的心情。

这不是漫不经心的说辞。马勒详细叙述了自己的想法，并询问阿尔玛，她完全明白自己将要承受的是什么吗？他的角色是作曲家，是养家糊口的人；而她是一个充满慈爱的妻子，一个充满同情心并全力支持他的伴侣。她能满足于此吗？他承认，他知道自己对她的要求太高了，但他不仅可以这样做，而且必须这样做。而她很快也会明白他必将做出什么样的回报。

不能说马勒没有警告过她。然而，在读了这一切之后，阿尔玛还是嫁给了他。她放弃了自己的创作，似乎在努力成为他所要求的那种富有同情心的伙伴。考虑到这一切，再加上阿尔玛本身充满激情和极具创造力的天性（《回忆与书信》就是证明），他们的关系能维持这么久也许是值得注意的。维也纳艺术界知识分子之间的婚姻可能比城市中受人尊敬的资产阶级或工人阶级之间的婚姻更难持久。1908 年，当策姆林斯基的妹妹玛蒂尔德为了画家里夏德·格斯特尔离开阿诺德·勋伯格（和他们的两个孩子）时，他们的婚姻就几乎完全破裂了。

尝试从阿尔玛的角度来看待这些事很重要。因为近年来，在《回忆与书信》最初的全面成功后，人们越来越倾向于把她看作故事中的反面人物，或至少把她视为不可靠的证人。她被指责像猎人收集战利品一样收集名人丈夫和情人，并在晚年意识到从子孙后代的角度考虑，马勒可能是最好的选择时，重新采用马勒的姓氏作为自己的姓氏。有关她是否适合当母亲的一些负面评论，也显然有一定道理。很难说她对大女儿玛丽亚之死的震惊和恐惧不是真实的，但如果是真的，有证据表明她的反应是一种心理治疗师所说的"复杂的悲伤"。布鲁诺·瓦尔特注意到，尽管阿尔玛泪流满面，但她似乎比马勒更能承受失去孩子的痛苦。阿尔玛在她的日记中有点内疚地承认，她至少有一次萌生希望玛丽亚死去的念头。1935年，在玛丽亚去世近30年后，阿尔玛与沃尔特·格罗皮乌斯的女儿，年仅18岁的曼侬躺在病床上。她最后留给母亲的话读起来让人心痛："妈妈，你会熬过去的，就像你已经熬过去了一切——我的意思是……因为每个人都得熬过去。"[2]

然而，毫无疑问的是，当马勒在1910年夏天动身前往多洛米蒂山区的托布拉赫进行创作时，阿尔玛患上了相当严重的抑郁症。她告诉我们说："像他那样强烈的精神驱赶着我不停地往前走，这种折磨和撕裂使我彻底崩溃。"这话很容易让人相信。她去了阿尔卑斯山托贝尔巴德山区一家温泉疗养院，那里离托布拉赫大约有200英里。在《回忆与书信》中，她告诉我们，她在托贝尔巴德的生活是"完全孤独"的，这使她或多或少感到是被抛在了脑后，最终变得情绪极其低落，以至于疗养院院长介入，并决定为她找一个能陪她散步的人，而且越年轻越好。似乎是，"有一位建筑师，X，我发现他特别同情我。很快，我丝毫不怀疑他爱上了我，并希望我可以回应他的爱。于是我离开了。"[3]

20年后，当阿尔玛的回忆录《以爱为桥》出版时，她毫不羞涩地说出了她这位仰慕者的名字：他就是27岁的沃尔特·格罗皮乌斯，当时他刚刚迈出辉煌事业的第一步，后来他成为20世纪最具独创性和影响力的建筑师之一，并在1915年至1920年间成为阿尔玛的第二任丈夫。《以爱为桥》中有关这个故事的说法略有不同：阿尔玛和格罗皮乌斯是在舞池中相遇的，而不是在疗养院乡间散步时。但结局还是一样：阿尔玛接受格罗皮乌斯的友情和仰慕，但设法向她的年轻仰慕者传达了她不希望他们的关系进一步发展。她在《回忆与书信》中告诉我们，她根本没想过要用新的生活取代旧生活。

直到 20 世纪 80 年代，阿尔玛和格罗皮乌斯的通信首次发表时，真相才最终浮出水面，尽管一些人长期以来一直对此持怀疑态度。阿尔玛在托贝尔巴德逗留期间就与格罗皮乌斯成为恋人。阿尔玛去托布拉赫后，他们开始了充满激情的通信。一些信被送到了当地邮局，但有少数几封似乎是直接送到了托布拉赫的农舍——这似乎是引发这场灾难的原因。阿尔玛对此事的说法受到了广泛质疑。她告诉我们，格罗皮乌斯曾给她写过一封信，说离开她就活不下去了，她必须离开马勒，立刻和他在一起。但阿尔玛说，他犯了一个严重的错误：在信封上没有写收信人的姓名，而是写了"指挥家马勒先生"。这似乎很难让人相信，一些说英语的作家对此非常怀疑。但事实是，一封正式寄给阿尔玛的信——在这种情况下，可能是为了掩盖信件内容的真实性质——应该是寄给"指挥家马勒夫人"的。这很可能是一个失误，但如果是这样的话，几乎可以肯定是弗洛伊德式的失误。至少在不知不觉中，格罗皮乌斯想要强行解决这个问题。但是效果是毁灭性的。阿尔玛告诉我们，马勒打开信封的时候正坐在钢琴旁。突然，他的表情变了，结结巴巴地问了一个问题——这是什么？这一发现引发了一通长篇大论，但不是马勒发出的，而是阿尔玛自己：

现在——终于——我能够把一切都告诉他了。我告诉他，我年复一年地渴望着他的爱，而他只是狂热地专注于自己的生活，完全忽视了我。就在我说话的时候，他第一次感到自己亏欠了那个与自己生命息息相关的人。他突然有一种愧疚感。[4]

在一出关于问题婚姻的戏中，可能会制造一个激动人心的高潮，也许接着会是更感人的和解。起初，阿尔玛似乎是在告诉我们，事实就是如此。在两人敞开心扉之后，阿尔玛像以往一样强烈地感到，她永远不能离开马勒。当她这样告诉他时，他的脸色都变了。从那一刻起，他一刻也舍不得离开她。但实际情况，无论是对于阿尔玛·马勒还是她的丈夫，可能恰恰相反。阿尔玛的叙述如此迷人的原因之一是她内心的矛盾，她自身存在的裂痕，总是不由自主地显露出来，无论她自己的主观意图是什么。阿尔玛在此后的一段话中告诉我们，她"无限的爱已经逐渐失去了一些力量和温暖"。在那之后她又写了几句话："我知道我的婚姻不是婚姻，我自己想要的生活完全没有实现。""我把这一切都瞒着他，"（她前面还告诉我们把一切都告诉他了，而她做的恰恰相反！）"尽管他和我一样清楚，但为了不伤他的感情，我们还是把喜剧演到最后。"在这段话的中间，她暗示了她和格罗皮乌斯除了热烈而纯洁的友谊之外，再也没有进一步发展，可之后她又十分暗示性地承认，她"被一位年轻情人冲动的袭击弄得睁开了眼睛"。在这段相对较短的段落中出现的困惑和矛盾，强烈表明阿尔玛在时隔30年后写这段文字时，她的感情仍然非常矛盾。有人想象，弗洛伊德本来可以有一段美好的时光，在他的问诊室里解开这团乱麻。

接下来发生的事必须从各种来源拼凑起来。再加上阿尔玛与格罗皮乌斯的通信，以及她的自传《我的生活，我的爱》（*My Life, My Loves*，1958 年），一个相当确凿的故事就显现出来了。格罗皮乌斯没有得到阿尔玛的回应，很受刺激，就径直来到托布拉赫。阿尔玛和马勒开车外出时，碰巧看见格罗皮乌斯躲在一座桥下。格罗皮乌斯显然试图现身农舍，要求解决问题，但被一条向他冲来的狗吓跑了。阿尔玛向马勒坦白了事情的真相。马勒在天色渐暗的时候去找格罗皮乌斯，然后提着灯笼把他带回了家。马勒把阿尔玛叫来，让她和格罗皮乌斯单独在一起谈谈。阿尔玛告诉我们，仅仅几分钟后，她就开始担心马勒了。她走进马勒的房间，发现他在烛光下来回踱步，一边在阅读《圣经》。根据《我的生活，我的爱》和《回忆与书信》里的描述，马勒向她保证，他相信她会做出正确的决定。此处她的叙述是这样的：这个决定与其说是"把喜剧演到最后"，不如说是肯定了自己即使离开马勒也能活下去。当然不是和另一个男人在一起。第二天，格罗皮乌斯被送往火车站离去。事情就是这样——至少在马勒活着的时候是这样。

但正如我们已经看到的，这对恋人的通信讲述的是另一个故事。甚至从阿尔玛自己的叙述中，我们也能推断出马勒本人对此更多的是怀疑。事情是从什么时候开始发生的并不清楚。阿尔玛似乎前后摇摆不定（可能是愧疚引起情绪混乱的另一种症状），但马勒的精神创伤似乎已经持续了一段时间。这对夫妇分睡在不同的房间（像当时许多富裕家庭的夫妇那样），但此时马勒就像一个怕黑的孩子一样，要求把各自卧室的门打开。阿尔玛回忆说，她经常在夜里醒来，发现马勒像幽灵一般站在她的床边。她还回忆说，发现马勒躺在画室的地板上，因害怕失去她而哭泣。贴近大地是一种安慰！可爱的大地！如果阿尔玛不能成为拯救马勒的"永恒的女性"，也许亲爱的大地母亲可以。

还有另一次可能的救赎：和解。即使在遭受了发现阿尔玛与格罗皮乌斯的关系这一可怕的打击后，马勒仍然继续他在1910年暑假开始时就开始创作的《第十交响曲》。在那个假期结束的时候，他显然已经完成了总谱草稿——我将会在后面讨论这究竟代表了马勒什么样的生存状态。《第十交响曲》的音乐和手稿本身，是马勒生命中最后一个整年的精神历程的终极见证。但是，在我们详细了解这部惊人的、几近完成的杰作之前，我们还可以从上面对1910年夏天的描述中得出另一个可能的推论。这有助于解释阿尔玛对事件的描述中存在的矛盾、模棱两可和闪烁其词；这本书也有助于人们了解1907年马勒遭受的三次致命的"命运锤击"。真正将马勒"像一棵树倒下一样"击垮的命运之锤——开始缓慢，但势头稳步增长——不是他离开维也纳宫廷歌剧院，也不是被诊断出心脏瓣膜有缺陷，甚至可能不是玛丽亚的死——而是令他感到震惊的他的"永恒的女性"可能真会抛弃他。

"一首伟大的歌"：《第十交响曲》

文学评论家埃里希·黑勒在对弗兰茨·卡夫卡的研究中，注意到了卡夫卡的写字桌对其可怕的"奴役"。黑勒引用卡夫卡写给密友马克斯·布罗德的一封信中的话："如果不想陷入疯狂，就必须一刻也不离开它，必须全力以赴抓住它。"[5]看着《第十交响曲》的总谱草稿，人们会愈发觉得，创作这部交响曲对马勒起到了很相似的作用。在最后两个乐章的重要页面上，我们发现了他对上帝、对阿尔玛，甚至是对魔鬼发出的绝望的惊叹词，都是出自同一只一反常态的、颤抖的手。包括马勒急匆匆写信给埃米尔·赫茨卡，要求他在《第八交响曲》总谱上加上给阿尔玛的题献。其不稳定的心理状态不是表现在恳求本身，而是表现在看似疯狂的重复和支离破碎的拼写及句法上。在《第十交响曲》第二个谐谑曲乐章过渡到末乐章的开头时，我们在总谱上发现了如下内容：

Du allein weisst was es bedeutet.（只有你知道这是什么意思）

Ach! Ach! Gott!（啊！啊！上帝！）

Leb' wol mein Saitenspiel（再见，我的七弦琴）

Leb wol（再见）

Leb wol（再见）

Leb wol（再见）

Ach wol（啊 好吧）

Ach Ach（啊 啊）

这个总谱上新的标记形式"我的七弦琴"（mein Saitens-piel），

也出现在他写给阿尔玛的一封信中（亦或是书面祈祷？），那是从托布拉赫的作曲小屋寄出的："我被黑色幽灵附身了。它们把我按倒在地，快来把它们驱赶掉……我在这里躺着等你来。我在默默地问自己，我还能得到救赎吗？抑或是我已经被诅咒了。"[6]

在这一切中，是否存在一种有意识的算计因素？在写最后一个乐章的某个时刻，马勒改变了交响曲的结尾：他没有像最初计划的那样以降 B 大调结束，而是构思了一种令人心碎的转调，将音乐带回到交响曲最初的主调升 F 大调。为做到这一点，需要在新的调性下重复最后 95 小节音乐。马勒在总谱上细致地等分复制了一些"无意识的"对阿尔玛的恳求：Für dich leben， für dich sterben（为你而生，为你而死）作为标记。在交响曲的最后一声巨响中，他用了自己最喜欢的给她取的昵称"Almschi！"。阿尔玛当然是想看到这些标记的，也许是想要让别人看见——也许是子孙后代？或者是因为这些标注对马勒的交响曲概念至关重要，以至于他无法想象音乐中怎能没有这些？

然而问题是，这是否代表了马勒精神生活中的一种新的危机？或者，这是否——就像《大地之歌》和《第九交响曲》中传达的那样——揭示了一种由创伤性事件引起的强化，某种一直存在着的东西？心理学家凯·雷德菲尔德·贾米森在对双极情感障碍（躁郁症，或躁狂症）和创造力研究的经典著作《触火》(Touched with Fire)中，将马勒的名字列在了躁郁症作曲家名单的首位。马勒在音乐中，和在个人生活中表现出的极端情绪波动具有强烈的提示作用，而且贾米森教授还有其他证据支持她的观点。正如她指出的那样，躁郁症往往会在家庭中"聚集"：马勒的妹妹朱斯蒂经历过可怕的幻觉；我们也注意到情绪极不稳定的马勒的哥哥奥拓的自杀。马勒在他的暑期"假期"惊人的创造力也是潜在的提示：马勒以惊人的速度（仅仅八周）就完成了他的《第八交响曲》，这与心理学家的术语"轻度躁狂症"（字面意思是"在躁狂中"）完全相符。许多患有躁狂症的艺术家和思想家，会发现他们在工作时会有一种不可思议的娴熟。重要的是要强调，轻度狂躁症并不是完全的狂躁症，在大多数情况下（不幸的是，我知道此处我在说什么）往往是创造性的断裂。马勒的情况正是如此，轻度躁郁症。马勒可能经历了那种让其他人碰上同样也会失去平衡的情绪和冲动；他也可能出现过那种典型的双极 "混合"的情绪状态，就像威廉·布莱克在《天堂与地狱的婚姻》（*The Marriage of Heaven and Hell*）中生动表述的："悲极而笑，喜极而泣。"但没有记录表明马勒因为极端情绪而严重丧失自己的行为能力。的确，他在 1907 年夏天几乎没有作曲，但考虑到马勒当时所受的打击，这不足为奇。没有必要用精神病理学来解释一个人在失去孩子后不想工作的行为。但即使是在 1910 年夏天这场极端的危机中，马勒仍然能够继续创作他的《第十交响曲》，而且几乎完成了这部作品。也许实际上，写字桌对马勒的作用就像埃里希·黑勒所说的对卡夫卡的作用一样：防止马勒在充满威胁的情绪中失去平衡。此外，在马勒全部的成年生活中，他都是一个非常自律的人：不仅在作曲习惯上，而且在作为指挥和歌剧导演的工作中，以及他严格的锻炼计划中。尼采在《查拉图斯特拉如是说》中写道："一个人只有内心混沌，才能成为一颗舞动着的星星。"马勒当然知道那种混沌，从他的一些音乐中，人们可以推断出那些直接溢出纸面的内心的混沌。作品直接反映了生活。但与福楼拜一样，马勒也明白他的日常生活需要"有序"，以便使激烈和混乱在他的音乐中成为创造性焦点。写在《第十交响曲》草稿上那些痛苦的标注可能暗示了一颗处于危险的混乱状态的心，但这部在形式上控制得极好的作品——即使其形态尚不完整，但也已经非常明显——证明了一些非常不同的东西。马勒的心理状态可能让人联想到一台离心机，所有的东西都从一个空空荡荡、分崩离析的中心旋转而出。但在《第十交响曲》中，这个中心最终还是保留了下来，就像他往常那些作品一样。

太遥远的告别？

如果《第十交响曲》代表了马勒的艺术发展中如此关键的阶段——如果它是关于马勒在可能是他最深刻的精神危机中找到人生意义和目标力量的文字与音乐的终极记录——那么，它所传达出的信息在 20 世纪的大部分时间里，怎么可能会基本上被置之不理？造成这种情况在很大程度上与人们对马勒 1911 年早逝的震惊反应有关，与人们对马勒最后完成的作品——《大地之歌》和《第九交响曲》——的反应也有关。这两部作品的首演都是在马勒去世后。在这种悲伤和困惑的气氛中，谣言迅速传开。很快，人们就知道马勒曾开始创作《第十交响曲》。马勒的传记作家保罗·斯蒂芬显然是听阿尔玛说了（马勒肯定在钢琴上为阿尔玛弹奏过这首作品的部分，甚至是全部）总谱中的神秘信息。音乐表达了欢乐，甚至是兴高采烈，但阿尔玛的结论是，"也许，也许没有人会注意这部作品。"[7] 很快，那个"也许"就变成了神圣的禁令。阿诺德·勋伯格在 1912 年一次关于马勒的演讲中，阐述了很快在他的追随者中成为信条的东西（就像勋伯格的许多论断都成了追随者的信条一样）。没错，勋伯格坚持认为，马勒的《第十交响曲》不应公诸于众，其本质不明。这与贝多芬的《第十交响曲》的情况是一样的，大家都知道贝多芬写了《第十交响曲》的草稿。对马勒来说，就跟贝多芬和布鲁克纳一样，写到《第九交响曲》似乎已经是一种合规的限制。任何试图超越的作曲家都会发现自己可能误入了一种无法言说的境地，而在试图表达的过程中，就自然而然地要超越自我。如果说这里有什么信息可以被推测出来的话，那也是凡人还没有做好准备去接受的信息："写了《第九交响曲》的人离来世太近了。如果那些知道这个世界谜底的人中有一个写了'第十'，那也许这个世界的谜底就解开了。"[8]

当然，这是不可能的。值得考虑的是，在现代音乐学会议上会如何认真对待这样的论点。但是勋伯格这个带着神圣的恐惧转移视线的论断影响深远，而且持续了很长一段时间。1973 年，伦纳德·伯恩斯坦在他拍摄的讲座《查尔斯·艾略特·诺顿演讲》的第五集《悬而未决的问题》中谈到马勒时，他的观点被认为是重申了正统的勋伯格的观点。这部"有争议的"未完成的《第十交响曲》，这部马勒试图"实验性地"一步进入到勋伯格式（即无调性）的未来作品，"对我来说，仍然只是一个完整的乐章。这也是另一个述说'告别'的令人心碎的柔板。向太多的事情告别。"[9]伯恩斯坦说，即使马勒还活着，肯定也永远无法完成他的《第十交响曲》。他的《第九交响曲》已经把他该说的和能说的都说了。

　　至少，伯恩斯坦说"对我来说"还是很诚实的。这是一种高度个人化的解读，显然不是基于对《第十交响曲》草稿的任何详细检视。如果伯恩斯坦仔细观察，他就会发现马勒不仅完全知道《第十交响曲》将如何结束，而且知道它将如何以"一个完整的乐章"——伯恩斯坦将其解读为"另一个述说'告别'的令人心碎的柔板"——来结束。他或许也修正了自己对马勒"实验性地"迈向勋伯格的看法。事实上，《第十交响曲》很可能已经达到了类似《第八交响曲》在1906年暑假结束时那样的状态。对伦纳德·伯恩斯坦这样的马勒演绎专家提出异议不是一件容易的事。伯恩斯坦从勋伯格的死亡神秘主义中理解了《大地之歌》和《第九交响曲》，这也是他能够将这两部作品演奏得如此深刻、感人的原因之一。但是当谈到《第十交响曲》时，伯恩斯坦在很多方面都错了。那么，为什么他坚持拒绝考虑这部作品可能在表达什么呢？的确，为什么很多关注马勒的人都坚持不去了解这位作曲家在最后一部作品中表达了什么——而且已经近乎完整表达出来的东西呢？迈克尔·肯尼迪在他写的马勒传记中给出了一种可能的解答。人们在完整聆听了德里克·库克的"演出版"《第十交响曲》后所了解到是，推断马勒死于"告别演说"的情绪，被命运所击垮，或只是听天由命是错误的：《第十交响曲》作为一个完整的艺术宣言，"超越了对死亡的思考"，并结束在"对人的精神胜利的光荣承诺和积极肯定"中。此外，这部作品毫无疑问地证明了马勒在他的最后一年中，在艺术创造性和哲学思维方面进入了一个新阶段。他所锻造的新的音乐语言在某些方面比复杂、多维的《第九交响曲》更简单，但同时更具前瞻性，而且矛盾的是，"更坚持一直滋养他的古典 - 浪漫主义程式"。[10]

换句话说，《第十交响曲》毁掉了一个美好的故事——在这个故事中，似乎有许多神秘主义倾向，或者至少是迷信的马勒信徒投入了大量精力。但如果完成的《第十交响曲》讲述的故事更好，或者至少同样有根有据呢（"有的时候反过来也是正确的"）？多年来，《第十交响曲》的内容对那些既不能读懂乐谱，也不能解读马勒有时晦涩难懂、往往令人生畏的凌乱草稿的人来说，仍然是无法理解其实质的。即使是一些比较专业的读者也错误地得出结论说，马勒留下的大都是一堆疯狂而凌乱的碎片——毫无疑问，这是作曲家在写作时饱受折磨、心理状态不平衡的反映。现在，多亏了几位尽职的研究者——特别是其中一位——的努力，人们可以看到，更重要的是听到，迈克尔·肯尼迪所说的大体上是正确的。那么，这首被许多权威的马勒爱好者宣告死亡的交响曲，是如何被挖掘出来并被重新赋予生命的呢？关于马勒在1910年进入的"新阶段"，它告诉了我们什么？我将依次梳理这两个问题。

拯救《第十交响曲》

在经历了第一次世界大战灾难性的剧变和哈布斯堡王朝的崩溃之后，在许多人看来，马勒的交响曲——尤其是《第八交响曲》——所拥抱的那个世界不仅已经消亡，而且最好把它忘掉。套用斯蒂芬·茨威格那本不朽的文化回忆录的书名来说，那就是"昨日的世界"。在马勒的德语世界的音乐中，前进的潮流如今被勋伯格和他的"第二维也纳学派"激进的无调性思维所主导；由恩斯特·克热内克轰动一时的歌剧《强尼奏乐》（*Jonny spielt auf*，1926 年）为代表的爵士乐现代主义所主导，和由保罗·欣德米特受马克斯·贝克曼、奥托·迪克斯和乔治·格罗茨等艺术家的"新客观性"（Neue Sachlichkeit）影响的、强烈的反浪漫的"实用音乐"（Gebrauchsmusik）所主导。欣德米特当然不重视马勒，至少在他事业的这个阶段是这样。但勋伯格、贝尔格和韦伯恩继续尊崇马勒，认为他是一位先驱，在很多方面为他们的十二音革命提供了基础。具有讽刺意味的是，如果勋伯格在他第一次尝试无调性系列音乐的时候更仔细地研究一下《第十交响曲》，他会发现更多证实这一观点的论据。但人们对马勒的兴趣仍在继续，这在很大程度上要归功于他的门徒布鲁诺·瓦尔特和奥托·克伦佩勒，以及他在阿姆斯特丹的朋友、精力充沛的同道威廉·门格尔伯格的努力。1924 年，马勒去世 13 年后，也就是阿尔玛·马勒与沃尔特·格罗皮乌斯离婚四年后，阿尔玛开始重新考虑《第十交响曲》。她找到恩斯特·克热内克，希望他续完马勒剩下的工作并为其配器。克热内克那年刚和她的女儿安娜（阿尔玛与马勒的小女儿——译注）结婚。无论克热内克对这些草稿的整体看法如何，他认为至少就眼前而言，有两个乐章是可以挽救的：一个是开场那个内容充实的柔板乐章（比《第九交响曲》结尾的慢乐章还要长），另一个是短得多的标题为"炼狱"的第三乐章。柔板的乐谱草稿已经存在——虽然没有马勒寄给出版商的那么详尽，但也足够详尽，只需通过一些审慎的编配和偶尔从字里行间的阅读就能演奏。"炼狱"完成配器的乐谱只有 30 小节，但这一乐章其余乐谱的四线或五线谱表显然已经达到了高度完成的状态，主要的管弦乐色彩也已经准确地标明。这两个乐章（第一和第三）分别由马勒的同事弗朗茨·沙尔克和亚历山大·策姆林斯基分别在维也纳和布拉格完成。"炼狱"并没有给人留下深刻的印象——想要显示出这个神秘的短乐章在整体结构中的作用还需要更多的音乐素材——但柔板乐章很受欢迎，至少受到了那些没有纯粹到根本不打算听的人的欢迎。但几乎是在同时，出版了《第十交响曲》总谱草稿的摹本。结果证明这并不完整（尤其是总谱草稿上第二乐章的配器部分出现了几处令人困惑的遗漏），但对于有眼力的人来说，很明显，马勒留下的既不是片段，也不是一些互不相关的乐谱草稿，而是整部交响曲的完整草稿。马勒的传记作者里夏德·施佩希特透露，马勒认为《第十交响曲》的草稿已经完成，他相信阿尔玛会尽她所能使这部作品"活"起来。为此，我们不仅有阿尔玛的证言，还有马勒在纽约的医生约瑟夫·弗兰克尔的证言。受此鼓舞，美国马勒协会的杰克·迪瑟先找到崇敬马勒的德米特里·肖斯塔科维奇，后又找了勋伯格——他对马勒《第十交响曲》的看法显然有所改变——询问他们是否愿意把马勒这部交响曲续完。两人都拒绝了这个提议，但并不是因为他们觉得草稿太不明确或总谱支离破碎。对于一个已经拥有了自己强大精神个性和独特音乐风格的声音世界的作曲家来说，要进入他人的世界需要非凡的同理心。在某种程度上需要自我克制。如果说肖斯塔科维奇和勋伯格都不觉得自己有能力做到这一点，这绝不是对他们两人的批评。

作曲家委托他人为自己的作品完成最后的润色，这一点儿也不奇怪，就像中世纪或文艺复兴时期的艺术家会把自己画作的收尾工作分配给自己的徒弟去完成一样。加布里埃尔·弗雷、克劳德·德彪西，以及晚年的谢尔盖·普罗科菲耶夫，都把自己的一些作品的配器工作交给值得信任的同事。当莫扎特意识到他不可能完成他最后那部伟大的作品《安魂曲》时，他让妻子康斯坦茨替他找人来完成这项工作。如今，这部由莫扎特的学生弗朗茨·克萨韦尔·绪斯迈尔续完的《安魂曲》广为流传，深受人们喜爱，作品本身也获得了神圣的光环。但许多人仍然拒绝相信绪斯迈尔——如果不是一位才华横溢的作曲家的话——能够在这部作品的创作中起到任何重要作用。流传着这样一个说法，莫扎特向绪斯迈尔演示了需要他续完的部分，并给了他如何完成的详细说明。但根本没有证据支持这一说法，恰恰是有很多相反的证据。而且，绪斯迈尔是否知道莫扎特为《安魂曲》的结束部分"落泪之日"的"阿门"这一段写了很详实的双赋格曲的草稿？反正他并未采用。事实上，绪斯迈尔甚至不是最先被找来续完这部作品的人。一些音乐学家，例如研究莫扎特的学者里夏德·蒙德尔认为，由绪斯迈尔续完的段落中存在技术上的缺陷，这就暴露出他缺乏专业知识。[11] 这样的比较特别中肯。因为当人们聆听马勒《第十交响曲》完成版的演绎——乔·惠勒的、克林顿·卡朋特的、鲁道夫·巴沙伊的、雷莫·马泽蒂的，或是杰出的德里克·库克的——其中任何一个演绎里都有许多真正的马勒，比莫扎特《安魂曲》中真正的莫扎特要多。然而，《安魂曲》继续以莫扎特之名在世界各地演出，而有些人甚至拒绝去思考马勒《第十交响曲》的本质。我清楚记得，当伟大的马勒指挥家克劳斯·滕斯泰特被问及对德里克·库克完成版的马勒《第十交响曲》有何看法时他的愤怒反应："Gar nichts！"（绝对什么都不是！）。很明显，滕斯泰特甚至都没有听过库克完成版的马勒《第十交响曲》就拒绝了它。然而，绪斯迈尔的"莫扎特模仿品"显然是完全可以接受的——这是一位将莫扎特和马勒并列为他心目中的"两位天才"的指挥家。或许，对这些坚决不信的人最好的解决办法是强迫他们聆听前面列出的这些完成版。因为，当人们把这些完成版一一比较时，有一点是惊人的：这并不是五部不同的交响曲，它们甚至不是对相同或相似的音乐材料的五种不同演绎——它们无疑是同一部交响曲。它们可能展现出的是马勒的不同外貌，但马勒所要传达的信息在每一件作品中都明确无误的相同。

那么选择哪个版本有关系吗？我认为有关系。德里克·库克

《第十交响曲》演奏版的原始版是演出次数最多、录音次数最多、最受推崇的版本，这并非没有原因。线索在标题中。库克从未想过他的"演奏版"代表马勒《第十交响曲》的"完成版"，而是向学者，也许更重要的是向普通听众提供一个概述，《第十交响曲》在马勒1911年去世时所达到的形态。即使对有经验的音乐家和音乐学家来说，音乐草稿也是很难读懂的。任何人，只要不是盲人，都可以看到列奥那多·达·芬奇未完成的《博士来拜》（又名《三王来拜》），不仅惊叹于他完成部分的美丽，还可以凝视那些围绕着细节的草图或半彩色的轮廓，并在他或她自己的脑海中富有想象力地重新构建整个画面。但是就音乐来说，似乎没有什么可以替代听觉。多年来，即使是一些最敏感、最聪明的评论埃尔加的专家也都认为这位作曲家为他未完成的《第三交响曲》留下的成堆草稿和材料，缺乏连贯性和灵感。直到1998年，作曲家、埃尔加的狂热爱好者安东尼·佩恩发表了他为埃尔加续完的乐谱草稿，音乐界才意识到佩恩一直以来都意识到的事情：埃尔加实际上留下的是一部富于奇幻的晚期作品的坚实而极具启发性的躯干，表现的是如今可以被视为离奇的印度夏日。事实证明，即使是专家，在这件事上也大错特错了。马勒的《第十交响曲》也会是这样吗？为什么不是呢？像莫扎特一样，埃尔加在他未完成的作品的结构中留下了大量缺口，这些缺口的内容只能靠推断。马勒则没有。实际上整首交响曲有完整的旋律线，有和声、对位，连管弦乐色彩都作了明确标注或强烈暗示。按照阿尔玛·马勒和约瑟夫·弗兰克尔对里夏德·施佩希特所说的来判断，马勒似乎觉得他已经留下了足够的线索，让一个敏感、聪明、最重要的是熟悉他的交响风格的人来完成剩下的工作。

德里克·库克解读和整理这些乐谱草稿的工作本身就已足够勇敢，而令人惊讶的是，其他几位完成版的总谱，大都依据库克为未编配的第四和第五乐章所完善的完整的短乐谱。起初，库克并不确定他是否能把整部《第十交响曲》的乐谱完善成可演奏的版本。但在作曲家兼 BBC 制作人罗伯特·辛普森的大力鼓励下，库克安排在 1960 年马勒诞辰 100 周年之际，在电台上作了关于这首交响曲的演讲，爱乐乐团演奏了已出版的两个乐章、第二乐章乐谱草稿的大部分，以及最后两个乐章尽可能多的、任何从草稿上可以判断出类似属于马勒的管弦乐声音的部分。这场演出由德国犹太裔作曲家贝特霍尔德·戈德施密特指挥，他在总谱合成——或者更准确说是乐谱的整体形态——时也向库克提供了重要意见。库克自己在草稿中出现的连续性不稳定之处，或因材料单薄无法直接连接的地方，提供了口头的链接指示。然而不久之后，似乎库克这个适度的目标不仅可以实现，而且可以超越。在处理手稿的过程中，库克感觉它泄露了越来越多的秘密。由于这些短乐谱是如此清晰地以交响乐的术语构思出来的，所以这不是一个猜测或想出合适的配器的问题，而是让手稿自己说话的问题。库克探索得越深入，马勒的管弦乐声音就越清晰明显。

随着时间的推移，库克意识到，除了五六分钟外，《第十交响曲》的所有部分都可以演奏——整部作品大约可以持续 75 分钟。令人兴奋的是，这意味着可以在广播电台播放马勒最后那个柔板乐章。对许多听过这段电台播放的音乐的人来说，那是一次非常感人的体验。这种体验今天仍可以在 Testament 公司商业发行的唱片中再次获得。库克不是一位很能吸引人的公众演讲者，他在节目中的语气通常是平淡的，并且受限于文字脚本。但演讲的内容很吸引人，而且他设置的音乐也很明智。也许他知道，他的贡献越是被低估，马勒音乐的影响就会越大。无论如何，结果证明了这一点——不仅对许多听众，而且很快对阿尔玛·马勒也是如此。美国指挥家、马勒的狂热爱好者哈罗德·伯恩斯把库克完成版的节目录音带，还有库克新完成的演奏版总谱带给了阿尔玛。此前，由于一场误会，阿尔玛突然撤销了对库克项目的批准。但伯恩斯说，她被感动得流下了眼泪。事后她还说，很惊讶自己听到了那么多真正的马勒。大约一个星期后，库克收到了一封信，信上的英语不太完美，但信中所含的感情可想而知。她告诉库克，哈罗德·伯恩斯去纽约拜访她，并介绍了他读过的库克关于《第十交响曲》的一些文章，她认为这些文章"很棒"。她和伯恩斯一起审阅了新完成的整部交响曲的"演奏版"，最后听了 BBC 的演播室录音。阿尔玛告诉库克，她被这段演奏所感动，立即要求再听一遍。"此刻我意识到，必须重新考虑之前不允许演奏这部作品的决定。"阿尔玛透露，这次经历的结果是，她决定"彻底"取消禁令，并完全允许库克在世界任何地方继续演出。

阿尔玛在听库克修复的马勒《第十交响曲》时，私下里是什么感受？很可能这是一种情绪的混合物。假如她是看着乐谱聆听，当她看到马勒写给她的那些段落——"为你而生，为你而死"，以及最后令人心碎的"Almschi"时，她的反应会是什么？在此之前，她只看见过这些潦草地写在乐谱草稿速记本上的字，现在这些字和马勒创作过的最动人的音乐一起呈现在她面前，并以明显的马勒交响色彩装饰着。无论她的感觉如何，在场人的证词表明，她当时的情绪很强烈。现在有一件事是毋庸置疑的：她认为这份总谱配得上马勒这个名字，这个她决定重新使用的姓氏。

*

今天演奏马勒《第十交响曲》所用的总谱是库克"演奏版"的修订版，这是后来在两位热爱马勒的英国作曲家科林·马修斯和大卫·马修斯兄弟协助下完成的。但它仍然完全符合库克的目标，即"在一个实际的演奏版本中，再现马勒去世时作品所达到的形态"。正如库克欣然承认的那样，这个修订版里有一定数量的推测性补充，甚至还有一些拼凑。偶尔会添加和声，偶尔会添加少量的低音线或对位复调旋律，但完全基于马勒本人已经在草稿或乐谱中呈现的主题。有些段落马勒只写了主旋律线，但这些旋律线几乎总是重述的。这种情况以前也发生过。在这种情况下，可以从马勒第一次提出旋律构想所写的内容中推断出和声。当重述段落与之前的模式有明显差异时，马勒通常会指出——换句话说——省略代表一种速记。对那些了解他的风格和彻底研究过他的速写的人来说是足够明确的。至于说到音乐本身，大多数时候人们听到的实际都是马勒写的，或者与他写的非常接近，因此人们可以把它视为在本质上是真实的。管弦乐的色彩更具推测性，特别是最后两个乐章的部分乐段，但在这种情况下——就像主旋律、复调旋律、低音线及和声一样——没有添加任何东西，至少马勒自己的乐谱和书面指示没有任何暗示。正如科林·马修斯在接受我的电台采访时所说，"如果它们听起来不像马勒，那几乎就可以肯定是马勒。"库克绝不允许作曲上的"恣意妄为"——肖斯塔科维奇或勋伯格可能会觉得受到启发而加入某种独特的想象力。在材料仍然模糊的地方，库克和他的团队会尊重这一点。在这样的段落中（并不常见），听者可以自由地为它或为自己想象一幅完整的画面，就像凝视达·芬奇的《博士来拜》中的草图部分一样。在为续完这部作品的全部版本中，没有什么可以与库克这个版本相提并论，或许乔·惠勒的高度可信的版本可以除外。但惠勒显然没有像库克那样读到那么多的草稿。几乎可以肯定，他把最后那个乐章开始时的节奏误解为 Andante（行板）——但实际应该是 Adagio（柔板），或是如库克在他的乐谱上标记为 Langsam（慢的）——因而严重削弱了马勒显然想要在不祥而低沉的低音鼓敲击声之间长时间沉默的效果。我们很快就会看到，这一段也许是整部交响曲中最非凡的灵感。它可能意味着什么，以及在整部作品的展开中它的戏剧性作用是什么，我们会在后面讨论。然而，从库克最终版本的总谱中我们可以明显看到，《第十交响曲》正在成为马勒最伟大的交响曲之一，甚至可能是所有交响曲中最伟大的之一。它完全具有与《第九交响曲》同等的强

244

烈，但具有形式上更完美的平衡：拱形结构，即，柔板—谐谑曲—中速的快板—谐谑曲—柔板，总体上与"经典的"《第六交响曲》一样完满，而它的情感叙述甚至更为扣人心弦。重要的是要记住，在马勒看来，只有完整聆听整部交响曲，这种情感叙述才有意义。那些只让自己聆听开始那个柔板乐章的人显然误解了马勒的意图。1910 年 8 月，阿尔玛收到一系列热情洋溢的情诗。当时马勒一边在创作他的《第十交响曲》，一边在准备《第八交响曲》的首演。在一封写在稿纸上的信里有这样一些话，表达了他对她和自己最新的那部交响曲的渴望：

> 让我凝聚起渴望的颤栗，
>
> 永恒的幸福在你神圣的怀抱中，
>
> 成为一首伟大的歌……[12]

现在，是时候来详细思考这首"伟大的歌"是如何展开的，并告诉我们马勒在 1910 年那个多事之夏的心路历程。

| 柔板

在经历了《第九交响曲》漫长的、近乎难以忍受的、温柔的"垂死"结尾后，许多听众会像勋伯格和伯恩斯坦那样问自己，接下来发生的可能会是什么？但是，如果马勒在开始写《第九交响曲》之前就离世了的话，那么在聆听了《大地之歌》结尾之后也可以问同样的问题。《第十交响曲》回答了这个问题，它提供的答案显然不像伦纳德·伯恩斯坦所说的那样，是"又一个令人心碎的……告别"。起初很难准确地说出它是什么。无伴奏的中提琴奏出的弱音，呈现出一个幽灵般的、摸索着前行的、调性上不确定的主题。这样的音乐如果出现在肖斯塔科维奇的死亡萦绕的晚期作品中不会有什么不合适。在《第九交响曲》结尾的令人敬畏的缓慢消散之后，这样的乐句几乎可以被听作为一种微弱、迟钝、难以置信的重新觉醒："我还在这里吗？"但随后，中提琴缓慢地进入到一个灵魂复苏的升 F 大调和弦，这个和弦由长号加强，速度转变为柔板，小提琴开始了柔和，但非常温暖的吟唱。

关于速度变化的一两个词在此处是有序的。把中提琴的"呈示性"主题处理得非常缓慢，这似乎已经成为一种传统，而且这样处理无疑是很有效的：在阴暗中坚持摸索着寻找某种明确的东西，当采取一种痛苦而缓慢的爬行方式进行时，不可否认这会变得更加强烈。但马勒没有时间去在意传统：他把传统斥为"懒散"，甚至是"懒惰"。除非他在有生之年改变了他最初对速度指示的看法，他几乎肯定会在此处说同样的话。马勒的指示是"行板"，字面意思是"步行速度"，毫无疑问比柔板要快，所以这并不是一个典型的"缓慢的呈示"。在德里克·库克 1960 年 BBC 节目的录音中，我们可以清楚地听到把这段音乐以行板的速度演奏的效果，但此后就很少有人这样做了。这不仅仅是一个情感效果的问题：行板、柔板和标记为"Fliessend"（流动）的稍快速度之间的交替，在这个漫长的第一乐章的大部分时间里持续着，并有助于赋予它类似回旋曲式的循环特征。

这里有比节奏更多的东西：我们在这里听到的实际上是三种不同的音乐，每一种显然都有自己的情感议程。行板音乐几乎总是由无伴奏的中提琴演奏，仍然是黑暗中的摸索，后面加入了一种饱受折磨的渴望的元素，但在它几乎是最后一次出现时（在结尾部分的最后一个回声），回到了第一和第二小提琴上，标记为"Etwas zögernd"（有点犹豫）。此刻，它似乎已经对找到一个令人满意的、清晰的调性感到绝望了。但正是在这样的时刻，马勒才最接近勋伯格第一部无调性作品的世界。然而，柔板音乐是热情的、努力向上的——总是从升 F 大调的和弦开始——尽管旋律线与和弦在整个过程中扭曲成一些令人惊讶的不和谐。在和声方面，这是马勒迄今为止写下的最现代主义的音乐，但明确的升 F 大调和弦的反复出现，表明马勒还远远没有解决调性问题。我们将会看到，这个乐章的结尾，以及这首交响曲本身的结尾，证实了这种解释。除了行板和柔板的音乐，标记为 Fliessend 的类似舞蹈的部分，则揭示了完全不同的东西：冬日的舞蹈，时而沮丧、时而酸溜溜或嘲讽。它完美地衬托了柔板乐段中布鲁克纳式的呼吸，提醒人们马勒经常在他的音乐陈述中加入对立的、甚至是自相矛盾的成分。

那个标记为"Etwas zögernd"的和声令人绝望、嶙峋干涩。紧随其后的是一声巨大的惊悚：整个乐队，包括四支小号、四支长号、大号和竖琴发出一个表现锤击的降 A 小调和弦。在一段惊恐的、不和谐的铜管合奏之后，标记为"Fliessend"的舞曲试图回复到之前的主题。第一小提琴维持在一个单一的音符 A 上，与乐队产生了强烈的不和谐，随后这个小提琴奏出的 A 音痛苦地转为在高音小号上吹奏出来。破碎的不和谐音再次响起，小号声还在持续着，两组小提琴发出绝望、恐怖的高声呼叫，就像内心被撕裂了一样。这是死亡、地狱、精神错乱的幻象吗？但随着音乐逐渐平静下来，我们又听到了温暖的升 F 大调：一个更安宁、越来越平静的尾声逐渐将我们之前听到的音乐主线汇聚到了一起。可以理解的是，一些乐评家被这个乐章令人恐惧的不和谐的高潮吓到了，由此他们得出结论，马勒已经准备好跟随他的朋友勋伯格进入无调性的超越。但这显然是忽略了第一乐章结束时发生的一些非常重要的事情。实际上这是高潮本身不和谐的 "关键" 特征。它以三音符形式堆积在一起，包含了 12 个半音音阶中可用的 9 个音符，但低音部是严格的完整五度：升 C 和升 G，这是主调升 F 大调中常见的属七和弦的基本音（见谱例 8.1a）。至少有争议的是，这种明显在调性摇摇欲坠解体边缘的深度不和谐，也可以被解读为一个极度扩展的属七和弦。然后，在距离乐章结束还剩九小节的地方，另一个和弦在相同的升 C 和升 G 低音上方的三度处柔和地建立起来，只是这次构成和弦的音符属于升 F 大调的音阶，而这个乐章的最后四小节巧妙地转到了所属的主音上（见谱例 8.1b）。这不是一个被音乐教科书认可的"解决"乐章中高潮处不和谐的方法，但在另一种意义上它是。这种不和谐在升 F 大调中被"合理化"了，因而或多或少地确实解决

谱例 8.1　《第十交响曲》第一乐章

了这个关键问题。

慢板高潮的另一个特点是，通过一些和声的边音思维，可以造成这种"半解决"的形式。如果把紧随在小提琴轻柔的 Etwas zögernd 分解和弦之后的那个降 A 小调的"锤击"和弦重读为升 G 小调（在钢琴上，升 G 和降 A 是同一个音），那么这个和弦，加上高潮处的不和谐及其最后"合理化"地转向主调，就可以看出它在升 F 大调中形成了巨大的 2-5-1 节奏的第一阶段。这是西方古典音乐中最古老和最传统的节奏规则之一。迈克尔·肯尼迪曾声称，《第十交响曲》"毫无疑问地证明马勒进入了一个新阶段"，这是第一个明证，但绝不是最后一个。在某种程度上，这个非凡的和声的戏剧性序列确实比《第九交响曲》中的任何东西都更能预示调性的崩溃。但与此同时，这个柔板乐章的后面乐段传统、调性完整，表明马勒"坚持了一直在滋养他的古典—浪漫主义的程式。"[13] 马勒既展望未来也回望传统，在某种程度上他找到了一座连接音乐"昨日的世界"和勋伯格对未来的憧憬的桥梁。而对于一个宣称创作交响曲的目标是"拥抱整个宇宙"的作曲家，人们还能期待什么呢？

II 谐谑曲

在《第十交响曲》第一乐章里，马勒在和声的维度上展望了未来，现在他开始在节奏的维度上勾勒出未来事物的轮廓。严格来讲，第一乐章里那九个处于无调性边缘的不和谐的音符并不是无调性音乐的预言本身：勋伯格的《第二弦乐四重奏》的结尾部分已经从无调性的悬崖边跃入了无调性。这首四重奏创作于 1907年至 1908 年，1908 年 12 月在维也纳首演（马勒见过乐谱），效果是灾难性的。但是《第十交响曲》中第一首谐谑曲的创新却是史无前例的。在伊戈尔·斯特拉文斯基完成其芭蕾作品《彼得鲁什卡》（*Petrushka*）的前一年，在这位俄罗斯现代派艺术家推出更具节奏感的开拓性作品《春之祭》（*Rite of Spring*）的三年前，马勒就大胆涉足令人眼花缭乱、古怪异常的新舞步节拍。当许多后瓦格纳主义的作曲家——包括马勒的朋友和非正式的导师布鲁克纳——倾向于在他们的音乐中采用一种稳定的罗恩格林式的节奏韵律时，马勒对节奏的态度总是表现出一种让人耳目一新的、充满活力的自由。想想在《第八交响曲》的开场，伴随"降临，降临吧，造物主之圣灵！"的美妙歌词而跳跃出的4/4拍、3/4拍、2/4拍、4/4拍的节奏模式，或是以另一种极端方式出现：《第六交响曲》的第二谐谑曲乐章中那个跌跌撞撞的4/8拍和3/8拍节奏交替的三重奏段落。但这个谐谑曲乐章远远超出了他以往尝试过的任何东西。乐章一开始是一个3/2拍小节、两个2/2拍小节、一个5/4拍小节和另一个2/2拍小节，接着是一个3/4拍小节和2/2小节的复合交替。这种写法的能量是惊人的，而民族舞蹈的主题本身也被转化为一种近乎立体主义的东西——就像看着一个精神抖擞的奥地利乡村人踏在磨砂玻璃板上快速地移动。

一个更优雅的、作为对比的连德勒舞曲主题给了我们一些喘息的时间，这是一个让人心安的有规律的3/4拍节奏，尽管管弦乐色彩的闪烁与和声变形的笔触提醒我们，这仍然是写了开头那个柔板乐章的作曲家。但也有一些其他的东西：连德勒舞曲上扬的四音符（即该乐章主调升F大调中的G-降B-G-降B）主题，强烈地让人回想起几乎在第一乐章每一个柔板的小节中，由小提琴吟唱出的伟大的歌都是从这个音型开始的。第一乐章结尾处大胆的"半解决"形式为一些出乎意料的事情铺平了道路，而且在上下文中非常符合逻辑：这是一种狂热的、令人亢奋的舞蹈，稳步发展——尽管又沉思了一会儿——变成了欢呼雀跃的喊声，上扬的连德勒舞曲的四音符主题这时由聚集的圆号洋洋得意地吹奏出。如果说第一乐章柔板的音乐表达的是渴望——尽管有时会受到折磨——那么这首谐谑曲则表明，所有的努力没有白费。如果马勒这首交响曲到这里就算完成，那将是对《大地之歌》和《第九交响曲》"告别生命"的诠释的完结——或者更确切地说，它将毫无疑问地为这两部作品中"Abschied"（告别）或"Lebewohl"（再见）的元素赋予新的回顾色彩。由此可见，这两部作品中与死亡的对抗并不是高潮，而是马勒继续其精神之旅的一个重要阶段。像许多即将过50岁生日的人一样，马勒同时还在试图接受无法挽回的失去。马勒正面临着死亡的风险，而且这个风险具有不同寻常、历经沧桑的强度。但这样做之后，他已经准备好要进入一个"新阶段"。《大地之歌》和《第九交响曲》阴暗话语，似乎使《第八交响曲》的生机勃勃和欢欣鼓舞成为无法挽回的过去，但是，正如《第十交响曲》第一个谐谑曲乐章在其欣喜若狂的结束时刻所展现的那样，它们是可以恢复的。《第八交响曲》表达了马勒性格的一个重要方面：在1907年的危机之后，虽然生活暗淡无光，但最终生命力无法抑制。我们会很自然地借用柏辽兹的一句话，把这首谐谑曲称为"重生"。

但这首交响曲在此处采用了一个非常不同的转折，挑战了谐谑曲乐章结尾处喧嚣嘈杂的断言，并寻求尝试更为深刻的英雄主义的解决方案。

III 炼狱

马勒在创作《第十交响曲》的哪个阶段发现了沃尔特·格罗皮乌斯的信，从而得知了阿尔玛的不忠？在那个灾难性的发现之前，前两个乐章似乎已经完成，或接近完成了。在这种情况下，任何"重生"的信息此刻都将面临终极的火的考验。在试图解读当前生活事件对正在创作的作品的影响时，我们应该始终保持谨慎：几乎可以肯定的是，马勒在格罗皮乌斯的"意外"启示之后继续创作第一个谐谑曲乐章的管弦乐谱。但如果是这样的话，它似乎没有对音乐的特征产生任何显著的影响——肯定生命的目标仍然是一样的。但有一个迹象表明，创伤在第一乐章，即柔板乐章上留下了印记。高潮处支离破碎的、不和谐的九个音符并没有出现在起初的乐谱草稿中：它是在后来的过程中加入的。几乎可以肯定，这是对马勒得知的东西的回应，并作为它所引发的精神危机的直接表达。

然而，手稿中有证据表明，《炼狱》至少部分是在那次毁灭性打击之后创作的。正是在这个乐章中，我们发现了第一个绝望的注解，一半是在日记中，一半是在向上帝、阿尔玛或其他不太确定的人或事物的祈祷里。在管弦乐总谱的第二页上，出现了断断续续的惊呼声："Tod！ Verk！"（死亡！天使报喜！）——几乎可以肯定，这是指瓦格纳的《女武神》第二幕中令人毛骨悚然的段落。在这个段落中，布伦希尔德在注定要死去的齐格蒙德看来是"死亡的报喜"（Todesverkündigung）。在马勒的短乐谱的最后一页，我们发现了"Erbarmen！！"（怜悯！！），并几乎完全引用了基督在十字架上最后痛苦的呼喊："O Gott，O Gott！ Warum hast du mich verlassen?"（哦，上帝！哦，上帝！你为何要抛弃我？）而最后是主祷文的回声，"Dein Wille geschehe！"

（你的意愿达成了！）。此外还有音乐本身的个性。开场那段伴
奏音型无疑巧妙地让人想起马勒《青年的魔角》中的另一首歌《尘
世生活》（*Das irdische Leben*）。这首歌的标题（似乎是马勒自己
起的）刻意与平静描述一个孩子的天堂梦想的《天堂生活》（*Das
himmlische Leben*）形成鲜明对比，而后者成为马勒《第四交响曲》
的终乐章。这种名义上的对立表明，《尘世生活》所描绘的确实
是地狱。一个孩子不停地向他的母亲哭喊："妈妈，妈妈，我饿了！
给我面包，不然我就饿死了！"母亲的回答显然是在安慰孩子：
她坚持说，等着吧，明天谷物就可以收割了，然后就脱粒了，然
后就可以烤面包了。但当面包烤好时，孩子已经死了。一个饥饿
的孩子，他的母亲不能（或者也许是不会）提供他迫切需要的东西，
"哦，上帝！你为何要抛弃我？'，"永恒的女性"的潜在损失——
这一切都叠加起来了。在这个诡异的短乐章的核心部分——多半
的配乐大幅度渐弱了力量——是一个极为痛苦的乐队全奏的三重
奏部分，充满了令人心碎的悲戚哭喊，而在终乐章开头部分的黑
暗幻象中，这种悲戚哭喊以一种变形再次出现。

　　马勒一度把这个乐章的标题由"炼狱"改为"炼狱或地狱"，
但后来删掉了"或地狱"这几个字。然而，问题仍然与此相关。
对于罗马天主教徒来说，炼狱是得到救赎的灵魂在死后通过"硫
磺和痛苦的火焰"清除他们的罪孽的地方，正如《哈姆雷特》中
的幽灵对此的著名描述。然而，对于地狱中的灵魂来说，最终获
得救赎是没有希望的：被诅咒的判决是绝对的。所有这一切都反
映在马勒从他的作曲小屋寄给阿尔玛的那封哭喊着说被"黑暗幽

灵"控制的信的语气和比喻：乞求阿尔玛告诉他，他是否仍有"获得救赎的希望"，还是只能等待着"被诅咒"。

但只有当人们把乐谱草稿上潦草的指示标记考虑进去，《炼狱》和马勒的精神危机之间的联系才会变得明确。在接下来的第二个谐谑曲乐章（即第四乐章）中，音乐基本上是不言自明的。

Ⅳ 谐谑曲

马勒实际上并没有在他的乐谱草稿中给这个乐章标记为"谐谑曲"，但是这个乐章的特性，尤其是它持续的 3/4 拍舞蹈节奏的律动，使这种标识成为理所当然。第一个谐谑曲乐章的舞曲节奏被置于疯狂的节拍突变中，而第二个谐谑曲乐章则始终保持着强劲的、噩梦般的圆舞曲节奏。这个谐谑曲乐章实际上是前四个乐章中最"粗略"的一个。确定马勒草稿中各乐段的顺序，以及确定在某些情况下实际的音乐内容，给库克带来的问题比其他四个乐章中的任何一个都要多。即使是在库克出色而富有同理心的重建工作之后，有些段落听起来仍然有些单薄。毫无疑问，马勒会添加更多对位与和声的细节，以及更丰富的交响色彩。而且即使在这里，旋律的连续性也并没有或多或少地被打破，交响的"一首伟大的歌"的精髓就在草稿的纸页上。很明显的是，自库克以后每一位竞争对手续完的作品都是按照库克对现存素材排出的顺序。

这个乐章一开始，就有对《大地之歌》第一乐章"悲愁大地的饮酒歌"的强烈回响。从刚开始的第五小节起，三支低音长号

（如草稿中所示）发出尖锐的强音和弦就直接让人想起了那首痛苦的、看似虚无主义的歌曲的严厉轻蔑的结尾。对于那些想要在马勒的草稿中添加音乐元素，使之变得有血有肉的人来说，这是一个至关重要的线索。像以往一样，库克在续谱和补充方面表现得十分谨慎（他实际上删除了贝特霍尔德·戈德施密特早期添加的一些多余的打击乐部分），但在实际演奏中，仍然有很多给人印象深刻的东西。尽管与"悲愁大地的饮酒歌"的相似之处是显而易见的，但语言更为极端，并在旋律和对位方面受到大量广泛的表现主义式跳跃和不和谐的影响。对比鲜明、较为柔和的连德勒舞曲部分可能是整部交响曲中定义最不明确的音乐，比库克最终总谱中的任何部分都更需要听众富有想象力的参与。但即使在这里，情感的动力和旋律的席卷也将音乐向前推进。现在，草稿上潦草的标记很容易与音乐的情绪和特征联系起来："Der Teufel tanzt es mit mir"（魔鬼在和我一起跳舞）、"Wahnsinn, fass mich an, Verfluchten"（疯狂，抓住我，被诅咒的那个）、"Vernichte mich, dass ich vergesse, dass ich bin, dass ich aufhöre zu sein, dass ich ver …"（消灭我吧，让我忘记我的存在，我可以不再存在，我可以……）。其中一些标记的不完整，以及文字的粗暴和凌乱（与大多数音乐脚本形成鲜明对比），证明了其迫切的真诚和自发性。有些人指责马勒过于戏剧化（马勒怀疑论者经常抱怨这一点），但在听着马勒音乐的同时看着这些疯狂潦草的感叹语，这种指责就显得有些粗鲁了。

最重要的标记出现在乐章的结尾。谐谑曲的愤怒逐渐减弱，逐渐变为险恶的、令人崩溃的尾声。草稿上支离破碎的音乐现在听起来很有说服力，音乐在我们耳边"分解"。鬼魅般的舞蹈节奏在定音鼓、低音鼓和铙钹上逐渐消失。毫无疑问，马勒会在这方面做得更过，也许会让声音世界更接近他最邪恶的谐谑曲——他的《第七交响曲》的中心乐章。但它仍然可以非常动人。而最后的触碰——在一个非常大的低音鼓上突然发出的低沉的撞击声——可以是一个令人心跳停止的震惊，即使你知道即将发生什么。这就是马勒在草稿上添加的标记，显然是对阿尔玛说的："只有你知道这是什么意思"。阿尔玛自己在《回忆与书信》中作了解释。它指的是在 1907 年或 1908 年，这对夫妇抵达纽约后不久发生的一件事。阿尔玛正在 Majestic 大酒店的房间里接待一位客人，突然，楼下远处的街道上发生了什么事情引起了他们的注意。似乎发生了某种骚动。阿尔玛和她的客人从酒店的窗户探出身子，看到一支长长的队伍正沿着中央公园一侧的街道慢慢地行进。原来是一位在纽约一场大火中英勇牺牲的消防员的葬礼——显然各家报纸都登载了这件事。当大部分哀悼者经过酒店时，游行队伍停了下来，仪式主持人走上前来发表了简短的讲话——实际上，马勒夫妇在 11 层的套间里听不到他说的话。接着是令人不寒而栗的声音：一阵低沉的鼓声，紧接着是"死一般的寂静"。然后游行队伍又开始了缓慢的步伐。阿尔玛被这一幕感动得流下了眼泪，她焦急地转过头去看马勒的那个房间的窗户。他没有注意到吗？如果是这样，也许再好不过了。可是她发现马勒也探出了身子，脸上流着泪。短暂的鼓声给他留下了深刻的印象，他把鼓声用在了《第十交响曲》中。[14] 但这不仅仅是一次次击鼓。致命的低沉的砰砰声还在继续，每一声都伴随着"死一般的寂静"，一直持续到最后一刻。

V 终曲

马勒对他想要的鼓声非常明确。在马勒的草稿中它被标记为"vollstandige gedämpfte"，即"完全的沉闷"。他真的想让鼓声被罩住吗？如果他真这么想，那么在鼓还没有发出一个音符之前，它就已经显出凶兆。这是《第十交响曲》的至暗时刻。从寂静中浮现出马勒有史以来写下的一些最阴沉的声音：两支低音大管发出地下的咆哮（在草稿中有明确的指示）和一个在低音乐器上缓慢爬升的邪恶人物——几乎可以肯定是低音大号，尽管马勒在写作时可能还不确定他想要的那种音色。德里克·库克的密友，英国哲学家布莱恩·马吉（Bryan Magee，《瓦格纳与哲学》一书的作者——译注）讲述过关于这段音乐的一个离奇的故事。这段叙述是在他为库克的文集《辩护》所作的序中。那是 1976 年 10 月 27 日，库克因疑似脑瘤被送进医院接受观察。午夜时分，马吉在家里和一位女客人谈论马勒、德里克·库克以及他为《第十交响曲》所做的工作。马吉决定播放其中一段录音。当他们听到最后这个乐章的开头时，马吉被音乐带给他们两人的强烈影响所震惊。他突然明白，这段音乐表达了一场真正的生存灾难。如果可以用音乐来表达世间万物的灭绝，即世间万物的绝对终结，那么马勒在这里就做到了。第二天，马吉接到一个电话：库克前一天中风，被紧急送往医院。他死于午夜到凌晨一点之间的某个时刻。

人们不一定要相信超感官的感觉才会去相信这个故事，或者承认马吉对音乐的描述是恰当的。这确实让人感到像是绝对的结束，一切都在从底部开始坍塌。这甚至是比《第十交响曲》第一个柔板乐章中高潮处的不和谐更深刻的灾难，而这一次，它似乎连一个模棱两可的"半解决"都无法做到。作曲家可以解决不和谐，但是沉默呢？然而令人惊讶的是，这正是马勒《第十交响曲》最后一个乐章中发生的事情。从寂静中浮现出的支离破碎的主题，让人强烈地想起《炼狱》中间乐段那痛苦的哭喊。音乐形象变得更加明确——即使在这深渊般的黑暗里也能辨认出。其中一个在圆号上吹奏出的上行的小七度（同样清晰地标示出来），此刻转由独奏长笛吹奏，由此产生了一段悠长而细腻动人的旋律。贝特霍尔德·戈德施密特在 BBC 四台的《荒岛唱片》节目中谈到，这段长笛旋律最重要的一点，是证明了库克在拯救马勒《第十交响曲》中所做的事情是合理的。这就像奥菲欧因失去尤丽狄茜几近毁灭，他用歌声来走出自己的痛苦地狱。但不知为何，即便面临这样一场灾难，这首交响的、"一首伟大的歌"仍得以幸存。起初它极度脆弱，但随着小提琴开始吟唱，它在温暖、力量和热情中展开。但是，就在它似乎要掀起一个光芒四射 B 大调的高潮时——这是在很长一段时间里，音乐第一次最接近升 F 大调——低沉的、砰砰的鼓声再次响起。导向悲剧的音乐又回来了，记忆中的《炼狱》似乎再次把人拖回到绝望中。

现在开始了一段阴暗的中速的快板，在回顾了几次《炼狱》

和第二个谐谑曲乐章之后，似乎到达了更平静的区域，再次回到B大调，并再次回顾了那段长笛的旋律。但中速的快板音乐打断了这一短暂的遐想。这一次更为急迫，达到了一个巨大的高潮，带来了第一乐章高潮处的不和谐的回归，以及伴随着最初贯穿其中的高音小号。这一次没有即刻的舒缓。圆号吹奏出交响曲一开始那个中提琴幽灵般的无伴奏主题，此刻由小号在高音A上持续，然后慢慢下降（注意速度标记为"行板"在此处至关重要，否则小号手会过早地喘不过气来）。但现在我们应该意识到，马勒的"一首伟大的歌"可以在任何情形中存活下来。它曾在那种不和谐的冲击中存活下来，它甚至在终乐章开始时的绝对虚无的意象中存活了下来。现在它又再次存活下来。马勒并没有在草稿中写明哪一种乐器，或哪些乐器，将在这里重新演奏旋律。库克根据草稿的意图决定先选择木管乐器，然后是铜管乐器。当然得有弦乐，弦乐一直是马勒交响音色的核心，但库克将小提琴的进入推迟到下一个转调，巧妙地增强了弦乐的效果，并使乐章的赞美诗般的最后部分显示出更具效果的舒缓。木管乐器进入时是降B大调，马勒原本打算用这个调（正如我们已经看到的）来结束整部交响曲。这样做可以为降B小调的《炼狱》这个乐章提供一种长期的解决方案，但结合该乐章后面的主要动机材料的变化，它可能会产生库克在马勒《第五交响曲》中发现的"危险的差异"的另一种案例，而真是那样的话，我们将会看到《第十交响曲》被分成为两个截然不同的部分（如果稍有不同的话）。但一个人并不需要有完美的音高概念就能理解马勒最终决定的意义。在一个小节的空间里，小提琴巧妙地将音乐引导到前两个乐章的主调升 F 大调。低音和弦的间隔与第一乐章柔板的开始部分十分相似。我们又回到了几乎开始的地方，回到了坚实的基础上。

《第十交响曲》结尾那首光彩夺目的赞美诗或无词的爱之歌是它最大的荣耀之一。把库克的演奏版与马勒草稿的（在已出版的乐谱中认真复制的）注释进行比较，可以看出库克提供的大部分内容都是马勒留下的高度专业的弦乐创作，库克在其中谨慎地添加了木管乐器，偶尔也添加了铜管乐器。这些音符几乎完全是马勒自己写下的：即便是那段短短的 G 大调乐段缺失的和声，也可以从与该乐章早期的等效乐段的比较中推断出来——这几乎可以肯定是马勒的意图。然而，最后乐段的和声特别引人注目。调性或许被"扩展"了，而扩展的方式甚至会让瓦格纳都感到惊讶。但这种根深蒂固的感觉——将升 F 大调作为安全的"家"——一直持续到了最后。这是使这一乐段如此安详的原因之一，尽管过程中充满了激情的爆发。这首交响曲在经历了令人振奋而又可怕的冒险之后，与《第八交响曲》末尾"永恒的女性"令人心醉神迷地联系在一起的稳定的调性又恢复了。诚然，它也被改造、丰富，但与马勒在 1910 年夏天准备首演的音乐宣言的连续性依然存在。在《第八交响曲》完成和成功首演之间的这段紧张的岁月里，有关马勒精神上的进步的潜在解读，或许可以从他的音乐中听到的一样多，但有一件事让我印象深刻。在《第八交响曲》中，马勒欣喜若狂地赞颂了他的理想爱情，他的"永恒的女性"，同时也让我们看到了天国荣耀的阴暗面、几乎被永恒的幸福所掩盖的痛苦和怀疑。随后，在《大地之歌》和《第九交响曲》中，他把自己置身于那个阴暗的世界，以惊人的勇气和想象力的强度直面最可怕的恐惧和最深切的悲伤。而现在，在《第十交响曲》中，面对恐惧的威胁，他不仅接受了最糟糕的状况，而且或许已经开始逐渐转向更好的、更有希望的回复。与马勒自《第八交响曲》那个压倒性的宣告以后创作的任何东西相比，这部作品无疑是精美绝伦的，音乐更加稳定、完整。

至于弦乐在曲终发出的那声巨大的呼喊——马勒最后的那声炙热的"Almschi！"的含义，不可避免地引发了很多争论。对德里克·库克来说，这不是死亡的音乐，而是爱的音乐——充分表明这是马勒最后一次对阿尔玛的爱的表白。对迈克尔·肯尼迪来说，《第十交响曲》的结尾是光荣的肯定，是精神上的胜利。而对于马勒的传记作家亨利－路易·德·拉·格兰奇来说，那最后一声"Almschi！"更容易被解读为对渴望的绝望呼喊，是对马勒的无情的"永恒的女性"的恳求，不要在马勒最需要的时候抛弃他。这些解读中的任何一种都是可能的，然而并不影响这一事实，即马勒在经受了 1910 年夏天的恐惧之后不仅幸存了下来，而且使《第十交响曲》达到接近完成的状态，这本身就是伟大的精神胜利，完全可以比肩紧接着的《第八交响曲》轰动一时的首演。就像这首《第十交响曲》歌唱般的优美旋律所表明的，马勒的理智经受住了极限的考验，依然幸存了下来。无论《第十交响曲》的结尾能否告诉我们马勒在他生命的最后阶段对阿尔玛的感情，但在交响曲的结尾听到他内心胜利的余辉肯定是明确无误的。

　　如果可以将马勒的《第十交响曲》解读为一种非常勇敢的"团结一致"和"再次肯定"的行为，这种解读也可以应用于个人心理层面之外的东西。我们现在所说的"古典"音乐在 20 世纪的前 15 年进入了一个令人着迷的多样化时期。1860 年马勒出生时，奥德音乐界正处于极端对立的状态，一方是崇尚瓦格纳和李斯特的"进步派"，另一方是以勃拉姆斯为父的"古典主义者"或"古典 - 浪漫主义者"。与此同时，民族主义音乐在中欧的边缘地区兴起：在波希米亚，在匈牙利，在斯堪的纳维亚，尤其是在俄罗斯。1868 年，当马勒八岁的时候，挪威人爱德华·格里格完成了他如今闻名世界的《钢琴协奏曲》的第一版，其中虽然明显受到李斯特的一些风格元素影响，但更多的要归功于挪威独特的本土民间音乐。到 1910 年，这首钢琴协奏曲成了音乐会曲目中最受欢迎的作品之一，以至于早在一年前它就获得了有史以来第一首被录制成唱片的《A 小调钢琴协奏曲》的殊荣。但是，这首协奏曲的成功不仅仅是证明了德语世界之外的国家也可以创作出值得聆听的音乐（尽管勋伯格可能一直在否认这一点）。1945 年，当匈牙利指挥家安塔尔·多拉蒂在民族主义 - 现代主义者贝拉·巴托克家的起居室里看到格里格这首协奏曲的乐谱时表现出了不屑的嘲笑。巴托克有点不悦，他对多拉蒂说，格里格非常重要，是一个至关重要的人物。他问仍然心存疑惑的多拉蒂，难道没有意识到格里格是第一个抛弃"德国枷锁",并从自己民族的音乐中寻找到灵感的作曲家吗?[15] 早在 1911 年,也就是马勒去世的那一年,巴托克为钢琴独奏创作了他开创性的《粗野的快板》(*Allegro barbaro*),这是他借鉴自己在东欧和巴尔干半岛收集的民间音乐创作的首批作品之一。对巴托克来说,马勒代表了他努力想摆脱的"德国枷锁"。但如果巴托克能早点听到马勒的《第十交响曲》,他会怎么想呢?如果能观察到他对这首交响曲中第一个谐谑曲乐章的反应,那将是一件令人着迷的事。他甚至会将马勒视为重要的先驱吗?

随着时间的推移,巴托克的《粗野的快板》被视为对音乐现代主义更重大的打击,而不是对民族主义音乐的打击。由于显而易见的原因,民族主义音乐在第一次世界大战后不久就过时了。斯特拉文斯基在 1909—1913 年创作的芭蕾作品《火鸟》(*The Firebird*, 1909 – 1910 年)、《彼得鲁什卡》(*Petrushka*, 1910 – 1911 年)和《春之祭》(*The Rite of Spring*, 1911–1913 年)也是如此,尽管《火鸟》在 1910 年首演时是斯特拉文斯基的"俄罗斯特色"引起了巴黎评论家们的注意。斯特拉文斯基越来越大胆的节奏实验——甚至是《春之祭》中声名狼藉的"祭献之舞"中惊魂不定的不规则舞蹈模式——也经常被解释(有时被否认)为俄罗斯民族主义的体现。斯特拉文斯基的和声实验是另一回事,这个实验使他在《春之祭》中的高度特殊性具有了与勋伯格的"脱离调性"同等的意义。正如我们已经看到的,在阿诺德·勋伯格创作于 1909 至 1911 年的作品背后,也可能隐藏着一种民族主义意图,尽管当代听众很难理解这一点。勋伯格在他的《第二弦乐四重奏》中第一次踏入无调性的远方，受其鼓舞，他又创作了弗洛伊德式的"独角音乐戏剧"《期待》（*Erwartung*，1909 年），以及他的第一个纯乐队的无调性实验《五首管弦乐曲》（*Five Pieces for Orchestra*，1909 年）。这些作品中展现的和声世界——其中的不和谐被无限期地延长，从未得到解决——比马勒《第十交响曲》中的几乎所有的东西都要狂野得多。

然而在其他方面，民族主义正在催生各种截然不同的音乐，其中一些还产生了深远的影响。在无调性和声方面，勋伯格视自己为激进的瓦格纳的继承者——特别是瓦格纳的《特里斯坦与伊索尔德》。瓦格纳这部歌剧的前奏曲以一种神秘的不和谐而著名，这种不和谐很难用教科书里的内容来解释。在前奏曲结束时，这种不和谐仍未完全解决。这种令人痛苦的不和谐音只有在大约四个小时后歌剧结束时才令人满意地缓解为和谐音。但瓦格纳还有另一首激进的前奏曲，就是歌剧《莱茵的黄金》，庞大的四联剧《尼伯龙根的指环》的第一部的前奏曲。但勋伯格对它的创新本质不屑一顾，大概是因为它不符合他自己的"进步"议程。瓦格纳在这个例子中所提供的是"脱离调性"的可能性。一个持续了大约五分钟的降 E 大调和弦，其和声没有任何变化，但在这个过程中，从和弦本身和降 E 大调音阶的音符中产生了丰富的音乐主题。这首前奏曲给年轻时的西贝柳斯留下深刻印象。1894 年，他乘船顺莱茵河而下，随后写下了自己的感受。西贝柳斯在《第四交响曲》（1910–1911 年）中尽其所能地运用了不和谐音和模糊的调性，然而在他的下一部交响曲《第五交响曲》（1914–1919年）中又毅然回归调性。正如我们在他的日记中看到的，他把《第五交响曲》比作一条河。在交响曲开始的第一分钟我们只听到大调上的音符——明显是降E大调音阶——因为和声在两个和弦之间来回摇摆，主题就源自这两个和弦逐步长出的枝叶和茎须，就像种子发芽生长成植物一样。西贝柳斯《第五交响曲》的结尾同样以一段很长的音乐开场，这段音乐建立在一个隐含的、持久的降E大调持续低音上。在20世纪下半叶，西贝柳斯回归和谐的和声被认为是倒退，但在近些年里，这种观点已经发生了相当大的变化。在美国极简主义者（尤其是史蒂夫·赖克和约翰·亚当斯）的大量具有革命性的作品中，西贝柳斯的音乐思维与声音世界的影响是显而易见的。有意思的是，1910年，英国民族主义作曲家拉尔夫·沃恩·威廉姆斯第一次找到了属于他自己的声音。在他那首至今仍广受欢迎的《托马斯·塔利斯主题幻想曲》中，几乎整个第一部分（大约五分半钟的音乐）听到的只是和声。这种截然不同的激进主义已经投下了长长的阴影，可以在今天新的音乐会作品以及电影和电视纪录片配乐中听到。

当然，民族主义绝不是20世纪早期引导疯狂的音乐实验的唯一力量。民族主义意识形态的兴起可以被看作是试图填补尼采宣告"上帝死了"之后的空白。另一个原因是人们对陌生的、定义不那么教条的神秘主义的兴趣越来越浓厚。比如俄罗斯作曲家亚历山大·斯克里亚宾。斯克里亚宾在他后期的钢琴作品和管弦乐曲《狂喜之诗》（*Poem of Ecstasy*，1908 年）中，通过堆砌四度和五度音程来构建无调性和弦，可以说比勋伯格任何非凡的创造更接近马勒在他的《第九交响曲》高潮处不和谐中所做的。斯克里亚宾的创新背后的神秘思想部分受到尼采的影响，但也受到神智学公开的国际主义态度的影响。神智学是 19 世纪晚期建立于美国的一种神秘主义宗教，受到海伦娜·布拉瓦茨基著作的启发，于 20 世纪初在有艺术倾向的中上层阶级中迅速流行起来。值得注意的是，正是在这一时期，美国哲学家威廉·詹姆斯出版了极具影响力的《宗教体验的多样性》（1902 年），书中从心理学和经验主义的角度审视了神秘体验。美国的超验主义思想强调精神上的"自力更生"，这在查尔斯·艾夫斯众多的、千变万化的音乐画布上也留下了印记。艾夫斯最著名的作品《未作回答的问题》（*The Unanswered Question*）创作于 1908 年。和马勒一样，艾夫斯把自己视作拥抱世界、包括拥抱令人困惑的多样性的作曲家。但《未作回答的问题》是他重点最明确的作品之一，在那个时代的背景下，它试图同时包含纯粹的和谐音与无调性的尝试尤其引人注目。这里，缓慢而宁静的弦乐提供了一个循环的三和弦的背景（根据艾夫斯在乐谱上的注释，描述的是"德鲁伊的沉默"），在此背景下，独奏小号反复提出"永恒的生存问题"：一个无调性的乐句，似乎需要某种回应。四种木管乐器试图提供答案，但它们的回答变得越来越混乱，最终在听起来像是沮丧或绝望的声音中碎裂。小号再次发出这个提问，但这一次回应的是弦乐，最终落在最后一个 G 大调和弦上。这个"问题"真的没有答案？或者，正如伦纳德·伯恩斯坦那具有挑战性的说法："德鲁伊"是否真的拥有答案——调性是永恒的？无论选择哪种解释，《未作回答的问题》似乎让很多听众在内心深处产生了深深的分裂感：永恒的调性和人类世界，有时限的质疑似乎可以共存，但它们依然就像平行的宇宙那样，在根本上相互独立，不可调和。有意思的是，当艾夫斯在创作《未作回答的问题》时，瑞士专利局一位叫阿尔伯特·爱因斯坦的年轻研究员正在研究创立他的广义相对论。根据广义相对论，时间本身可以说是根据引力的影响以不同的速率运动。《未作回答的问题》几乎可以用来说明爱因斯坦革命性的主张。

这就把我们带到了马勒《第十交响曲》的另一个特点，这个特点使得它在当时成为一份非常具有原创意义的宣言，也使得对它所传达出的信息的抵制变得更加难以理解或原谅。在这部大约75分钟的交响曲中，上述在作品中展现出的全部世界都以某种形式得到承认，无论它们看起来多么难以调和。我们被引导去考虑无调性的可能性，即以常规音程的无调性模式构建和弦；但也有重新想象的、增强的调性，在交响曲的最后部分辉煌地持续着；令人眼花缭乱的新节奏的可能性被展现了出来，但也有可能出现彻底的、令人窒息的沉默。在这种沉默中，时间本身似乎停滞了；民歌或都市流行音乐在两个谐谑曲乐章和开篇的柔板乐章里的"流畅的舞曲"音乐中都被唤起，有时带着强烈的情感，有时带着一些近乎厌世或恐惧的东西，但总是处在最高水平的想象中。特里斯坦绝望的、无法得到满足的渴望在20世纪寻找到了回声，而对《莱茵的黄金》的序曲根深蒂固的肯定，以及它的有机的、极富想象力的主题发展也得到了回应。在这一点上，马勒甚至比他的朋友理查·施特劳斯走得更远。施特劳斯在他的歌剧《莎乐美》（1905 年）中，精彩的、惊悚可怖的现代主义就像一条蠕动的长虫，从晚期的、过分成熟的浪漫主义的腐烂茎须中爬了出来。但不管怎样，理查·施特劳斯到 1910 年已经从表现主义的边缘温柔地退了回去，他在歌剧《玫瑰骑士》中华丽地唤醒了昨日的欧洲世界。同样需要强调的是，马勒的《第十交响曲》并不是像艾夫斯在 1908 年与《未作回答的问题》同期创作的《黑暗中的中央公园》（Central Park in the Dark）那样不拘一格的拼贴画。就像古希腊神话中的奥菲欧一样，马勒在这首交响曲中的旅程带他穿越了非常不同的世界。就像奥菲欧那样，即使在地狱深处，歌唱也能使他保持目标感和方向感。《第十交响曲》这首庞大的歌，包含了整个音乐世界的可能性，这些可能性被全部置于"一首伟大的歌"中。有人认为，如果马勒还活着，他会像勋伯格一样完全拒绝调性。但是作为一份完整的陈述，《第十交响曲》表达了非常不同的东西：在 20 世纪的大部分时间里，勋伯格的现代主义与任何植根于调性的音乐间不可调和的分歧，实际上是可以在两者间架起桥梁的——只是在这个过程中需要一点"横向"思考。在这方面，也许德米特里·肖斯塔科维奇是马勒最富同理心、理解最深刻的继承者，尽管他的成就或许远远没有超过马勒的《第十交响曲》。这里还有另一个急迫的原因：为什么马勒的《第十交响曲》，即使它还没有完全完成，即使有时听起来会觉得不完美，但仍然要去听。伦纳德·伯恩斯坦把这部作品说成是勋伯格学说路径上的"试探性"一步，这是大错特错的。相反，在它被写出的一个多世纪后，它向我们展示了一个更具包容性、更加拥抱世界的音乐的未来。或许比以往任何时候都更贴近我们。

"一座神秘的建筑"

创作《第十交响曲》可能是马勒在 1910 年夏天的"地狱"中生存的生命线。但对他周围的人来说，他的行为成了最严重的焦虑的来源。不知出于什么原因，要么是他说服了自己，要么是他被说服，他要做的就是去咨询西格蒙德·弗洛伊德。正如我们已经知道的，马勒先前对弗洛伊德持怀疑态度，尤其是弗洛伊德认为性是一切的根源——而他对阿尔玛宣称，爱神厄洛斯才是"世界的创造者"。马勒是否改变了对弗洛伊德的看法，或者他是否急于向阿尔玛表明他愿意尝试任何事情，这都很难估计。不管怎样，阿尔玛的一位亲戚，名叫里夏德·尼帕莱克的维也纳神经学家，与弗洛伊德取得了联系。马勒给弗洛伊德发电报约他见面。他三次安排会面，但都在最后一刻取消了。弗洛伊德已经习惯了这位可能的潜在病人的"抵抗"，最后他逼迫马勒做出明确的承诺。弗洛伊德告诉马勒，他不久要去西西里岛，因此很快就没机会见面了。马勒让步了，同意两人在荷兰的小镇莱顿见面，当时弗洛伊德正在那里度假。日期定在 8 月 26 日。

对弗洛伊德来说，同意这种非常规的诊疗方式是很不寻常的。弗洛伊德通常坚持每次在他选定的咨询室进行定期的诊疗；而他和马勒在小镇上走了四个小时，马勒描述了他的一些问题，弗洛伊德做了一些观察。为什么弗洛伊德同意这种极不合规的"会见"？在某种程度上，他可能对能与这样一位杰出的潜在客户接触感到受宠若惊。马勒是一位艺术家。弗洛伊德着迷于富有创造力的个性，他认为他们的作品常常揭示出人类心灵深处的最真实的东西。马勒的"最好的朋友"陀思妥耶夫斯基是其兴趣的根源。人们常说弗洛伊德厌恶音乐，事实上，正如他后来承认的那样，让他困扰的是音乐确实对他产生了影响，而且他发现这种影响是无法理性化的——而理性化对弗洛伊德来说至关重要。毫无疑问，马勒给他留下了深刻的印象。不管弗洛伊德是否用了很多时间让自己熟悉马勒的音乐，弗洛伊德很快就清楚地认识到，他在与一个天才为伍，而且这个天才在心理问题上有着非凡的理解力。然而与此同时，弗洛伊德发现很难接近他为马勒诊断出的患有强迫性躁郁症的核心。他说，"这就好比你要挖一口竖井横穿过一座神秘的建筑"。然而他确实诊断出马勒所谓的"圣母玛利亚情结"（恋母情结），这对任何知道《第八交响曲》第二部分的人来说都不会感到惊讶。[16]

根据阿尔玛的说法，弗洛伊德还发表了其他一些具有挑战性的言论。他说，马勒在每个女人身上都在寻找他的母亲，他的"永恒的女性"。他的母亲很脆弱，被照顾一大家子人和几个孩子的死亡弄得精疲力竭。在不知不觉中，弗洛伊德显然向马勒指出，他是在要求他的妻子也像自己的母亲一样。阿尔玛还说，弗洛伊德指责他把一个年轻女子束缚在自己身边，而他自己却被焦虑和冲动折磨得如此痛苦——尽管阿尔玛的这些叙述可能有文学腹语的成分。阿尔玛还告诉我们（在这一点上，她得到了弗洛伊德的门徒欧内斯特·琼斯的支持），阿尔玛的中间名是玛丽亚这一事实对弗洛伊德意义重大：它也是马勒母亲的名字（实际上是玛丽，但可能发音为"Mari-é"）。这也是天主教传统中天后圣母的名字，是《第八交响曲》中的"永恒的女性"。感谢欧内斯特·琼斯向我们详细描述了他们两在莱顿散步时一起发现的一件事。琼斯告诉我们，在他们讨论的某一时刻，马勒突然说，他现在明白了困扰他一段时间的事情。他声称，他的音乐总是被某种似乎是审美上的自我破坏的东西神秘地阻止达到最崇高、最高贵的高度：当一些深刻的东西即将被揭示出来的时候，一些"平凡"的旋律碎片、一些琐碎的日常的音乐废话就会突然冒出来，把一切都毁了。与弗洛伊德的交谈使他意识到它的根源。他的父亲总是粗暴地对待他的母亲，马勒回忆起小时候发生的一个特别痛苦的场景。这一切对小古斯塔夫来说实在是太难以忍受了，于是他冲出家门，跑到街上。就在这时，街上有一架手摇风琴奏着流行的维也纳歌曲《啊，亲爱的奥古斯丁》（*Ach du lieber Augustin*）。"在马勒看来，从那时起，他就无法避免地形成了高度悲剧与轻松娱乐在他的脑海中密不可分。一种情绪必然会带来另一种情绪。"[17]

这句话被多次引用，好像它确实解释了马勒音乐的一个非常典型的特征：一段很通俗的、朴素或多愁善感的音乐会有突然闯入的情感强烈的时刻。这很有可能是马勒早年所受的创伤经历的标志。但是马勒的音乐真是被他自己所宣称的突然的调性变化"弄砸了"？还是恰恰相反，这种深度和看似平庸的并存正是他的音乐的一个特点，并使它如此动人，如此引人入胜？需要指出的是，这个所谓的"轻松娱乐"，实际上是一个可怕的故事，说的是一个叫奥古斯丁的风笛手不小心掉进了瘟疫坑，只是侥幸逃生：整首歌中有一个反复出现的短语"Alles ist hin"（一切都失去了）——勋伯格在他的转折性作品《第二弦乐四重奏》中使用了与这些词相关的音乐主题。无论如何，这里提出的马勒－弗洛伊德诊断的基本问题肯定是这样的：如果这种显著的风格特征的根源是马勒个人的创伤经历，为什么对今天这么多的马勒爱好者来说，它显然还具有情感意义？他们中的大多数人在童年时期不太可能有类似的令人惊骇的经历。事实上，古往今来很少有作家注意到，"平庸的旋律"也可能产生深刻的影响。记住诺埃尔·考沃德的那句名言："廉价音乐是多么强大！"而在三个世纪以前，经典著作《剖析忧郁》（*The Anatomy of Melancholy*）的作者，英国作家、医生托马斯·布朗爵士曾写道——马勒自己也能写出这样的话——"即使是那种让一个人快乐，而让另一个人疯狂的庸俗的酒吧音乐，也让我感受到一种完全的奉献。"马勒在音乐中把崇高和廉价并置是一种新方法，尽管早已有许多的模仿者。像以往一样，马勒通过挖掘自己的"主观"体验发现了一些"客观"的东西——一些可以向他人倾吐并代表他人的东西。

*

所有这一切都颇具讽刺意味。当马勒在努力应对自己人生中核心关系的可能破裂时，弗洛伊德似乎完全没有意识到他也正面临着非常相似的情况：一个裂痕结束了 20 世纪最重要的学术友谊之一，并引发了一个裂变的过程，导致心理治疗学科在 20 世纪后期的急速扩展。1910 年，弗洛伊德任命他以前的门徒和他最珍视的合作者卡尔·古斯塔夫·荣格为新成立的国际心理分析协会（International Psychoanalytical Association）终身主席。之后不久，他就热情洋溢地把荣格称作是自己的养子、"王储"和（学术）继承人。难道真的是弗洛伊德向世界提供了一个"俄狄浦斯情结"概念的范例，却对这个概念的潜在悲剧含义视而不见吗？荣格已经开始质疑弗洛伊德的几个关键论断：性对理解人的欲望和人格发展真的像弗洛伊德所坚称的那样至关重要吗？难道宗教真的可以简单还原为"投射"到天堂的以母亲或父亲为中心的神经症？最重要的是，弗洛伊德对待自己学生的那种父性方式，难道不会有把他们当幼儿看待的危险吗？到 1912 年底，两人之间的关系已经到了危急关头。在 11 月的一次会议上，当荣格公开揭露他所看到的精神分析学说发展的内在矛盾时，弗洛伊德当场晕了过去。一个月后，他收到了一封荣格的信。荣格在信中谴责他把学生当作奴性的儿子对待。说如果弗洛伊德能够永远摆脱自己的心理情结（医生，医治你自己！），停止在他的学生／晚辈面前扮演父亲的角色；如果不再试图把他们攥在手心里、揭他们的短儿；

274

如果他能好好地审视自我——然后，荣格说，他可能会准备改变他的叛逆态度，并在这个过程中，他也能摆脱自己对以前的老师存有二心的痛苦。弗洛伊德的回应显然是经过深思熟虑的，他建议两人终止任何形式的私人关系。"我不会因此而失去任何东西，"他轻飘飘地说——当然可以肯定是不真实的——因为他很清楚两人之间的情感联系变得"细若游丝"已经有一段时间了。这是"过去的失望"[18] 造成的长期影响。"你让我失望了"——这是一个"父亲"对"儿子"说的最糟糕的话之一。尽管弗洛伊德声称与荣格分手不会让他 "失去任何东西"，但他的女儿安娜后来说，她从未见过父亲如此沮丧。人们完全可以想象当他收到荣格的回复时的感受：荣格以最冷淡的合同式的措辞同意了他终止个人关系的愿望。在这封信的墨水笔迹下面，荣格用打字机加上了莎士比亚《哈姆雷特》中哈姆雷特最后那句"余下的只是沉默"。如果有人想为这段曾经伟大、影响巨大的友谊的墓志铭配上音乐，那一定是马勒《第十交响曲》终乐章开始的那段音乐。

试想一下，如果通过某种历史的时空转换，马勒能够咨询到的是荣格而不是弗洛伊德。这位弗洛伊德的离经叛道的学生能够更深入地洞察马勒心灵的"神秘建筑"吗？这很难说。但荣格的教义中有一些特点，可能会让马勒对自己的痴迷有更深的理解，甚至可能会提供某种治疗上的帮助。关于马勒的"圣母玛利亚"情结，荣格可能会得出与弗洛伊德相似的结论，但也有可能是他的"阿尼玛"概念——男性心理中的女性成分经常投射到其他人身上，而在艺术家中则常被重新塑造为有创造力的缪斯——或许能帮助马勒体会到"永恒的女性"在他自己作品中的真正意义。更重要的是，这可能使马勒——如荣格所说——在学习区分真实的女人和他在《第八交响曲》中欣喜若狂地歌颂的"童贞女，圣母，女王"的过程中，从阿尔玛那里"收回"他的阿尼玛的投影。这样的发现本可以大大缓解他们婚姻关系的紧张——人们总是想当然地认为，一旦马勒意识到阿尔玛不是他所认为的母亲－女神，他就会继续爱她。荣格或许也能启发马勒，他称之为"创伤的馈赠"。对于荣格来说，艺术家、思想家和像他自己那样的心理治疗师通常都是受伤的灵魂，但创伤本身也可能是创造力和动力的巨大源泉。在《第八交响曲》第二部分，在深渊呼号的神父那痛苦的、安福斯塔式的倾诉表明，当马勒面对自己心灵的创伤时，他能够释放出多少创造性的能量。

而另一位后弗洛伊德精神分析学者约翰·鲍尔比把马勒与母亲的关系的重要性揭示得最为透彻。鲍尔比反对弗洛伊德的理论，该理论是由前弗洛伊德学派的梅勒妮·克莱因发展而来的，她认为儿童的早期发展会受到对母亲的幼儿期幻想的强烈影响。鲍尔比坚持认为，没有必要引入幼儿期幻想这个概念：孩子的反应是真实的，而关键的决定性因素是孩子与母亲之间关系的"安全性"。马勒与自己母亲的关系似乎表明她有爱心，但她也容易生病，并且经常因怀孕、分娩和照顾婴儿而无法专心对待马勒，更不用说她因为多次失去自己的孩子而时常陷入悲伤。她能对自己极度敏感的儿子给予多少关注？马勒很有可能是以牺牲被她说成是粗野丈夫的父亲为代价把她理想化了。拥有鲍尔比所说的对母亲的"安全依恋"的孩子通常不会产生对母亲的迷恋，在他们此后的生命里也不会花费时间去寻找替代母亲的某个人。众多 20 世纪的心理治疗学派都同意的一个观点是，弗洛伊德的"恋母情结"实际上是一种对潜意识中感到缺失的某种东西的过度补偿。这是一个养育孩子的悖论：与母亲有安全纽带的孩子通常比缺乏"安全依恋"的孩子更容易在感情上离开家，并与他人建立成熟的关系。马勒对"大自然母亲"强烈的爱和关注，可能是缺乏"安全依恋"的另一种症状。引人关注的是，同样的说法也适用与马勒同时代的让·西贝柳斯，他与母亲的关系似乎也存在很大问题。

马勒在《第八交响曲》中对阿尔玛令人窒息和几乎令人恐惧的崇敬，以及对阿尔玛（或是某些不存在的、幻想中的母亲－女神）溢于言表的爱，其实在情感上是很复杂的，并且马勒因为害怕失去阿尔玛而几乎精神崩溃——这些都是荣格以及后来的鲍尔比所做的深层次心理创伤探究的内容吗？如果是，这可能是马勒的音乐对一些听众如此的强有力和如此坦率的原因之一。荣格和鲍尔比都意识到，这个世界上可能有太多受创伤的灵魂。但马勒并没有简单地把自己的创伤暴露给我们。对他而言，仿佛艺术创作的行为与在精神诊疗室中袒露心扉没有什么不同。在作曲中，他为自己的情感构造了某种形式，并把它们塑造成既能强烈体验又能客观思考的东西；因此，对一些听众而言，他的音乐能够清晰地表达出此前可能体验过的混乱并由此带来的威胁性的感受，如是，就像莎士比亚所说，给"飘忽不定者一个居所和一个名字"。在艺术地把自己的感受客观化的过程中，马勒将潜藏的痛苦情感转化成美丽的、壮丽的东西——也许这是艺术能为我们提供的最积极的功能。我们看到的是我们痛苦的、奋斗的自我形象，不是我们感觉的那样，而是我们可能会成为的那样。即使在痛苦中，我们也有尊严和美丽。与此同时，在《第八交响曲》狂野的、有时近乎疯狂的狂喜中，混杂着世故与天真、深刻与近乎"平庸"的多愁善感，我们可以感受到活着的荣耀，无论是伤痛还是其他一切。在这样的时刻，马勒的音乐或许可以帮助我们，正如尼采在《悲剧的诞生》中所说，面对生存的所有怀疑与恐惧，"对生活说 Yes"。

在谈到马勒心目中的文学英雄陀思妥耶夫斯基时，弗吉尼亚·伍尔芙极为精彩的观察评论，同样也适用于马勒本人。伍尔芙一直在讨论具有约束力的社会价值判断和"好品味"的标准，她认为陀思妥耶夫斯基的一些同代人都在这两者的约束下劳作：

> 陀思妥耶夫斯基没有受到这样的约束。无论你是高贵的还是单纯的，是流浪汉还是贵妇人，对他来说都一样。不管你是谁，你都只是装载这种液体——这混浊的、发酵的、珍贵的东西，灵魂——的容器。灵魂是不受藩篱束缚的。它泛滥着，泛滥着，和别的灵魂搅和在一起……没有任何能跃出陀思妥耶夫斯基的领域之外。即便他累了，也不会停止，而是继续向前。他无法克制自己。那炽热的、尖刻的、混乱的、奇妙的、可怕的、残酷的——人的灵魂中所有的一切，都向我们扑面而来。[19]

*

　　无论弗洛伊德有多么的真知灼见，马勒对这些见解的反应似乎相当的摇摆不定。一次他给阿尔玛发电报，刚告诉她自己的病已经得到了有效的治愈。可没说几句，他又嘟囔着"鼹鼠丘堆成的大山"。但无论如何，现在还有其他更紧迫的事情需要他处理，首先是《第八交响曲》的首演。马勒于 8 月 28 日从莱顿回到阿尔茨卢德巴赫，仅仅六天后，他就启程前往慕尼黑进行为期一周的排练。有关《第十交响曲》的工作基本就被搁置一旁，但有证据表明，此时马勒认为《第十交响曲》在整体概念上已经完整。而一旦有了这个想法，他就很少再去做重大的改变。剩下要做的最多只是完善和改进，而不是创造生命本身。

　　后面的事情我们已经知道了。马勒全身心地投入到排练中：他的旺盛活力给一些人留下了深刻印象，但其他一些人，比如莉莉·莱曼，被他的身体状态吓到了，担心会发生最坏的情况。这两场演出都取得了轰动效应：正如乔纳森·卡奈尔所观察到的那样，这是旧欧洲在第一次世界大战中灾难性地滑入深渊之前，中欧最后几场大型首演之一。而对马勒本人来说，这既是艺术上的，也是他个人的胜利。似乎在这个时候，马勒和阿尔玛恢复了性关系。从格罗皮乌斯写给阿尔玛的信中可以看出，至少有那么一段时间，马勒似乎赢得了比赛，重新赢得了妻子的心。还是实际上恰恰相反——为了赢回阿尔玛，马勒做得太过分了，这样做实际上是在判自己的死刑，从而为格罗皮乌斯打开了挽回阿尔玛的大门？这个复杂的问题为另一部重要的音乐艺术作品提供了重要的激励。出席慕尼黑首演的音乐家之一，阿尔玛婚前的情人亚历山大·策姆林斯基在 1916 年战争进行到最惨烈的时候，完成了他的歌剧杰作《佛罗伦萨的悲剧》（*Eine florentinische Tragödie*）。这部歌剧的剧情根据奥斯卡·王尔德未完成的诗剧改编，讲述的是 16 世纪佛罗伦萨富商西蒙尼发现自己年轻的妻子比安卡与英俊的圭多有私情。西蒙尼有钱有势，但长得很丑，果然不出所料，美丽的比安卡移情别恋。西蒙尼虽然认定妻子有外遇，但他并没有抓到他们私通的把柄，而且圭多是佛罗伦萨公爵的儿子，强调绅士礼仪的法律也不允许西蒙尼向他提出决斗的挑战。于是，西蒙尼假装把圭多当成一个潜在客户，不停地向他展示更多精美的面料和饰品，而陷入困境的圭多被迫假装感兴趣。圭多被西蒙尼的挑衅所激怒，又受了比安卡的怂恿，接受了决斗的挑战。但让人大跌眼镜的是，西蒙尼证明了自己更强大：他扔掉了剑，勒死了圭多。紧接着是令人叹为观止的情绪逆转：比安卡面对情人的尸体装作没看见，转而向丈夫表示她的钦佩："你为什么不告诉我你这么强壮？"西蒙尼回答道："你为什么不告诉我你长得这么漂亮？"大幕落下，夫妻重归于好——这是你能在剧场里看到的最反常、最令人不安、最不可思议、最美丽的"大团圆结局"之一。

被阿尔玛拒绝深深伤害了策姆林斯基，在阿尔玛抛弃他并嫁给马勒的十年半之后，他仍在寻找机会报复她。这很可能是策姆林斯基选择王尔德的文本的决定性因素。阿尔玛本人当然也这么认为。1917 年，当她看到《佛罗伦萨的悲剧》在维也纳首演时，她看到了自己、格罗皮乌斯和马勒在这部歌剧中的三角恋。但这一次是他捎带上马勒一起彻底复了仇。如果说为曾经的情敌辩护会让策姆林斯基感到痛苦的话，那也值得他去忍受，因为他有机会在公开的舞台上控诉背叛他的人。难道策姆林斯基不知道被一个更强大的对手打败是什么滋味吗？阿尔玛愤怒地写信给策姆林斯基，策姆林斯基的回答把她和她自己的背信弃义联系在一起。他告诉她，命运把他们两人分开了。他们已经退回到各自的梦想世界里。为了让他们回到现实中并意识到彼此的危机，就需要一场可怕的灾难：牺牲一个人来拯救另外两个人。"难道你，在所有人之中，没有理解到这一点？！"策姆林斯基对歌剧脚本倒数第二行巧妙地做了单词替换："你为什么不告诉我你这么……软弱？"[20]

尾声：

1910 年 9 月 14 日至 1911 年 5 月 18 日

　　最终，这段三角恋仍在继续。阿尔玛似乎已经做出决定，她必须和马勒一起回纽约。但是这当然并不意味着与沃尔特·格罗皮乌斯彻底决裂。正如我们已经知道的，格罗皮乌斯草拟了一封信，声称把阿尔玛还给马勒，可是显然这封信从未寄出。阿尔玛告诉格罗皮乌斯，如果她离开马勒，马勒就会死，格罗皮乌斯似乎不愿意承担这个责任。但对阿尔玛来说，这是一个挺有吸引力的前景：丈夫是一位著名的作曲家和指挥家，受到越来越多的尊敬；与此同时，她还能与一位崇拜她的、有男子气概的年轻情人保持联系，即使相隔很远。马勒的传记作者亨利－路易·德·拉·格兰杰确信马勒知道阿尔玛仍在与格罗皮乌斯通信，但因为她继续与他在一起并支持他的事业，所以对此也就装作视而不见——这意味着马勒在情感上持一种更为平衡的实用主义心态，而不是像在去年夏天可能出现的那样。《第八交响曲》轰动一时的成功在某种程度上是一种宣泄，还是仅仅是一种放弃？马勒十有八九知道阿尔玛一直在与格罗皮乌斯通信，但他是否知道他们之间的信件往来有多频繁是另一回事——阿尔玛在维也纳的一家邮局接收格罗皮乌斯的回信。这对恋人也很有可能成功地对马勒隐瞒了他们仍在见面的事实。保密是至关重要的——这无疑增加了兴奋感。不管马勒是否知情，他同意让阿尔玛比他早两天从维也纳坐火车出发，这样做是为了让她在和他一起坐船去美国之前先去巴黎旅行一趟。阿尔玛从维也纳写给格罗皮乌斯的下一封信，带着一种有趣的小阴谋的兴奋感。她于 10 月 14 日（星期五）上午 11 点 55 分登上东方快车。格罗皮乌斯也在维也纳上车，但为了保持这次冒险的隐秘性，他让人在柏林买了一张以沃尔特·格罗特的名字登记的车票。他一直等到火车到达慕尼黑才进了阿尔玛的包厢。没有证据表明，在马勒获得最伟大胜利的地点重聚这一具有讽刺意味的事情是否令两人都感到不安。阿尔玛回忆中的在巴黎与格罗皮乌斯度过的"幸福时光"，此时马勒正在不来梅港登上了德皇威廉二世号邮轮。

回到纽约后，马勒精力充沛地开始了他的工作。为讨阿尔玛的欢心，他继续投入到"竞争"活动中，送她各种昂贵的礼物和更多表达爱慕的便条。他彻底改变了对她作曲的态度，用慷慨的赞美鼓励她的努力，并试图代表她引起出版商和潜在表演者的兴趣。那段时间，马勒似乎更热衷于待在纽约。纽约爱乐乐团在艺术质量上可能无法与维也纳的音乐家相比，但他的合同条件，以及他能够花在排练上的时间，使他更容易把自己的意志强加给他们。他在纽约的演出受到的评论褒贬不一，尽管在某些方面确实充满热情。而当他率领乐团进行一次期望值极高的圣诞前的巡演时，他走访了匹兹堡、克利夫兰、布法罗、罗切斯特、雪城和尤蒂卡等城市，观众和评论家们都欣喜若狂。马勒是否真的熬过了1910 年夏天的那场危机？格罗皮乌斯现在担心的是，他觉得从阿尔玛那里传来的信息模糊不清。有时她似乎很热情，有时却很冷淡。有太多迹象表明，她已经很好地适应了和丈夫在纽约的生活。1911 年 1 月，马勒《第七交响曲》在柏林的演出进一步动摇了格罗皮乌斯的信心。他真的能和这样一个巨人竞争吗？但巨人比他想象的要脆弱。马勒之前因他的心脏缺陷引起的喉咙痛在圣诞节前夕又复发了，不过看上去他挺了过来，更加全力地投入与乐团合作中，并抽时间和小女儿安娜在纽约中央公园玩滚雪球。

但到了 2 月份，化脓性喉炎又复发了，这次发了高烧。私人医生约瑟夫·弗兰克尔意识到情况的严重性，下令立即进行检查。这一次诊断真的是很严重：亚急性细菌性心内膜炎。这对任何心脏有缺陷的人来说都是一种危险的感染，可以算作"代偿"。放在今天，如果及时使用青霉素，或许就能挽救马勒的生命，但亚历山大·弗莱明直到 17 年后的 1928 年才发明这种药物。马勒此刻处于严重的危险之中。而阿尔玛却热衷于把责任归咎于纽约方面，公开列举了他所经历的缺乏尊重、乐团理事会的欺侮（就好像马勒曾屈服于欺侮一样！）以及麻木的评论家的不理解。

然而，此处可能再次发生了偏差。马勒决意让自己投身于更繁重的工作中，这无疑导致了他身体的每况愈下，而即使是这样，也可以被看作是他想要摆脱阿尔玛与格罗皮乌斯的恋情带给他的内心折磨。如果他确实在怀疑他们的恋情还在继续，那也会增加他心脏的压力。弗兰克尔博士建议马勒去巴黎向一位著名的细菌学家问诊，尽管他是否真的对此抱有多大希望还很难说。显然，在得知病情预后不佳之后，马勒表示，如果他很快就要死了，那就得死在维也纳。于是，4月8日，马勒和家人登上了"美国号"，目的地是瑟堡。

同船的有两位著名的艺术家。马勒的朋友，作曲家、钢琴家费鲁奇奥·布索尼，试图用可逆的无调性对位法来分散马勒的注意力——至少是出于好心。斯蒂芬·茨威格记得看到在浩瀚的灰色天空和大海之间马勒的身影，他把马勒的身影形容为"无尽的悲伤"和"回荡在某种崇高中的东西，比如音乐"，但这种典型的抒情记忆在多大程度上受到了后见之明的影响，现在还很难说。阿尔玛告诉我们，"他那闪亮的黑眼睛、白皙的脸、乌黑的头发和猩红的嘴唇使我心惊肉跳"。[1] 但在抵达巴黎的酒店后，一种近乎奇迹的转变发生了。阿尔玛醒来发现马勒穿戴整齐，刮了胡子，显然又恢复了精力充沛的老样子。他对她说，他不是常说一踏上欧洲他就会好起来的吗？他要出去兜风。等他们俩的航程一结束，就出发去埃及度假！马勒订了一辆汽车，像一个完全恢复健康的人一样出发了。但一个小时后他回来了，脸色苍白，身体极度虚弱。奇迹只是一种错觉。

一位维也纳的血液病专家弗朗茨·切沃斯特克博士被请来。当着马勒的面，他表现出由衷的乐观：他们当晚就可以出发去维也纳，只要好好休息一下，他就能重新开始工作。然而他私下对阿尔玛说，必须立即把马勒送往医院，任何拖延都将耽误救治。当5月12日上午马勒被送到马里安加斯疗养院时，维也纳已经沉浸在悲哀的气氛中。疗养院外聚集了手持鲜花的人群，报纸也满是他病情的报道，语气悲伤，但马勒病得太厉害了，根本注意不到这些。他会如何看待"可恨又可爱的维也纳"的姗姗来迟的表达？一些人替他愤愤不平。伯塔·扎克坎德尔说，这些都是鳄鱼的眼泪。而卡尔·克劳斯是典型的尖酸刻薄：现在维也纳人正试图用同情的方式来抚平他们良心上的不安。就连曾经引导对马勒搞政治迫害的《新维也纳日报》，此时也声称马勒是这座城市的挚爱之子，并准备全力哀悼他。

当马勒清醒时，他表示希望被葬在维也纳格林青格公墓他大女儿"布琪"的旁边。这个愿望实现了，在勋伯格的《六首小曲》（Sechs kleine Stücke，op.19）的最后一首中，对那个可怕而沉默的仪式和遥远丧钟的幽灵般记忆一直持续着。勋伯格仍然穷困潦倒，又是一个市侩的维也纳迫害运动的牺牲品，这也是马勒最后关心的事情之一。一旦他走了，还有谁会来帮助勋伯格？阿尔玛和她的继父卡尔·莫尔答应会继续资助他。另一件事是把《第十交响曲》草稿交给阿尔玛——显然，他的意思是让这些草稿保存下来，或许能让它们被世人听到。根据阿尔玛的说法，马勒在一场猛烈的雷雨中去世，和贝多芬一样。贝多芬（至少有一位目击者这么说）是在向天空挥舞着拳头死去的，马勒在陷入昏迷时嘴唇微动着发出"莫扎特"——那是典型的维也纳人在嘴上深情地称呼的"莫扎特"？如果是，那么马勒就不是被"永恒的女性"，而是被他那个年代很多人尊为"神童"的作曲家接到了另一个世界。马勒《第四交响曲》开头的乐段就是赞美那个世界的，并且

这首交响曲结束在"孩子们眼中的天堂"。死亡的钟声响起，几
小时后马勒死了。阿尔玛告诉我们，马勒在周围肆虐的环境中咽
下了最后一口气。然后她接着说，当"他那可爱的、美丽的灵魂
逃走了……沉默比其他一切都更致命。"这是另一种对有罪推定
的否定？也许不是。有时候反过来也是正确的。

注释

引子 天后驾临

[1] Alma Mahler, Gustav Mahler : *Memories and Letters*, place/date of publication, p.178.

[2] Ibid., p.178.

[3] The original of this letter is in the possession of the author's piano teacher, Graham Lloyd, and his partner, the composer Ian Venables. It is reproduced with their permission.

[4] Alma Mahler, op. cit., p.335.

[5] Ibid., p.179.

第一章 奠基

[1] Stefan Zweig, *Die Welt von Gestern* ('The World of Yesterday'), Stockholm, 1942, author's translation.

[2] Ethel Smyth, *Impressions that Remained*, Vol. 2, London, 1923, p.174.

[3] Mahler's remarks are found in Henry-Louis De La Grange, *Gustav Mahler*, Vol. 4, *A New Life Cut Short*, Oxford, 2008, pp.959–963.

[4] Peter Heyworth, *Otto Klemperer : His Life and Times*, Vol.1, Cambridge, 1983, p.48.

[5] Kurt and Herta Blaukopf, *Gustav Mahler*, London, 1974, p.211.

第二章　升起吧，理性之光

[1]   Alma Mahler, op. cit., p.102.

[2]   'Gustav Mahler : In Memoriam', 1912, included in Arnold Schoenberg, *Style and Idea*, London, 1975, p.447.

[3]   Quoted in Lebrecht, *Mahler Remembered*, London, 1987, p.253.

[4]   Acts of the Apostles, Chapter 2, vv. 5–11, Authorised Version (King James Version), 1611.

[5]   Quoted in Lebrecht, op. cit., p. 91.

[6]   Richard Specht, *Gustav Mahler*, Berlin, 1913, p.38.

[7]   Letter to Alma, 22 (?) June 1909, *Gustav Mahler : Letters to his Wife*, ed. De La Grange and Günther Weiss, rev. and trans, by Antony Beaumont, London, 1985, pp.326–327.

[8]   Letter to Johann Peter Eckermann, 6 June 1831 (author's translation).

[9]   Letter to Alma Mahler, 18 October 1910, quoted in De La Grange and Weiss, op. cit., pp.362–363.

[10] Percy Bysshe Shelley, *Essays, Letters from Abroad*, 1845, pp.33–36.

第三章　为什么是交响曲？

[1]   Karl Eckman, *Jean Sibelius : The Life and Personality of an Artist*, trans. Edward Birse, Helsingfors, 1935, p.190.

[2]   Letter to Axel Carpelan, 20 July 1909, in Erik Tawaststjerna, *Jean Sibelius*, Vol.4, Helsinki, 1988, p.175.

[3]   Ibid., Vol.4, p.103.

[4]   See for instance Ian Watt's seminal study, *The Rise of the Novel*, London,1957.

[5]   See the booklet notes for the Archiv recorded set of the complete

Beethoven Symphonies, Archiv 439 900 2.

[6]   Richard Wagner, 'Beethoven's Choral Symphony in Dresden: Programme', in *Richard Wagner's Prose Works*, trans. William Ashton Ellis, London, 1898, Vol.7, pp 247–252.

[7]   Richard Wagner, 'The Art Work of the Future', in *Richard Wagner's Prose Works*, trans. William Ashton Ellis, London, 1898, Vol.6, p.89.

[8]   Ibid., p.155.

[9]   Extracts from Mahler's programme notes for his Second Symphony reproduced in Deryck Cooke, *Gustav Mahler : An Introduction to his Music*, London, 1980, pp.53–54.

[10] Ibid.

[11] Ludwig Scheidermair, *Gustav Mahler*, Leipzig, 1901, p.14.

[12] Romain Rolland, *Musicians of Today*, trans. Mary Blaiklock, Lon-don, 1915, p.225.

插曲 幕后故事：阿尔玛与沃尔特，1910 年 8 月至 9 月

[1]   Trans. in De La Grange, op. cit., pp.925–926.

[2]   Ibid.,, pp.926–927.

[3]   Ibid., pp.1027–1028.

第四章 上帝，抑或魔鬼？

[1]   Alma Mahler, op. cit., p.180.

[2]   Emil Gutmann, *Gustav Mahler als Organisator*, quoted in De La Grange, op. cit., p.968.

[3]   Lilli Lehmann, *Mein Weg Leipzig 1913*, quoted in Blaukopf, op.

cit., p.239–240.

[4]   Letter of 12 September 1910, in Moldenauer, *Anton von Webern: A Chronicle of His Life and Work*, London, 1978, p.135.

[5]   Stefan Zweig, *The World of Yesterday*, Stockholm, 1942, p.201.

[6]   Thomas Mann, letter to Wolfgang Born, 17 March 1921, in T*he Letters of Thomas Mann, 1889–1955,* trans. Richard and Clara Winston, New York, 1960, p.110.

[7]   Thomas Mann, 'Coming to Terms with Richard Wagner', in *Thomas Mann : Pro and Contra Wagner*, trans. Allan Blunden, London, 1985, pp.45–48.

[8]   Letter to Anna von Mildenburg, quoted in Cooke, op. cit., p.63.

第五章   近乎不可言说：马勒《第八交响曲》文本与音乐

[1]   Quoted in Constantin Floros, *Gustav Mahler : The Symphonies,* trans. Vernon and Jutta Wicker, Singapore, 1993, p.213.

第六章   身份问题

[1]   Alma Mahler, op. cit., p.109.

[2]   Guido Adler, *Gustav Mahler,* Vienna and Leipzig, 1916, author's translation.

[3]   Alma Mahler, op. cit., p.26.

[4]   Ibid, p.101.

[5]   Quoted in Richard Specht, *Gustav Mahlers VIII. Symphonie : Thematische Analyse,* Leipzig, 1910, p.6.

[6]   Stefan Zweig, op. cit., Chapter VI, author's translation.

[7]   Richard Specht, *Gustav Mahler*, 1913, quoted in Lebrecht, op.

cit., p.186.

[8]   Nietzsche, *Der Fall Wagner* (The Case of Wagner), Section 3, author's translation.

[9]   Nietzsche, *Ecce Homo*, Chapter VII ('Human, all too Human'), Section 2, author's translation.

[10] Quoted in Joseph Auner, *A Schoenberg Reader*, Yale, 2008, p.159.

[11] Ibid, p.160.

[12] Quoted in Hans Heinz Stuckenschmidt, *Schoenberg*, Richmond, 2018, p.277.

[13] Quoted in Adler, op. cit., author's translation.

[14] Alma Mahler op. cit., p.170.

[15] Quoted in De La Grange, op. cit., p.950.

[16] Rolland, op. cit., p.225.

[17] Golo Mann, *The History of Germany Since 1789*, trans. Marian Jackson, London, 1974.

[18] Eric Hobsbawm, *The Age of Empire : 1875–1914*, London, 1987, p.314.

[19] Golo Mann, op. cit., p.429.

[20] Goethe, *Faust* Part I, author's translation.

[21] Niekerk, 'Mahler's Goethe', *Musical Quarterly*, 2006, No.2–3 p.265.

[22] Max Reger, letter to Duke George II of Saxen-Meiningen, 14 June 1912, quoted in De La Grange, op. cit., pp.976–967.

[23] Arnold Schoenberg, letter to Gustav Mahler, 5 July 1910, in Blaukopf, op. cit., p.265.

[24] Hans Gál, *The Golden Age of Vienna*, London, 1948, p.70.

[25] Quoted in Peter Vergo, *Art in Vienna : 1898–1918*, London, 1975, p.33.

[26] Ibid., p.32.

[27] Gustav Mahler, programme note for Symphony no. 2, quoted in Cooke, op. cit., p.53.

[28] Stefan Zweig, op. cit., Chapter II.

[29] Ibid.

[30] *Vereignigung bildender Künstler Österreichs*, Katalog, Vienna, 1902.

[31] Vergo, op. cit., p.34.

[32] Quoted in Kurt and Herta Blaukopf, op. cit., p.194.

[33] Stefan George, *Entrückung* ('Rapture' or 'Ecstatic Transport').

[34] Florian Illies, *1913 : The Year before the Storm*, trans. Shaun Whiteside and Jamie Lee Searle, London, 2013.

[35] Zweig, op. cit., Chapter III.

[36] Simon Winder, *Danubia : A Personal History of Habsburg Europe*, London, 2013, pp.425–426.

[37] Ellis Dye, 'Figurations of the Feminine in Goethe's Faust', in *Goethe's Faust : A Companion to Parts I and II*, New York, 2006, pp.116–117.

[38] Karl Pringsheim, *Erinnerungen an Gustav Mahler*, quoted in Lebrecht, op. cit., p.195.

[39] Alfred Einstein, *Schubert : The Man and His Music*, London, 1951, p.321.

[40] Theodor Adorno, *Mahler : A Musical Physiognomy*, trans. Edmund Jephcott, Chicago, 1992, p.141.

[41] Raymond Hingley, *Dostoyevsky : His Life and Work*, London,

1978, pp.143–144.

[42] Deryck Cooke, op. cit., London, 1980, pp.82–83.

[43] Alma Mahler, op. cit., pp.47–48.

第七章 阴影降临

[1] Alma Mahler, op. cit., p.70.

[2] Ibid, p.122.

[3] Bruno Walter, op. cit., pp.206–207.

[4] Letter to Bruno Walter, quoted in Michael Kennedy, *Mahler (The Master Musicians),* London, 1974, p.67.

[5] Letter to Bruno Walter, quoted in Constantin Floros, op. cit., p.243.

[6] Deryck Cooke, op. cit., p.104.

[7] Alban Berg, letter to his wife, quoted in *The Mahler Companion*, ed. Donald Mitchell and Andre Nicholson, Oxford, 1999, p.470.

第八章 "为你而生，为你而死"

[1] Letter to Alma Mahler, 19 December 1901, in De La Grange and Weiss, op. cit., p.83.

[2] Alma Mahler, *And the Bridge is Love*, London, 1959, p.128.

[3] Alma Mahler, *Gustav Mahler: Memories and Letters*, p.172.

[4] Ibid., pp. 172–173.

[5] Erich Heller, *Kafka*, London, 1974, p.96.

[6] De La Grange and Weiss, op. cit., p.375.

[7] Quoted in Deryck Cooke, 'The History of Mahler's Tenth Symphony', printed in the score, *Gustav Mahler : A Performing*

Version of the Draft for the Tenth Symphony, London, 1976, p. xiii.

[8] Arnold Schoenberg, 'Gustav Mahler', in *Style and Idea : Selected Writings of Arnold Schoenberg*, trans. Leo Black, London, 1975, p.470.

[9] Leonard Bernstein, *The Unanswered Question : Six Talks at Harvard*, London, 1976, p.317.

[10] Kennedy, op. cit., p.155.

[11] See Richard Maunder, *Mozart's Requiem : On Preparing a New Edition*, Oxford, 1988.

[12] De La Grange and Weiss, op. cit., p.378.

[13] Kennedy, op. cit., p.155.

[14] Alma Mahler, op. cit., p.135.

[15] Quoted in Malcolm Gillies, *Bartók Remembered*, London, 1990, p.188.

[16] Quoted in Theodore Reik, *The Haunting Melody : Psychoanalytic Experiences in Life and Music*, New York, 1953, p.343.

[17] Ernest Jones, *The Life and Work of Sigmund Freud*, London, 1953–1957, Vol. 2, p.89.

[18] Ibid., p.295.

[19] Virginia Woolf, 'The Russian Point of View', in *The Common Reader*, London, 1925, p.180.

[20] Quoted in Antony Beaumont, *Zemlinsky*, London, 2000, p.245.

尾声：1910 年 9 月 14 日至 1911 年 5 月 18 日

[1] Alma Mahler, *Gustav Mahler : Memories and Letters*, p.195.

致谢

多年来，许多人对本书观点的形成都做出了贡献，但要列出一份完整的名单实属痴人说梦。然而，有些名字却必须在此提及。谈到马勒和他的音乐，我必须感谢作曲家科林和大卫·马修斯兄弟以及罗伯特·辛普森，音乐学家保罗·班克斯、朱利安·约翰逊和迈克尔·肯尼迪，以及指挥家里卡多·夏伊、西蒙·拉特尔爵士和克劳斯·滕斯泰特。为了丰富我对马勒的犹太文化背景的了解，我还要感谢犹太拉比朱利亚·纽伯格和马勒传记作家诺曼·勒布雷希特，他的《追忆马勒》是一个特别有价值的资料来源。

在涉及马勒成长和取得成功的德语世界的历史方面，如果没有历史学家贾尔斯·麦克唐纳、蒂姆·布兰宁和理查德·埃文斯爵士的启发和鼓励，我可能不会有信心研究如此庞大的主题。也要感谢我的朋友，麻醉师顾问本·阿特伍德，他向我提供了一个关于马勒一生中使用麻醉药情况的特别有说服力的信息。

在涉及马勒早年就浸润其中的文学和哲学领域，我特别要感谢诗人、翻译歌德的专家大卫·康斯坦丁和鲁迪格·戈尔纳教授，翻译家、叔本华专家约翰·哈里森，以及哲学家雷蒙德·塔利斯。

在涉及心理学的知识和观点方面，尤其是了解弗洛伊德的精神分析（特别是其所谓的对音乐的厌恶），我必须感谢伊丽莎白·阿莫博士、珍妮·沃尔夫、伯恩斯坦博士、米歇尔·邓肯、安德鲁·贾米森、达里安·利德、布丽吉特·莫纳尔、朱莉·贾菲·内格尔、大卫·尼斯、威廉·梅瑞迪斯·欧文、约瑟夫·马可·帕拉雷斯、迈克尔·特林布尔和维也纳弗洛伊德博物馆馆长莫妮卡·佩斯勒。谈到维也纳，我不能不感谢维也纳中央公墓博物馆馆长维蒂格·凯勒，感谢他在我和我的制作人伊丽莎白·阿尔诺摄制 BBC 三台的纪录片《美丽的死亡》时，为我们带来的迷人而又令人愉悦的惊险个人之旅。伊莎贝拉·阿克尔博士和埃德蒙·温特博士也对维也纳人对死亡的态度做了很棒的解说。

最后要特别感谢科林·马修斯阅读了本书的第一版，并提出了许多有价值的建议，在一些地方还提出了更正。当然，还要感谢 Faber 出版社的编辑贝琳达·马修斯，感谢她向我提出的深刻见解，也感谢她在我的写作面临困难时所给予的鼓励。我也非常赞赏 Faber 出版社另外两位编辑，迈克尔·道恩斯和凯特·沃德富有同理心的编辑工作。感谢我的妻子凯特，她是一名治疗师和心理健康医生。感谢她在我写这本书的过程中所给予的支持，也感谢她对马勒和他对"永恒的女性"痴迷的独到见解。1991 年，当我在伦敦皇家节日大厅聆听克劳斯·滕施泰特指挥马勒《第八交响曲》那场震撼人心的演出时，想着我的未婚妻就在合唱团的女中音声部，正经历着她一生中最强烈的音乐体验。将近 30 年过去了，如果没有她，我不确定自己是否能完成本书的写作。

译后记

当柏拉图的《会饮篇》、托马斯·曼的《死于威尼斯》、贝多芬的《第五交响曲》和"欢乐颂"、舒伯特的"伟大的"交响曲和《美丽的磨坊女》《冬之旅》《流浪者幻想曲》、西贝柳斯的交响曲、勋伯格的无调性音乐、策姆林斯基的歌剧《佛罗伦萨的悲剧》、克里姆特和埃贡·席勒的分离派艺术、弗洛伊德和荣格的精神分析学说，等等等等这一切，与马勒以拉巴努斯·毛鲁斯的古拉丁赞美诗《降临吧，造物主之圣灵》和歌德《浮士德》终场诗句为文本的音乐鸿篇巨制《第八交响曲》，汇集于1910年这个时间节点上，在我们眼前，一幅绚烂壮丽的时代文化长卷就此打开。

音乐从来都不是孤立于世的。像所有类别、形态的文学和艺术一样，她与时代、社会和个人生活息息相关。了解马勒《第八交响曲》从创作到首演所处的时代，对聆听和欣赏这部伟大的交响诗篇不无裨益。1910年对于整个世界，尤其是欧洲，可以算是处在"百年未有之大变局"之前夜。1911年，中国爆发了辛亥革命，次年推翻清王朝，建立共和。1914年，第一次世界大战爆发，战争席卷欧、亚、非大地，到 1918 年大战结束，欧洲最古老王朝之一的哈布斯堡王朝崩溃，欧洲乃至整个世界的政治格局都发生了深刻的变化。对于欧洲的文学、音乐、绘画等所有艺术的发展进程而言，也是一个重要的转折点。

1910 年也是马勒个人的"命运之年"。完成于四年前（1906年夏天）的《第八交响曲》，在这一年的 9 月首演于慕尼黑并获得巨大成功，这标志着马勒作为当世伟大的作曲家身份得到了认同。这一年夏天，马勒在托布拉赫山中的作曲小屋创作他的《第十交响曲》，期间遭受了人生中"命运的三次锤击"之外的第四次锤击：妻子阿尔玛与建筑师格罗皮乌斯的恋情。尽管马勒在新大陆的职业生涯继续着辉煌，但依然无法抵消这一人生中最为沉重的打击。不到一年后的 1911 年 5 月，马勒辞世。

文字的尽头是音乐。但是，伟大的文本为伟大的音乐提供源源不竭的创作灵感和创造性的动力，这是不争的事实。马勒《第八交响曲》这部被马勒自己称为是他"最伟大"的作品，其内涵超过了他此前所写的任何作品，不仅篇幅宏大、演奏与演唱的人员规模巨大，更因为它的主题：爱、人的创造力、灵魂的救赎、世间万物等，并最终使这些愿景在音乐中得以表现。而所有这一切，与伟大的文本——古拉丁赞美诗和歌德的诗篇关系密切。当然，马勒《第八交响曲》并不是为那些伟大文本所作的"配乐"。在这部宏伟的交响诗篇里，音乐与文本"并驾齐驱"，相互映照、相互渗透、融为一体。

然而这本书的重点还不止于此——不止于"第八"。正如作者在前言中所述，"对我而言，最终认识到马勒《第八交响曲》和《第十交响曲》是一个整体的两个部分，是对他的一种敬畏：不仅是对马勒的原创思维和创作，更是对孕育了马勒和马勒作品的那个时代。"故此，作者在这本书中用了相当的篇幅"讲解"了马勒的最后一部作品《第十交响曲》。也正是因为他对这首交响曲的解读和论述，使本书在诸多关于马勒的传记和音乐研究的著作中，成为不可多得的、具有特殊高度和深度的作品之一。作者通过对《第十交响曲》逐乐章、逐乐段的详细分析，用马勒的音乐让读者体会到一位伟大的艺术创造者是如何克服命运的无情打击，从生命的至暗时刻一步步向着光明、向着未来迈进。这是本书深深感动我的地方之一。

　　马勒生前特别反对用文字来"引导"他的听众。他认为应该让听众直接聆听音乐，尊重自己的直觉反应。如果这些反应能在某种程度上与音乐家的心意契合，那是音乐家最大的快乐和荣幸。但我还是觉得，这本书从某种角度来说，可以视为马勒《第八交响曲》（也包括《第十交响曲》）的聆听"指南"。不过前提是，先去听马勒的音乐，还需要读一下歌德《浮士德》第二部分那段不长的"终场"。很幸运的是，今天的我们，可以通过丰富的录音（唱片）和录像（DVD）制品，聆听、欣赏《第八交响曲》这首"后无来者"的恢弘的音乐巨作，以及《第十交响曲》，这首被作者认为是马勒最伟大的，甚至可以说是所有交响曲中最伟大之一的交响曲。

向诗人借取意境，这是欧洲浪漫主义音乐的一大特征，作为欧洲晚期浪漫主义音乐的代表人物之一，马勒在交响曲和歌曲这两大领域里的创作中，直追浪漫主义音乐的伟大前辈舒伯特。他从克洛普施托克、歌德、吕克特等伟大的德国诗人的诗作中汲取灵感，从贝克特所译中国唐诗中汲取意境，写下了他的《第二"复活"交响曲》《第八"千人"交响曲》《大地之歌》等交响音乐作品，以及《旅人之歌》《亡儿悼歌》《吕克特歌曲》等歌曲。在马勒的《第一交响曲》《第四交响曲》《第五交响曲》《第八交响曲》等作品中，也多有"借取"前辈作曲家如舒伯特，以及自己的艺术歌曲的主题和意境。反复聆听，对马勒音乐中的这些特质就会深切感受到，并熔汇于心。翻译的过程是一个认真学习的过程，同时又加深了我对马勒《第八交响曲》《第十交响曲》的理解，由感性向理性深化。

在翻译第五章"马勒《第八交响曲》文本与音乐"中第二部分的"文本"时，我原先想采用歌德《浮士德》的原诗句，但斟酌再三，还是照译作者的英译诗句。马勒《第八交响曲》第二部分的歌词，即文本，并不等同于歌德《浮士德》的原诗句，因为马勒在使用这些文本时做了必要的改动，而原书中根据德语诗句翻译过来的英语诗句，也无法与《第八交响曲》演唱时的唱词一一对应。因此，希望读者在阅读这一部分时，最好能借鉴歌德《浮士德》的中文译本，可以更准确地领会歌词意义。此外，原著中所引柏拉图《会饮篇》和华兹华斯、尼采等人的诗和文，我引用了已经出版的名家译文（在本书中一一标明）。在此，对所用引文的译者及出版者表示深深谢意。

本书英文版书名为 *The Eighth : Mahler and the World in1910*，是英国作家斯蒂芬·约翰逊写的又一本关于马勒的书，2020 年由英国 Faber 出版社出版。此前他写的《马勒传》（英文版书名 *Mahler : His Life and Music*）由湖南文艺出版社在 2016 年引进出版了中文版，到 2021 年已经四刷。他还著有关于布鲁克纳、肖斯塔科维奇等音乐家的专著。纵观中国出版的介绍欧洲音乐家的书籍，无论是著作还是译作，介绍马勒的为数不少。从布鲁诺·瓦尔特那本不满百页却分量极重的"小册子"，到布劳科普夫那部近五百页的皇皇巨著《古斯塔夫·马勒：未来的同时代人》。所以，当斯坦威图书公司出版人申明兄问我是否愿意翻译这本马勒的书时，我的第一反应是佩服他的勇气。在对本书做了简单了解后，我更佩服他的直觉和眼光。我读过五六本关于马勒的译著，基本是马勒的传记，尚无如此深入探讨和论述其一两部音乐作品的，由此，我要感谢申明兄对我的信任。我和申明兄的认识缘起挚友雪枫兄的推荐，得与郭建英先生合译《瓦格纳与哲学》，后来又担任《克劳迪奥·阿巴多》一书的特约编辑。这些年里和申明兄也常交流聆赏音乐的体会和感受，让我获益匪浅。在近八个月的时间里，我又大量聆听了马勒的音乐，学习本书所涉相关领域的知识，丰富了自己对马勒音乐的感受和理解，深感其伟大的艺术创造力，也愈发感激马勒的音乐带给我的无上的音乐之美，以及对自己所起的精神抚慰作用。

最后还要说明，由于缺乏音乐专业背景，尽管在翻译过程中对涉及音乐等相关专业的内容做了细致认真的查证，也尽我所能向音乐专业人士请教，但是错误在所难免，由此真诚地期待读者的批评和指正。

张纯，2021 年 10 月，北京

出版后记

疫情全球肆虐，生活更加依赖于音乐——在这样的时节，能为音乐做点事也不失为一件妙事。这样，当我在BBC音乐杂志上看到英人最新出版的详解马勒《第八交响曲》的图书时，就心生将其引入的意念。

但时下音乐图书出版的不易处乃在于译者的难寻；经与张纯兄沟通，他愿意承担这本书的翻译工作，那么这本书的翻译质量就有基本的保证了——遂联系版代购得此书的中文简体版权。

马勒在当代差不多是被聆听最多的交响乐作曲家，同时也是爱乐者和发烧友乐此不疲的高热度话题——没有人像马勒那样对我们敞开了如此多的窗口和如此多样性的聆听可能性；马勒常听常新，同时对马勒的谈论也永远刺激着人们的神经，永远不会乏味、永远不会没有新的发现。原因就在于他复杂的人生、他一波三折的情感经历、他三重无家可归的漂泊者的命运、他对时代和人生的深层感悟、他读过的海量书籍以及这些书经他思虑后在其音乐中的展示和呈现……没有人能够穷尽马勒，对他音乐和人生的思考将是一件永恒的人类知性活动。

国内对马勒图书的引进已不在少数，但像本书这样如此专精地解读马勒一两首交响曲的似乎尚无先例。作者斯蒂芬·约翰逊（Stephen Johnson）是作家和作曲家，少年时在曼彻斯特北方音乐学院学习大提琴，后在利兹大学师从亚历山大·戈赫学习作曲。在 BBC 三台工作一段时间后，正式迈入音乐记者的职业生涯。他是 BBC 三台、四台和国际台古典音乐栏目主持人，并长期为《独立报》（*Independent*）《卫报》（*Guardian*）《BBC 音乐杂志》（*BBC Music Magazine*）和《留声机》（*Gramophone*）撰稿。著有《追忆布鲁克纳》（Faber，1998 年）和《肖斯塔科维奇如何改变了我的精神世界》（*Notting Hill Editions*，2018 年）等多部著作。2003 年当选"亚马逊音乐类图书年度作家"；2007 年撰稿的广播节目《肖斯塔科维奇：光明之旅》获年度索尼大奖；2009 年他担纲的沃恩·威廉姆斯的节目获索尼年度金奖。这样的资历使得奉献在读者面前的这本书足以担当权威性和可读性；同时，1910 年无论对于马勒和世界都是极不寻常的一年，将时事与马勒个人的命运统合起来解读将向我们展示不一样的图景——这在读者读过此书后自然会有明论。

不独如此，本书不单专精地深入于马勒的《第八交响曲》，同时还相当深入地解说了马勒生命晚年的其他重要作品《大地之歌》及那首极其重要的《第十交响曲》。作者向我们展示的材料和深刻洞见都令我们大开眼界，俾使我们对马勒音乐的理解再深一步、再进一层。

张纯兄与我是相交多年的乐友，我们经常在一起切磋对作曲家、对重要作品的录音，尤其是歌剧的看法。张纯兄对重大作品的各种版本的录音、对著名歌剧的聆听和熟悉程度令人钦佩并自叹弗如。我们曾经有过两次合作：在《瓦格纳与哲学》中他是合作译者，在《阿巴多传》中他是特约编辑；本书的翻译他付出了极大的热忱和极度专精的努力——在这样的"事事维艰"的时代实属不易，在此再次表示极大的敬意和感谢！

马勒有生之年曾自信地预言，"我的时代终将到来"！距马勒逝世的1911年，到现在已是整整110年过去了。如马勒所愿，他的交响曲被为数众多的各色人等，不分性别、不分老少、不分种族地在全世界的公众音乐厅和极度私密的个人听音室里被广泛和热烈地聆听和感悟着……他的《第十交响曲》更是向一切未来的音乐敞开了无限的可能性。当我们在音乐中感受到这种可能性的时候，我们兴许在时代的生活中也能体贴出不一样的其他可能性；总之，能为马勒爱好者奉上这样一本"与国际接轨"的最新马勒研究专著，在这样一个"足不出户"的时代还是挺让人开心的。

本书策划人　申明

2021-9-29 于北京之秋高气爽日